좋은 펀드
나쁜 펀드

# 좋은 펀드 나쁜 펀드

초판 1쇄 발행 2016년 6월 30일
초판 3쇄 발행 2017년 8월 28일

지은이 신관수
펴낸이 이형도

펴낸곳 ㈜ 이레미디어
전화 031-919-8511
팩스 031-907-8515
주소 경기도 고양시 일산동구 무궁화로 20-38 로데오탑 302호
홈페이지 www.iremedia.co.kr
카페 http://cafe.naver.com/iremi
이메일 ireme@iremedia.co.kr
등록 제396-2004-35호

책임편집 최연정
디자인 사이몬
마케팅 신기탁

ISBN 979-11-86588-79-6 03320

가격은 뒤표지에 있습니다.
잘못된 책은 구입하신 서점에서 교환해드립니다.
이 책은 투자참고용이며, 투자손실에 대해서는 법적책임을 지지 않습니다.

이 도서의 국립중앙도서관 출판시도서목록(CIP)은 서지정보유통지원시스템 홈페이지(http://seoji.
nl.go.kr)와 국가자료공동목록시스템(http://www.nl.go.kr/kolisnet)에서 이용하실 수 있습니다.
(CIP제어번호: CIP2016013640)

# 좋은 펀드 나쁜 펀드

## 현명하게 펀드 고르는 법

신관수 지음

이레미디어

# 투자란 내 돈의 가치를 지키는 것이다

나이 서른이 되었을 때 가끔 이런 생각을 하곤 했다.

'대학생 때 삼성전자 주식을 조금 사놓을 걸! 왜 부모님은 나에게 이런 말씀을 안 해주셨지?'

우리 부모님 세대는 예금이자가 연 17%였다. 더 오래전에는 연 24% 이기도 했다. 달리 투자를 하지 않아도 돈을 쉽게 불릴 수 있던 시대였다. 대부분의 사람들은 주식투자도 잘 모르던 시대였다.

재무상담 일을 하면서 10대 후반부터 50대까지 많은 사람들을 만났다. 고객을 만나면 가장 먼저 "왜 재무상담을 의뢰하셨어요?"라는 질문을 한다. 그러면 대부분 이렇게 대답한다. "금리는 낮고, 펀드는 위험하고 어떻게 해야 할지 모르겠어요. 안전하면서도 수익 좀 괜찮은 상품이 있을까요?" 그런데 안전하면서 수익률이 좋은 금융상품이 과연 있긴 한 걸까?

투자에 조금이라도 관심이 있다면 "High Risk, High Return"이라는 말을 들어봤을 것이다. 여기에서 Risk는 위험이고 Return은 수익률이다. 위험이 있는 곳에 수익이 있다. 기대수익률이 높을수록 위험도 높다는 말이다. 이 말은 안전하면서 수익률이 좋은 상품은 없다는 것이다. 이런 설명을 하면 대부분의 사람들은 "그렇다면 안전한 상품으로 추천해주세요"라고 말한다.

대한민국 금융소비자의 투자성향은 전반적으로 매우 보수적이다. 십여 년간 수천 명의 고객들을 상담하면서 그들의 투자성향을 분석해보니, 대략 80% 이상이 기대수익률이 좋지 않더라도 원금보장 상품을 선호하였다. "원금보장이 진정한 원금보장일까?"라는 질문에 "그렇다!"라고 답할 수 있다면 계속해서 원금보장 상품을 고집해도 좋다. 그러나 현실은 생각보다 잔혹하다.


필자의 아내는 떡볶이를 좋아한다. 퇴근 후 사랑스런 딸 아이를 재워놓고는 신이 나 죽겠다는 표정으로 전화기를 들어 떡볶이 세트를 주문할 때가 많다. 어느 날 밤도 평소처럼 "떡볶이 반, 오뎅 반으로 해주시고요, 오뎅은 납작오뎅만 넣어주세요. 햄은 빼주시고 치즈는 듬뿍 넣어주세요. 그리고 나무젓가락, 단무지도 빼주세요"라고 주문을 하고선 왠지 약간 표정이 어두워 보였다. 물어보니 떡볶이 값이 12,000원에서 13,000원으로 올랐다는 것이다.

매년 정부는 물가상승률이 2~3% 내외일 것이라고 발표한다. 하지만 물가가 2~3% 올랐다고 12,000원짜리 떡볶이가 12,360원으로 오르는 일은 대한민국에서 일어나지 않는다. 13,000원이 된다. 2~3%가 아니라 8.3%가 상승하는 것이다. 이렇게 물가가 상승하니 3% 금리의 예금에 가입해도 소용이 없고, 임금이 동결되기라도 하면 소비를 줄이는 것만이 정답인 것처럼 보인다.

생활비를 제외하고도 인생을 살아가는데 필요한 결혼자금, 주택자금, 자녀교육자금, 은퇴자금을 계산해보자. 물가상승률을 연평균 2.5%만 가정해도 현재 25세에 수도권에 거주중이라면 최소 13억 원이 필요하다. 한국은행 기준금리인 1.5% 적금으로는 복리로 불려도, 월 소득 300만 원인 사람이 월급을 한 푼 안 쓰고 숨만 쉬면서 30년간 모아야 겨우 만들 수 있는 돈이다. 물론 연 10% 금리의 적금이 있다면 얘기는 달라지겠지만 말이다. 결국 일반 직장인이 부모로부터 수억 원을 증여받지 않는 한, 또는 월 300만 원을 몽땅 30년 이상 꾸준히 저축하지 않는 한, 투자를 외면하면 사망 직전까지 일을 하면서도 자녀에게 커다란 짐이 될 게 불을 보듯 뻔하다. 문득, "덮어놓고 낳다 보면 거지꼴을 못 면한다"는 공익광고 문구가 생각난다. 그렇다. 덮어놓고 적금만 하면 우리는 거지꼴을 못 면한다.

투자는 위험하다. 수익이 날 수도 있고 손실이 날 수도 있다. 하지만 투자를 외면하는 것은 더욱 위험하다. 물가상승이라는 확률 100%의 위험에 그대로 노출되기 때문이다. 증권가에는 "Take Risk, Control Risk, Love Risk"라는 말이 있다. 자녀를 둔 독자라면 사랑하는 나의 자녀가 훌륭하게 잘 성장하기를 바랄 것이다. 당신의 자녀가 훌륭한 성품을 갖춘 어른으로 성장할 수 있을까? 물론 그럴 것이다! 왜냐하면 당신은 당신의 자녀를 사랑으로 키울 것이며, 훌륭한 교육을 받도록 할 것이기 때문이다. 사랑을 받을수록, 교육을 잘 받을수록 훌륭한 어른으로 성장할 가능성은 높아진다. 그 반대의 경우라면 좋은 사람으로 성장할 가능성은 낮아진다. 투자에서 위험이라는 것도 마찬가지이다. 피하지 않고 받아들이고, 관리하고, 사랑해주면 위험은 합리적 수익으로 변하여 당신에게 보답할 것이다.

이제 투자를 시작해볼까? 혹시 주변에 주식투자 실패 경험담을 많이 들어서 겁부터 나는가? 그렇다면 주식보다 훨씬 안전하다는 펀드투자는 어떨까? 펀드투자로 손실을 봤다는 경험담이 여기저기에서 들리는 걸 보면 그 역시 안전한 상품이 아닌 것 같은가? 공부 좀 해야겠다 생각했는데 전문서적을 읽으니 EPS, ROE, 베타, 옵션, 젠센지수, 캔들차트, 엘리어트 파동이론 등 온통 생소하며 이해하기 어려운 용어뿐인가?

질 높은 의료서비스를 받기 위해 전문의 자격을 취득할 정도의 공부를 할 필요가 없듯, 펀드투자를 잘하기 위해 펀드매니저 수준의 공부를 해야 하는 건 아니다. 모르고 시작하려니 겁이 나고 알고자 하니 너무 벅차다. 하지만 이제 그런 걱정은 하지 않아도 되겠다. 이 책을 끝까지 읽고 나면 생소한 용어를 모르고도 합리적으로 자산을 불려나가는 현명한 펀드투자자가 되어 있을 테니까.

| 차례 |

## 제 **1** 장 위험한 저축, 안전한 투자

## 제 **2** 장 성장의 열매를 나눠 갖는 좋은 펀드

# 제**3**장　수익을 내는 좋은 펀드를 선택하라

# 제4장 펀드, 장기투자하라

# 제5장 실패 없는 펀드투자 전략

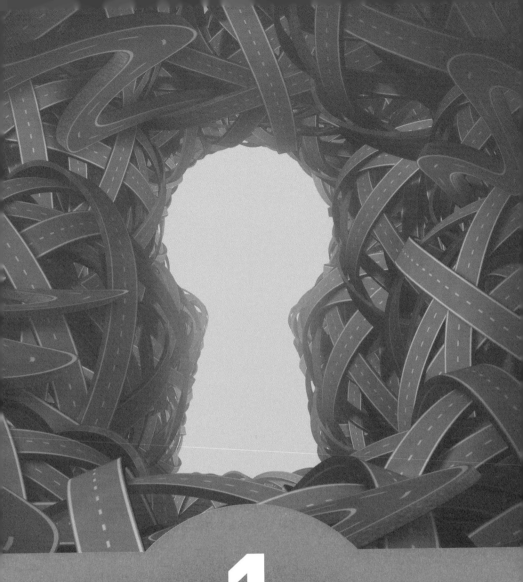

제 **1** 장

위험한 저축,
**안전한 투자**

**Q.** '물가가 상승한다는 것'은 무슨 의미인가요?

**A.** 물가가 상승하는 만큼 내 돈의 가치는 하락합니다. 2016년 현재, 5,000원 정도 하는 자장면 한 그릇의 가격이 30년 전엔 얼마였을까요? 1984~1987년 쯤 엔 500~600원이었습니다. 30년 동안 10배 정도 올랐는데요, 자장면 한 그릇을 살 수 있던 500원의 화폐가치가 지금은 껌 한 통의 가치밖에 안 된다는 의미입니다. 우리가 저축이나 투자를 하는 목적은 첫째는 목적자금을 만들기 위해서이고, 둘째는 이솝우화 '개미와 베짱이'의 주인공 개미처럼 돈이 없을 때를 대비해서 모으는 것이고, 셋째는 힘들게 모은 돈의 실질가치를 지키기 위해서입니다. 요즘 초저금리 시대라고 하죠? 물가상승률도 못 따라가는 초저금리 시대, 이런 시대에 적금 같은 금리형 상품만으로 내 돈의 실질가치를 지켜낼 수 있을까요?

# 원금도 못 지키는 손실, 저축

## 이제는 투자의 시대다

사회에 첫 발을 내딛은 김팔랑과 나현명은 고등학교 시절부터 절친한 친구이다. 저축의 힘을 잘 아는 김팔랑은 취업 직후부터 소득의 60% 정도를 정기적금, 재형저축, 연금보험 등의 안전한 상품에 꾸준히 저축을 했다. 나현명 역시 소득의 40% 정도를 꾸준히 금융상품에 투자했다. 둘은 결혼 후 가정을 꾸리고 각자의 생활에 충실하다가 연락이 뜸해지게 된다. 그로부터 30년 후, 60세가 된 김팔랑은 아내와 함께 자그마한 빌라에 살고 있다. 어느 겨울 밤, 김팔랑은 문득 나현명 생각을 하게 된다. '잘 살고 있을까? 열심히 저축한 나도 이렇게 힘들게 사는데 현명이는 나보다 더 힘들게 살고 있는 건 아닐까?'

용기를 내 연락을 해보니 나현명은 매우 반가운 목소리로 김팔랑 부부를 집으로 초대한다. 그런데 이게 웬일인가? 나현명의 집은 고급 소파와 최고급 가전제품들로 가득 찬 엄청난 곳이었다. 속으로는 놀랐지만 우선은 오랜만에 친구와 이런저런 이야기를 나눴다. 그러다가 더 이상 참지 못하고 김팔랑은 나현명에게 질문을 던진다.

**김팔랑** : 현명아, 네가 잘사는 모습 보니 기분 정말 좋다. 로또라도 당첨 된거니?

**나현명** : 로또는 무슨. 난 저축이 아닌 투자를 했거든.

**김팔랑** : 투자? 너 정말 운이 좋구나. 내 주변에는 투자하다가 망한 사람들뿐인데.

**나현명** : 운? 그렇지 않아. 망했다는 사람들은 투자가 아니라 투기를 한거고 난 투자를 한거야. 많은 사람들은 투기를 투자라 생각하는데, 투자와 투기는 엄연히 구분해야 하는 거야.

**김팔랑** : 그래? 난 잘 모르겠다. 그나저나 넌 어떻게 투자할 생각을 다 한거니?

**나현명** : 어느 날 내가 평생 벌어들일 소득과 평생 사용할 지출에 대해 계산을 해봤어. 그랬더니 소득이 지출에 한참 못 미치는 거야.

**김팔랑** : 무슨 말이지? 난 남들보다 저축을 더 많이 한다고 했는데 도통 이해가 안 되네.

**나현명** : 보통 30년 벌어서 80~90세까지 살아야 하잖아. 게다가 금리가 물가상승을 못따라가니까 저축만으로는 부족할 수밖에. 그래서 난 투자를 한거지.

**김팔랑** : 그럼 손실은 보지 않고 항상 수익만 내거니?

**나현명** : 물론 손실이 날 때도 있었는데, 꾸준히 투자하니까 돈이 불어나더라.

**김팔랑** : 그래? 그럼 나도 너처럼 투자를 했어야 했을까?

수많은 재테크 관련 서적에서 재테크의 첫 단계는 지출을 줄이는 것이라고 말한다. 이는 재테크 상담을 의뢰한 금융소비자들에게 필자가 강조하는 부분이기도 하다. 필자도 할 수만 있다면 보다 많은 돈을 만들기 위해 통장 관리시스템을 활용하며, 지출을 최대한 줄이고 저축이나 투자를 더 많이 하고 싶다. 그러나 이미 굳어진 소비습관에서 지출을 줄이는 것은 정말 힘든 일이다. 교통비, 통신비, 관리비, 식비, 의류비, 양육비, 교육비, 보험료, 차량유지비, 대출이자, 부모님 용돈, 가끔 하는 외식비, 가끔 가는 놀이동산, 더 가끔 가는 가족여행 등 그 어느 지출항목도 없애거나 금액을 줄이기가 여간 쉬운 게 아니다. 6만 원을 아끼기 위해 출퇴근길을 걸어 다닐 수는 없는 노릇이니 말이다. 한 달에 한 번 정도 하는 외식을 포기하면 겨우 몇 만 원을 아낄 수 있을 뿐이다.

더욱 큰 문제는 김팔랑의 사례에서 보듯 저금리이다. 지출을 최대한 줄이고, 아무리 저축을 많이 한다 하더라도 저금리 때문에 안정적인 노후를 보장할 수 없다. 대한민국 사회 전체가 출산율 저하와 평균수명 연장으로 인해 급속한 노령화가 진행중이다. 동시에 결혼자금, 주택자금, 교육자금, 은퇴자금 등의 필요자금은 꾸준히 증가하고 있다. 반면에 금리는 낮아지고 물가는 매년 상승하고 있기 때문에 저금리 적금으로 돈을 모아도 그 돈의 가치는 뚝뚝 떨어지고 있는 것이다. 그러므로 초저금리, 조기퇴직, 노령화라는 3대 악재 속에서 살아가기 위해서는 투자를 통해 돈을 불리는 해법이 필요하다.

투자라고 하면 30%나 50% 정도의 엄청난 고수익률을 생각할지 모르겠다. 하지만 생각해보자. 우리나라 기업들의 지난 10년 평균 연매출 성장률이 8.6%이고, 코스피지수의 지난 35년 연평균 상승률이 9%이다. 30%를 기대하고 투자한다면 이는 더 이상 투자가 아니라 투기가 된다. 어떤 사람은 기왕 위험을 안고 투자하는 건데 고작 9%냐며 우습게 여길지도 모르겠다. 그러나 꾸준히 장기간 투자하면 시장의 연평균 수익률인 9% 수익률도 엄청난 위력을 발휘하게 된다.

## 금리, 결국은 마이너스 투자다

다음 2가지 질문에 답해보자.

1. 다음 중 당신이 선호하는 금융상품은 무엇인가?
   ① 기대수익률이 높은 상품
   ② 기대수익률이 낮은 상품

2. 다음 중 당신이 선호하는 금융상품은 무엇인가?
   ① 위험이 높은 상품
   ② 위험이 낮은 상품

당신이 합리적인 금융소비자라면 1번 질문에서는 기대수익률이 높은 ①번 상품을, 2번 질문에서는 위험이 낮은 ②번 상품에 투자하기를 원할 것이다. 그러나 안타깝게도 현실세계에서는 첫 번째 질문의 ①번 상품과 두 번째 질문의 ②번 상품이 동일상품일 수 없다. 기대수익률이 높으면 위험도 높고, 기대수익률이 낮으면 위험도 함께 낮아지기 때문이다.

1980년에 24%였던 금리가 1996년에는 10.1%, 2003년에는 4.4%, 그리고 2015년에는 1.5%로 하락하였다. 1990년대로 돌아가보자. 당시 금리가 10%대였으니 예적금에 투자한다면 기대수익률은 약 10% 정도이다. 과거 35년간 코스피지수의 연평균 수익률이 9%이니 펀드에 투자하는 경우에도 기대수익률이 10%라고 할 수 있다.

이때 예적금은 매우 안전하고 펀드는 위험하다고 하면, 당신은 어떤 상품을 선택하겠는가? 당연히 기대수익률이 비슷하면서도 안전한 예적금을 선택할 것이다. 그래서인지는 모르겠지만 1990년대 두 자릿수의 금리를 유지하던 시절까지만 해도 우리나라에는 펀드가 없었다. 그런데 현재는 어떠한가? 2016년 5월 20일을 기준으로 한국은행 기준금리는 1.5%이다. 초저금리 시대가 도래했다는 의미이다.

2016년의 금리 1.5%의 의미에 대해 살펴보자. 금리가 1.5%인 예금상품에 1,200만 원을 1년간 예치하면 18만 원을 이자로 받을 수 있다. 여기서 이자소득 18만 원에 대한 소득세 약 3만 원(주민세 포함 15.4%)을 국세청에서 원천징수하고 나면 실제로 받는 이자는 약 15만 원이 된다. 또 은행 정기적금 상품에 월 100만 원씩, 1년간 총 1,200만 원을 투자해보자. 얼마의 이자가 가산될까? 단순히 생각하면 예금에 투자한 금액과 똑같은 1,200만 원을 투자했으니 이자 역시 똑같이 15만 원 정도가 될 거라고 생각하기 쉽다. 하지만 안타깝게도 약 8만 원의 이자밖에 가산되지 않는다. 왜 그럴까?

많은 사람들은 재테크를 생각하면 수익률이나 금리를 떠올린다. 사실 수익이 발생하기 위해서는 3가지 구성요건이 필요하다. 바로 수익률(금리), 투자금액, 기간이다. 수익률이 높을수록, 투자금액이 클수록, 그리고 기간이 길수록 실질 이자금액은 커진다.

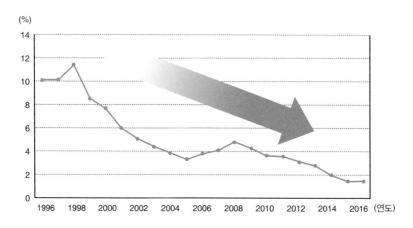

**투자수익(이자) = 투자금액 × 수익률 × 기간**

'누적'이라는 단어를 사용하지 않는다면 일반적으로 수익률은 연 수익률을 의미하고 금리는 연 금리를 의미한다. 예금상품에 1년간 1,200만 원을 예치해놓을 경우 이자가 1.5% 더해지는 이유는 은행에서 1,200만 원(금액)을 '1년간(기간)' 가지고 있었기 때문이다.

**예금이자 :** 1,200만 원(1년 평균 잔액) × 1.5% × 1(년) = 18만 원(세전)
**적금이자 :** 600만 원(1년 평균 잔액) × 1.5% × 1(년) = 9만 원(세전)

은행은 연 1.5%의 이자를 준다고 했다. 1년에 1.5%이다. 예금상품의 경우 은행은 만 12개월 동안 1,200만 원을 가지고 있었으니, 1년 치(12개월) 이자를 지급해주는 것이 당연하다. 하지만 적금은 그렇지 않다. 첫 달에 불입한 100만 원이야 1년 후 은행 입장에서 보면 12개월을 보유한 셈이다. 그렇지만 1년 만기 적금의 12개월 차, 즉 만기 1개월 전에 불입한 100만 원은 은행 입장에서는 고작 1개월을 가지고 있었다. 1년 치 이자를 모두 줄 리가 없다. 1개월 치 이자만 지급해주는 것이다.

이렇게 계산해보면 월 100만 원인 1년 정기적금의 총 1,200만 원에 대한 이자는 약 10만 원이 된다. 여기서 이자소득세를 제하고 나면 이자총액은 약 8만 원이 된다. 1,200만 원이나 투자해서 고작 8만 원(총 투자금액의 0.68%)의 이자가 붙는 셈인데, 그럼에도 계속 정기적금만 고집해야 할까? 2016년 1월 기준으로 1,200만 원인 상품은 물가상승률 2.5%를 적용하면 2017년 1월에 1,230만 원이 된다. 우리가 적금으로 겨우 이자 8만 원을 받는 동안 상품의 가격은 무려 30만 원이나 올라 있다는 말이다. 무슨 말일까? 예적금은 더 이상 투자대안이 될 수 없다는 강력한 경고이며, 예적금의 시대는 종말을 고했다는 뜻이다. 초저금리 시대의 도래가 아니다. 정확히 말하면 마이너스금리 시대의 도래이다.

### 실질금리 = 명목금리 - 물가상승률

금리에는 명목금리와 실질금리가 있다. 명목금리는 예금금리 2%나 3%와 같이 우리가 일반적으로 얘기하는 은행의 1년 금리이다. 기간에 따라 눈에 보이는 이자가 원금에 더해지는 단순 비율이다. 반면에 실질금리는 앞에 나온 공식에서 보는 것처럼 명목금리에서 물가상승률을 뺀 금리이다. 원리금의 구매력이 기간에 따라 불어나는 비율이다. 명목금리가 5%라고 하더라도 물가상승률이 6%라면 실질금리가 마이너스가 되기 때문에, 결국 손실을 보고 투자하는 셈이다. 2006년까지만 하더라도 실질금리가 플러스였으나 그 이후 마이너스금리로 돌아섰다. 다시 말하면 예적금에 내 돈을 맡긴다는 것은 실질적으로는 손실을 보는 마이너스 투자를 하고 있다는 뜻이다.

2016년 5월 기준으로 한국은행 기준금리는 1.5%이다. 그렇다면 물가는 얼마나 오른 것일까? 1988년 대비 2015년의 전국 아파트 매매가격이 2.6배가 올랐다. 서울 지역 아파트 매매가격과 쌀 가격이 3배, 소주가 4.3배, 택시요금이 5배, 라면가격이 6배, 커피가격이 7배이다. 부동산 시세상승의 대표적인 은마아파트 매매가격은 20배나 올랐다. 이렇게 물가가 상승하고 있는데 예적금 투자로 과연 물가상승을 이겨낼 수 있을까? 이런 상황에서 어쨌든 안전한 예금상품에 투자한다고 해보자. 금리 1.5% 예금에 27년 동안 투자하면 복리로 불려도 만기 원리금은 투자원금의 1.5배 수준에 불과하다. 좀 더 적극적으로 투자하지 않으면 물가상승을 이겨낼 수 없다는 말이다. 반면에 1988년 3만 원 수준이었던 삼성전자 주가를 보자. 2015년 12월 기준으로 120만 원을 오르내리고 있으니, 약 40배(연 수익률 14.7%)로 불어난 것이다.

이것을 커피의 가격상승률과 비교해보자. 1988년 당시 약 5,000만 원이던 은마아파트 가격과 1주에 약 3만 원인 삼성전자 주가를 당시 커피가격과 똑같은 600원으로 가정해보겠다. 2015년 기준으로 커피가격이 약 4,000원으로 오른 반면 은마아파트는 12,000원, 삼성전자 주가는 24,000원이 되었다(참고로 코스피지수는 1980년부터 35년간 약 20배, 연 평균 상승률 9.0%로 상승했다).

다시 커피값으로 돌아가보자. 1988년에 한 잔에 600원 하던 커피가 지금은 4,000원이니 27년간 커피 한잔의 가격은 대략 7배 정도가 올랐다. 1988년에 커피 한잔을 살 수 있었던 600원을 금리 1.5% 예금에 복리

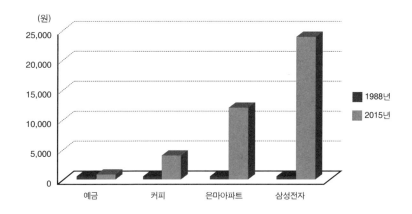

로 굴리면 27년 후인 2015년엔 대략 900원이 된다. 이 900원으로 현재 4,000원인 커피를 살 수 있을까? 예금상품에 투자해서 원금보장이 되었는가?

예시에서 보듯 눈에 보이는 명목가치는 원금보장이 된다. 하지만 물가상승률을 반영한 실질가치는 원금에 한참 못 미치는 것을 확인할 수 있을 것이다. 무슨 의미일까? 바로 우리 지갑 속에 있는 돈이 매년 미래 예상 물가상승률인 2.5%씩 하락하고 있다는 것이다. 이것을 바로 화폐가치 하락이라고 한다. 1.5%의 예금에 투자하면 매년 1.0%(명목금리-물가상승률)씩 내 돈의 가치를 잃고 있는 것이다. 내 돈의 가치를 보존하기 위해 예금상품에 투자하고 있는데도 말이다. 결국 안전하게 투자하고 있는 것 같지만 실질적으로는 마이너스 투자, 즉 손실을 보는 투자를 하고 있는 것이다.

## 내 돈의 가치를 지키는 투자를 하자

앞에서 커피값을 예로 든 것처럼 '물가상승률=화폐가치 하락률'이다. 그럼에도 불구하고 예적금만 고집해야 할까? 물론 변동성이 큰 주식에 투자하는 것은 어떤 의미에선 더 위험하다. 수익이 날 가능성도 있지만 손실이 날 가능성도 있기 때문이다. 주식가격의 변동성은 그 어떤 것보다도 크기 때문에 주식투자를 할 때의 위험률은 때론 상상하는 규모를 뛰어넘을 수도 있다. 그렇다고 투자하지 않고 가만히 있는 것은 더 위험하다. 왜냐하면 물가상승으로 인한 화폐가치 하락이라는 피할 수 없는 위험에 100% 노출되기 때문이다.

1~2년 동안의 초단기투자라면 적금은 매우 안전한 투자임에 틀림없다. 금리가 물가상승률에 못 미친다 하더라도 기간이 짧은 이유로 그 수준이 매우 미미하기 때문이다. 하지만 기간이 길어지면 길어질수록 실질적인 손실액은 갈수록 커지게 된다. 이렇게 되면 적금이 매우 위험한 상품이 되는 것이다. 적금의 만기원리금을 예금에 재투자함으로써 복리효과를 본다 하더라도, 또는 처음부터 복리적금에 투자했다 하더라도, 실질금리가 -1%라면 매년 복리로 1%씩 잃고 있는 셈이라는 뜻이다.

아직도 고집스럽게 변동성의 크기가 아닌 투자원금의 손실 여부를 위험의 기준으로 삼는가? 그렇다면 단언컨대 적금이나 적금과 같이 금리에 연동하는 금융상품에 장기간 투자하는 건 다른 어떤 상품에 투자하는 것보다 위험하다. 실질금리가 마이너스인 상황에서 금리형 상품에 투자하는 것은 투자기간이 길어질수록 실질 손실액은 기하급수적으로 커지기 때문이다. 투자란 '힘들게 모은 돈을 화폐가치 하락으로부터 지키는 행위'이다. 물가상승률, 즉 화폐가치 하락률보다도 수익률이 낮은 예적금에

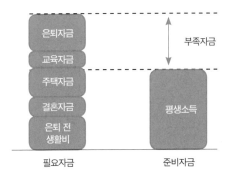

투자해서 힘들게 모은 돈을 화폐가치 하락으로부터 지키지 못한다는 것은 이론이 아니라 'fact'이다. 이러한 사실을 외면한 채 금리형 상품만 고집한다면 편안해야 할 노후에 리어카를 끌어야 할지도 모른다.

그렇다면 이런 상황에서 투자는 어떻게 해야 할까? 우리는 주변 지인들이나 미디어를 통해 투자 실패 이야기를 자주 접하고 있다. 이는 우리로 하여금 투자를 두려워하게 만든다. 그들은 왜 투자에 실패했던 것일까? 투자란 본질적으로 실패할 수밖에 없는 것일까?

만약 여러분이 수영하는 법을 모른다고 해보자. 아니면 운전할 줄 모른다고 해도 된다. 대부분은 할 줄 모르는 것을 해야 하는 상황이 오면 그것을 배운다. 수영을 배우고, 운전을 배우는 것이다. 할 줄 모르는데 무조건 물에 뛰어들거나, 무면허로 운전을 하지는 않는다. 그런데 '투자'는 무조건 고수익을 바라며 전혀 합리적이지 않은 이유로 무모하게 시작한다. 소위 '묻지마 투자'가 시작되는 흔한 경우이다. 이것은 투자가 아니라 '투기'이다. 그리고 그 결과는 익히 주변에서 들어온 투자실패의 또 다른 사례가 된다. 이른바 쪽박을 차는 것이다.

안전하게 투자하면서도 예적금보다 많은 수익을 내고 싶은가? 사실

이런 안전한 투자법이 비전문가들이 습득하기에 그렇게 어려운 것은 아니다. 그렇다고 아무것도 모르고 시작해도 괜찮은 수익을 낼 만큼 단순한 것도 아니다. 이 책은 안전한 투자법, 즉 펀드에 대해 A부터 시작해 Z까지 다루는 책이다. 이 책을 통해 안전한 투자법을 매우 쉽게 습득할 수 있을 것이다.

## 📈 [Fund Investment Lesson] — 적금의 실질이자

1년 만기, 월 100만 원, 이자 1.5% 적금의 이자는 다음과 같다.

▎도표 1-4 1년 만기 적금의 월별 이자금액

| 개월 | 투자금 | 은행 보유기간 | 계산 | 이자 |
|---|---|---|---|---|
| 1 | 1,000,000 | 12개월 | 100만×1.5%×(12/12) | 15,000 |
| 2 | 1,000,000 | 11개월 | 100만×1.5%×(11/12) | 13,750 |
| 3 | 1,000,000 | 10개월 | 100만×1.5%×(10/12) | 12,500 |
| 4 | 1,000,000 | 9개월 | 100만×1.5%×(9/12) | 11,250 |
| 5 | 1,000,000 | 8개월 | 100만×1.5%×(8/12) | 10,000 |
| 6 | 1,000,000 | 7개월 | 100만×1.5%×(7/12) | 8,750 |
| 7 | 1,000,000 | 6개월 | 100만×1.5%×(6/12) | 7,500 |
| 8 | 1,000,000 | 5개월 | 100만×1.5%×(5/12) | 6,250 |
| 9 | 1,000,000 | 4개월 | 100만×1.5%×(4/12) | 5,000 |
| 10 | 1,000,000 | 3개월 | 100만×1.5%×(3/12) | 3,750 |
| 11 | 1,000,000 | 2개월 | 100만×1.5%×(2/12) | 2,500 |
| 12 | 1,000,000 | 1개월 | 100만×1.5%×(1/12) | 1,250 |
| 계 | 12,000,000 | | | 97,500 |

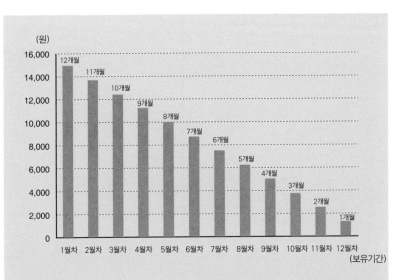

(원)

1,200만 원 적금의 1년 이자는 97,500원이다. 여기서 이자소득세 15.4%를 공제하면 실지급 이자는 82,400원이다. 실제 받는 이자를 금리로 재계산해보면 1.5%가 아니라 0.68%이다. 월 100만 원을 1년 투자해 82,400원의 이자소득을 벌었으니, 만약 그 절반인 월 50만 원을 1년 투자한다면 41,200원의 이자소득이 발생한다. 1,200만원을 1년 동안 금리 1.5%의 예금통장에 넣어두면 세전 18만 원의 이자가 발생한다. 적금의 이자보다는 그 액수가 크지만, 과거 20년간 연평균 물가상승률이 4.83%인 것을 감안하면 손해보는 장사를 한 셈이다. 결국 적금은 재테크상품으로서의 가치를 완전히 상실했다고 봐야 한다. 단기간 목적자금을 안전하게 모으기 위한 금고라고 보는 것이 합당하다.

**Q.** 투자에는 구체적으로 어떤 종류의 위험이 있나요?

**A.** 투자의 위험은 대략 두 종류의 위험으로 분류할 수 있습니다. 첫째는 내가 투자한 회사가 실적악화로 주가가 떨어지는 현상인 종목위험입니다. 둘째는 IMF 재정위기 때와 같이 시장 전체의 주가가 떨어지는 현상인 시장위험이 있습니다. 이것이 바로 투자위험의 구성요소입니다.

# 투자에서 위험은
# 필연적이다

## 내가 한 투자, 무엇이 문제였을까?

우리나라는 2007년부터 실질금리 마이너스시대에 돌입했다. 지금 이 책을 읽는 독자가 30~50대라면 그 당시에 아마도 은행에서 한 번쯤은 "고객님, 금리가 5%밖에 안 되는데 왜 적금하세요? 그러지 마시고 펀드 한번 해보세요. 보세요, 30% 수익이 나잖아요"라는 식의 얘기를 들어봤을 것이다.

2006~2007년은 대한민국 주식 및 펀드시장의 황금기였다. 너도나도 펀드에 투자하던 시기였다. 주가는 하늘 높은 줄 모르고 계속 올랐고, 연 10% 수익률은 우스운 수익률이 되었다. 그럼에도 불구하고 끝까지 펀드에 가입하지 않은 분들이 있었다. 특히 원금에서 1원만 손실이 나도 가슴이 콩닥콩닥 뛰는 시장의 현금부자 할머니들은 엄청난 고수익의 유혹에도 절대 흔들리지 않았다.

그러다가 2007년 8~9월쯤이 되자 상황이 달라졌다. 고수익의 유혹에도 흔들리지 않던 분들까지 펀드 열풍에 동참하기 시작한 것이다. 단칸방에 홀로 생활하지만 상당히 많은 현금을 보유하고 있던 부산 자갈치시장의 최 할머니는 2006년 7월에 5% 금리 예금에 1억 원을 예치하였다. 이자는 세후 약 400만 원이다. 그런데 옆 가게 김 할아버지는 최 할머니가 예금에 투자한 금액과 같은 1억 원을 국내 주식형펀드에 투자했는데 이자가 무려 약 6,000만 원이 되었다. 100~200만 원 차이도 아니고 5,000만 원 이상이나 차이가 나는 것이다. 이러니 최 할머니가 펀드에 가입하지 않을 수 있었을까? 최 할머니는 몇 개월을 고민하더니 결국 김 할아버지가 가입했던 펀드에 1억 원을 투자한다. 하지만 투자의 전설 워런 버핏이 말했지 않은가?

"시장에 휩쓸리면 거의 예외 없이 망한다는 사실을 명심하라."

머피의 법칙처럼 최 할머니가 펀드에 가입한 직후 전 세계의 금융시장이 급변한다. 미국 금융권에서 시작된 금융위기가 전 세계적으로 번지고, 그 여파로 안타깝게도 우리나라 주가도 폭락하기 시작한다. 이에 최 할머니는 은행에 찾아가서 "주가가 계속 떨어지는 것 같은데 어떻게 해야 하느냐"고 물어보지만, 은행원들은 앵무새처럼 "기다리시면 회복할 거에요"라는 말만 반복할 뿐이다. 그렇게 시간이 흘러갔다.

결국 최 할머니는 펀드에 가입한 지 13개월이 되던 2008년 11월 3일에 무려 5,300만 원이라는 금액을 손해보고 환매하였다. 그리고 매일 같이 은행에 찾아가서 내 돈 내놓으라고 역정을 내고, 밤이 되면 상품가입을 권유했던 은행 직원에게 "그 돈이 어떤 돈인데, 내 돈 내놔라"라는 문자메시지를 보낸다. 2008년, 펀드투자로 손실을 본 사람들의 스트레스와 그에 대한 항의, 민원으로 은행원들도 엄청난 스트레스를 받았다. 거짓말을 좀 보태면 대한민국이 폭발할 지경이었다. 최 할머니는 '다시는 펀드는 거들떠보지도 않으리라'고 다짐하였고, 은행원은 '다시는 펀드를 판매하지 않으리라'고 다짐한다. 도대체 무엇이 문제였을까? 펀드 자체가 나쁜 상품이어서 이런 결과가 나왔을까?

## 적극적인 위험관리가 필요하다

다음은 재테크 까막눈인데다가 귀까지 얇은 김팔랑과 그럴듯한 말로 묻지마 투자를 유도하는 김낚시의 대화이다.

> **김낚시** : 조만간 A사가 B사를 인수한다는데, 그러면 A사의 주식은 어떻게 될까?
>
> **김팔랑** : 오르겠지.
>
> **김낚시** : 그냥 오르는 수준이 아니라 폭등하는 거야! 2배는 기본이고 3~4배, 잘하면 6~7배까지 오를 수도 있어!
>
> **김팔랑** : 그래? 그럼 조금 사볼까? 근데 돈이 없는데 어떡하지?
>
> **김낚시** : 너 좋은 회사 다니잖아. 무슨 걱정이야!

결국 김팔랑은 금리 5.3%의 신용대출로 1,000만 원을 빌려서 1주에 1만 원 하는 A사 주식 1,000주를 샀다. 그런데 이게 웬일인가? 친구가 말한 대로 A사 주가가 가파르게 상승하는 것이다. 주가가 불과 3개월 만에 40%나 상승하고, 김팔랑이 1,000만 원을 들여 투자한 A사 주식의 평가금액은 1,400만 원이 된다. 1,000만 원을 투자하고 400만 원의 수익을 올린

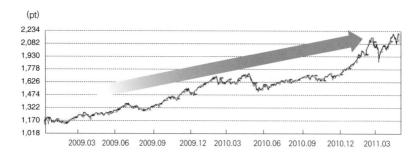

▌ 도표 1-6 **경기가 나쁠 때의 주가**

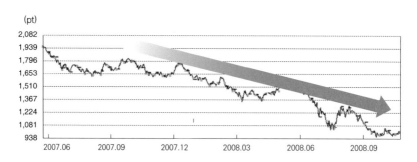

것이다. 그런데 이때 김팔랑이 한 가지 간과한 사실이 있다. 40% 수익률, 즉 400만 원은 주식을 팔기 전까지는 미 실현수익률인 것이다. 김팔랑은 더 높은 수익을 기대하며 A사 주식을 팔지 않고 기다리는데, 무슨 이유에서인지 주가가 곤두박질치기 시작한다. 40%까지 상승했던 주가가 빠른 속도로 하락하자 김팔랑은 친구 김늦시에게 서둘러 물어본다.

**김팔랑 :** A사 주식을 어떻게 해야 할까? 계속 떨어지는 거 같은데.

**김늦시 :** 기다려봐. 주가는 올랐다 떨어졌다 하면서 오르는 거야. 내가 뭐라고 했니? B사를 인수한다고 했잖아. 아직 발표도 나지 않았는데 차분하게 기다려봐.

**김팔랑** : 그래? 알았어. 조금 더 기다려볼게.

그런데 어느 날 "A사의 B사 인수계획 허위정보 SNS 상에…"라는 내용의 기사가 언론에 대대적으로 보도되면서 이내 A사의 주가가 폭락한다. 결국 김팔랑은 1주 1만 원으로 샀던 A사의 주식을 3,000원에 팔았다. 그 뒤로도 A사 주식은 2,000원까지 떨어져 최저점을 찍은 뒤에야 다시 상승하기 시작한다. 어찌됐든 김팔랑은 1,000만 원을 투자해 700만 원의 손실을 입게 되었다. 도대체 무엇이 문제였을까?

김팔랑이 A사의 주식을 샀던 시점에 주가는 10,000원이었다. 그 후 A사 주가는 계속 상승해 14,000원(고점)까지 올라갔다. 이때 14,000원 지점이 바로 매도타이밍이었는데, 김팔랑은 왜 팔지 않았을까? 주식을 하는 사람이라면 누구나 기대하는 '주가가 더 오를 것이라는 기대감' 때문이었다. 그래서 팔지 않았던 것이다.

그렇다면 반대로 김팔랑은 왜 주가가 70%나 떨어진 1주에 3,000원일 때 큰 손실을 감수하고 팔았을까? 그것은 견디지 못하는 불안감 때문이다. 투자금을 모두 잃을지도 모른다는 불안감에 손실을 조금이라도 줄이기 위해 팔았던 것이다. A사 주가는 결국 2,000원까지 떨어졌는데, 이 2,000원이 바로 매수타이밍이다.

매수 및 매도 타이밍을 정확하게 예측하면서 투자하는 게 가능하긴 한 걸까? 이러한 매수·매도 타이밍을 '마켓타이밍'이라고 하고, 타이밍 투자로 고수익을 추구하는 개미투자자들을 '마켓타이머'라고 한다. 그런데 소위 투자의 대가들조차도 단기 마켓타이밍 예측은 신의 영역이며, 마켓타이밍 투자결과는 결국 실패로 귀결된다고 단언한다. 그렇다면 어떻게 투자하면 성공적인 결실을 맺을 수 있을까?

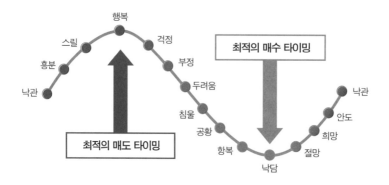

■ 도표 1-7 **최적의 매수 · 매도 타이밍**

워런 버핏의 투자원칙 중 다른 투자자나 투자전망에 귀 기울이지 말라는 원칙이 있다. '투자'를 할 때는 필연적으로 종목위험과 시장위험이라는 두 가지 위험이 뒤따른다. 첫 번째 위험은 종목위험이다. 개별 자산이나 기업의 고유한 위험을 말하는데, 예를 들어 'OO자동차 부도' '△△기업 전자분야 손실 100억 원' 등이 그렇다. 두 번째는 시장위험이다. 시장 전체가 한꺼번에 무너지는 위험에 처한 것을 뜻한다. 가장 대표적인 예가 1997년 우리나라의 IMF 외환위기이다.

스마트폰을 생산 · 판매하는 단 2개의 회사가 있다. 사과전자와 우주전자이다. 김팔랑은 사과전자의 주식을 샀다. 다음의 질문에 답해보자.

"내일 사과전자의 주가가 오를까? 떨어질까?"

'오른다'가 정답일까? 아니다, '모른다'가 정답이다! 어느 누구도 내일의 주가를 알 수 없다. 다만 예상을 할 뿐이다. 어쨌든 다음날이 되니 사과전자의 주가가 무려 15%나 떨어졌다. 떨어진 이유를 살펴보니 북한이 서울 한복판에 미사일을 발사했기 때문이다. 그렇다면 사과전자의 주가가 떨어진 이유는 시장위험 때문이다. 이때는 사과전자의 주가만 떨어지는 것이 아니라 대한민국 모든 회사의 주가가 떨어질 것이다. 서울 한복판에 미사

일이 떨어졌으니 전쟁위험은 어느 때보다도 높아지고, 어쩌면 전 세계 주가도 폭락할지 모르겠다. 그렇다면 전 세계적인 시장위험인 것이다.

또 다른 예를 들어보자. 투자전문가들이 1년 후 사과전자가 시장점유율 60%, 영업이익 6조 원을 달성할거라고 예상하고 그에 대한 정보를 공시하였다. 투자자들은 이 정보를 믿고 사과전자 주식을 사들였다. 그런데 1년이 지난 후 결과는 전문가들의 예상과 크게 달랐다. 사과전자의 스마트폰이 저품질 논란을 빚은 결과, 예상치의 절반 수준인 시장점유율 30%, 영업이익 3조라는 실적만을 거두었을 뿐이다. 이제 사과전자의 주가는 어떻게 될까? 폭락을 피할 수 없게 된다. 이때 주가폭락 이유는 사과전자의 고유한 위험인 종목위험에서 기인한 것이다. 스마트폰을 잘못 만들어서 돈을 많이 못 벌었으니 사과전자의 주식을 가지고 있어도 기업으로부터 배당을 못 받고, 주식의 가치가 떨어질 것이 예상된다. 주식의 가치가 떨어지니 주식 보유자들은 팔려고 하고, 사려는 사람들 수는 줄어드니 수요공급의 법칙에 따라 주가는 떨어지게 된다.

미국에는 "Trouble is the economists like the cultist weather-forecasters have been rumbled for what they are"라는 말이 있다. 해석을 하면 경제전문가들은 기상캐스터들처럼 과거 결과에 대한 분석은 기가 막히게 잘하지만 미래 결과에 대한 예측은 형편없다는 의미다. 전문가들이 내놓은 정보로 투자를 시작해도 전문가들의 예측이 빗나가니 위험을 피할 수 없다는 말이다. 그렇다면 투자는 어떻게 해야 하는 걸까? 답은 매우 단순하다. 위험을 피하면 되는 것이다. 위험관리로 투자위험인 종목위험과 시장위험을 잘 관리하면 된다.

**Q.** 위험관리는 어떻게 하는 건가요?

**A.** 위험은 어렵지 않게 극복할 수 있습니다. 종목위험은 분산투자로, 시장위험은 적립식 · 장기투자로 관리하면 됩니다. 여러 종목에 나누어 투자하는 펀드에 매월 같은 날 같은 금액을 장기간 투자하면 위험이 줄어든답니다.

# 위험관리,
# 펀드투자가 정답이다

## 전문가도 몰빵투자는 피한다

기대수익이 높으면 위험도 높다. 우리는 이제 이 사실을 잘 알고 있다. 그렇다면 투자전문가들은 어떻게 기대수익이 높으면서 위험이 낮은 종목을 찾아내는 것일까? 현미경으로 상품마다 정밀검사라도 하는 것일까? 필자도 업계에 있지만 안타깝게도 기대수익이 높으면서 위험이 낮은 종목, 세상에 그런 종목은 존재하지 않는다. 상품을 감별하는 마법의 현미경이 있지 않는 한 불가능하다.

기대수익이 매우 높은, 예를 들어 5,000원 투자로 15억 원을 벌 수 있는 로또를 10개 산다면 아마 고스란히 5만 원만 날릴 것이다. 5,000만 원을 투자하여 1만 개의 로또를 산다고 해도, 수십만 원, 운 좋으면 수백만 원을 벌고 나머지 4,000여만 원을 고스란히 날릴 것이다. 기대수익이 높은 만큼 감당하지 못할 위험을 떠안는 것이다. 이런 식이라면 소위 똑똑

| 구분 | 예상 점유율 | 실제 점유율 | 주가 방향성 |
|------|------------|------------|-------------|
| 사과전자 | 60% | 30% | 하락 ↘ |
| 우주전자 | 40% | 70% | 상승 ↗ |

하고 잘나간다는 펀드매니저들은 대체 무슨 일을 하는 걸까?

앞에서 우리는 사과전자의 스마트폰이 전문가의 예측과 달리 예상 판매량의 절반밖에 팔리지 않은 것을 봤다. 그 결과 사과전자의 주가는 하락했다. 그렇다면 사과전자의 경쟁사인 우주전자의 주가는 어떻게 될까(우리나라에 스마트폰을 생산하는 회사가 사과전자와 우주전자 2곳뿐이라고 가정하자)? 사과전자의 시장점유율 예측이 60%였는데 30%로 반 토막이 났다. 그렇다면 우주전자의 시장점유율은 사과전자의 줄어든 점유율인 30%만큼 상승하게 된다(〈도표 1-8〉). 그 결과 사과전자의 주가가 떨어진 반면 우주전자의 주가는 오르게 되어 있다. 만약 우리가 사과전자에 투자금을 '몰빵'하지 않고 사과전자와 우주전자에 50%씩 나누어 투자했더라면, 손실을 줄이거나 운이 좋으면 수익이 날 수도 있다. 이것이 바로 '분산투자'이다.

사과전자와 우주전자 주식의 기대수익률은 똑같이 10%이다. 기대수익률이 같으니 위험도 종목에 상관없이 똑같이 49%이다. 그렇다면 어떻게 투자하면 좋을까? 사과전자에 투자하나 우주전자에 투자하나 결과는 비슷할 것으로 보인다. 고민하는 것도 귀찮으니 그냥 눈감고 찍는 게 나을지 모르겠다. 확률은 50 : 50이다. 그런데 이때 나누어 투자하면 어떤 결과가 나올까? 기대수익률은 10%로 유지되는 반면에, 위험은 대폭 감소하게 되는 것이다.

| 종목수 | 1 | 10 | 50 | 100 | 300 | 500 | 1000 |
|---|---|---|---|---|---|---|---|
| 위험 | 49.24% | 23.93% | 20.20% | 19.69% | 19.34% | 19.27% | 19.21% |

　이제 시장에 스마트폰 회사가 2개가 아니라 1,000개가 있다고 가정해 보자. 투자회사 수를 10개로 나누면 위험이 24%로 떨어지고, 50개로 나누면 20%로 줄어든다(〈도표 1-9〉). 나누어 투자하는, 즉 분산투자하는 종목수가 많아질수록 기대수익은 유지하면서 위험은 떨어진다. 투자종목 수가 한 개 늘어날 때마다 위험률은 감소하게 된다. 그러다가 종목수가 80개 정도를 넘어서면 더 이상 줄어들지 않는다. 항상 상존해 있는 시장위험 때문이다. 그래서 펀드 1개당 종목수가 웬만해서는 100개를 넘지 않는다. 대개 40~80개 정도를 유지한다. 설사 100~200개 종목에 분산투자한다 하더라도 펀드매니저들의 수고는 많아지는 반면에 위험이 줄어드는 효과는 없기 때문이다.

　펀드를 운용하는 펀드매니저들은 일반 금융소비자들에게는 없는 해박한 금융지식과 정보취합 능력, 그리고 분석력이 있다. 그럼에도 불구하고 그들 역시 유망산업과 유망기업을 찾아낼 수 있는 탁월한 능력이 있다고 믿지 않는다. 그래서 펀드매니저 실무에서는 특정 종목에 소위 '몰빵투자'를 하는 위험을 감수하진 않는다. 펀드매니저들은 수십 개의 종목에 분산투자를 함으로써 위험을 최소화한다. 동시에 운 좋게 포트폴리오 안에 유망기업이 포함되어 시장수익률보다 초과되는 수익을 기대할 뿐이다.

## 시장위험, 적립식 장기투자로 방어하라

2008년의 전 세계적인 금융위기나 1997년의 IMF 재정위기 때와 같은 위험에 노출되면, 아무리 많은 종목에 적절히 분산투자를 잘했다고 하더라도 전 종목의 주가가 떨어지니 손실을 피할 수가 없다. 1997년 IMF 직전 600~700포인트를 기록하던 코스피지수가 IMF 체제하에서는 290포인트까지 폭락하였다. 투자원금의 반도 건지기 어려운 상황이 되었으니 투자자들은 거의 모두 패닉 상태가 되었다. 이렇게 금융위기나 전쟁, 천재지변, 유가나 환율의 변동 등이 시장에 있는 모든 자산의 가치에 영향을 미치는 위험을 시장위험이라고 한다. 그렇다면 어떻게 하면 시장위험으로부터 발생하는 손실위험을 극복할 수 있을까? 이러한 시장위험은 적립식, 장기투자로 극복할 수 있다. 다음의 얘기를 보자.

1998년에 우리나라는 1997년의 IMF로 인해 수많은 기업들의 부도와 정리해고로 실직자들이 폭발적으로 늘어났으며, 부동산이나 주식 등의 자산가치가 폭락하는 등 경제적으로 매우 암울한 시기였다. 이런 암울한 시기에도 똑똑한 부자들은 주가흐름의 법칙을 꿰고 있었다. 조지 소로스가 말한 "위기가 고비를 넘기고 불확실성이 줄어들면, 주식시장이 거의 틀림없이 반등한다"는 것, 결과적으로 폭락으로 인한 위험은 뒤이어 투자기회로 바뀐다는 사실을 매우 잘 알고 있었던 것이다. 주가가 '700 → 600 → 500 → 400 → 300'으로 가파르게 하락하는 동안 꾸준히 주식을 야금야금 사들이고 있던 똑똑한 부자들, 그들이 사들였던 주식의 가치는 어떻게 변했을까? 예를 들어 1998년 주가폭락 기간 동안 700포인트에 샀던 주식의 가치는 2016년 현재 3배가 되었고, 500포인트에 샀던 주식의 가치는 4배가 되었다. 거기다 300포인트에 샀던 주식의 가치는 거의 7배가 되었다.

　금융선진국인 미국의 주식시장은 어떨까? 2007년 말은, 서브프라임 모기지론 관련 미국 금융기관의 부실 때문에 발생한 글로벌 금융위기로 전 세계 주가가 폭락하던 시기였다. 미국의 대표지수인 S&P500지수는 2007년 10월 고점대비 2009년 3월에 57%나 급락하였다. 그러나 고점 직전부터 2016년 현재까지 8년 이상 투자했다면 금융위기라는 파고를 이겨내고 총 72%의 누적수익을 올릴 수 있었을 것이다. 이것이 장기투자의 위력이고 실체이다. 분산투자로 종목위험을 줄이고, 장기투자로 시장위험을 줄이는 것이다. 즉 적절히 분산이 잘 되어 있는 펀드에 장기간 투자하면 위험을 현저히 줄일 수 있다는 말이다.

　〈도표 1-10〉은 미국 S&P500지수에 적립식으로 투자한 경우를 그래프로 정리한 것이다. 투자기간에 따른 연평균 수익률을 나타내주고 있다. 그래프에서 회색 선이 기간에 따른 연평균 평균수익률이고, 검은색 선이 연평균 최대수익률, 빨간색 선이 연평균 최소수익률이다.


**김팔랑** : 미국에 1년 정도 투자를 해보고 싶은데요. 펀드를 좀 추천해 주시겠어요?

**투자상담사** : S&P500지수에 투자하는 인덱스펀드는 어떠신가요?

**김팔랑** : 몇 % 정도 수익을 기대할 수 있는 펀드죠?

**투자상담사** : 1년 정도 투자하신다고 하셨죠? 아마 10% 정도 수익이 날 거 같아요. 하지만 확정은 아니고요, 10% 근처에서 움직일 가능성이 크다는 겁니다. 15% 수익이 날 수도 있고, 어쩌면 5% 수익이 날 수도 있습니다.

**김팔랑** : 그래요? 그럼 그걸로 해볼게요. 10% 정도 수익을 기대하면

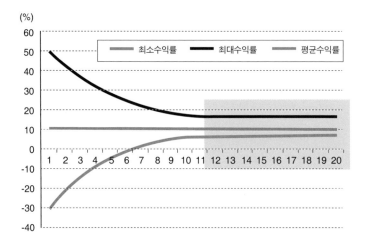

• 자료 : 삼성증권

된다는 거죠?

**투자상담사 :** 과거 연평균 수익률이 10%라는 뜻이었습니다. 향후 1년 간 미국 경기가 정말 좋다면 50%까지 수익이 날 수도 있습니다. 하지 만 향후 1년간 2008년처럼 미국경제가 추락한다면 최대 30%까지 손 실 날 수도 있죠.

**김팔랑 :** 네? 그게 무슨 말씀이죠?

**투자상담사 :** 미래 수익률을 확정적으로 말씀드릴 수 없다는 의미입니 다. 그러니 50% 수익이 나도 제게 고마워하실 필요는 없습니다. 대신 30% 손실이 나도 금융감독원에 민원 넣지 마시고 제게 불평하지 마 세요. 제 책임이 아니니까요. 수익이나 손실에 대한 책임은 전적으로 고객님께 있습니다. 이해하셨나요?

| 구분 | 변동성 | 연평균 기대수익률 |
|------|--------|------------------|
| 1년 | -30 ~ 50% | 10% |
| 12년 | 7 ~ 16% | 10% |

김팔랑의 투자상담사는 도대체 무슨 말을 하는 걸까? S&P500지수에 적립식으로 1년 투자해서 운이 좋으면 50%의 큰 수익이 날 수도 있고, 운이 나쁘면 30%의 손실을 볼 수도 있다는 말이다. 그리고 과거 실적으로 봤을 때 10% 정도의 수익을 올릴 가능성이 높다는 뜻이다. 〈도표 1-10〉에서 최고점인 수익률 50% 지점과 최저점인 수익률 −30% 지점을 연결해서 나오는 선이 '변동성'이 되는데, 투자기간 1년의 수익률 변동성은 −30~50%가 된다. 이 변동성을 금융시장에서는 '위험'이라고 한다.

도표를 보면 초반에는 변동성(위험)이 컸지만 기간이 길어짐에 따라 급격히 줄어들고 있다는 것을 확인할 수 있다. 그러다 12년 이상이 되면 위험이 더 이상 줄어들지 않고 7%에서 16% 사이를 유지하는데, 기대수익률은 여전히 연 10%이다. 즉 적립식으로 투자하고, 분산해 투자하고, 그리고 12년 이상 장기투자하면 연평균 7%에서 16%의 수익을 기대할 수 있다는 말이다. 물가상승률 2.5%를 반영해도 실질 수익률 변동성은 4.5%에서 13.5%이다.

그렇다면 필자는 이쯤에서 다시 한 번 질문을 던지고 싶다. 물가상승률을 반영해서 나온 실질수익률 −1%인 적금이 위험한 걸까? 아니면 실질수익률 4.5~13.5%인 펀드가 위험한 걸까?

'투자의 위험'을 분산투자, 적립식투자, 장기투자로 관리할 수 있다는 사실을 확인하였다. 문제는 월 30만 원 투자로는 한미약품의 주식을 1주도 살 수 없을뿐더러, 어떤 종목에 어떻게 분산투자해야 할지도 금융소비자가 판단하기 매우 어렵다는 데 있다. 그래서 적절히 분산이 잘 되어 있는 펀드를 선택해서 매월 적립식으로 장기간 투자하기를 제안하는 것이다. 그런데 대부분의 금융소비자들은 수많은 펀드 중 어떤 펀드가 시장에 분산투자를 잘하고 있는 좋은 펀드인지도 잘 모르며, 어떻게 가입해야 하는지도 모른다. 다음 장에서 펀드의 A부터 Z까지 상세하게 알아보도록 하겠다.

 **[Fund Investment Lesson] – 분산투자, 장기투자, 그리고 수익률**

미국의 500개 기업의 주가지수인 S&P500지수는 거치투자시, 1950년부터 2015년까지 65년간 누적수익률 12000%를 기록하였다. 연평균 7.7%의 수익률이다. 코스피지수는 1980년부터 2015년까지 35년간 누적수익률 1900%를 기록하였다. 연평균 9%의 수익률이다. 코스피지수의 35년간 수익률을 65년으로 환산하면 누적수익률 27000%가 나온다.

마젤란펀드로 13년 동안 누적수익률 2700%의 엄청난 수익(연평균 28.9%)을 올린 역대 최고의 전설적인 펀드매니저 피터 린치도 손실을 보는 종목이 있었다. 그의 자서전을 보면 10개 종목에 나누어 장기간 투자하면, 1~2개 종목은 손실을 피할 수 없었다고 한다. 그리고 5~6개 종목은 시장수익률 정도를 기록하였는데, 2~3개 종목에서 10배가 넘는 수익을 기록하여 전체 수익률을 높이며 역사상 최고의 펀드매니저로 인정받고 있다.

다음 표는 거치투자시 투자기간에 따른 연평균 수익률 달성 가능성에 대한 통계이다.

▌도표 1-12 **1802~1997년 주식시장 연평균 수익률 달성 확률**

| 구분 | 수익률 달성 가능성 | | | |
|------|--------|----------|---------|------|
|      | 0~10% | 10~20% | 20% 이상 | 손실 |
| 1년  | 19% | 19% | 38% | 24% |
| 5년  | 30% | 40% | 24% | 6% |
| 10년 | 29% | 54% | 16% | 1% |
| 15년 | 22% | 70% | 8% | 0% |

• 자료 : 캘리포니아 대학

〈도표 1-12〉에 나온 통계는 다음과 같은 사실을 우리에게 알려준다.

- 고수익을 낼 수 있는 확률을 살펴보자. 연평균 20% 이상 수익을 올릴 가능성은 1년 투자시 38%이며, 10년 투자시 16%, 20년 투자시 8%로 기간이 길어질수록 확률은 떨어진다. 반면에 역시 고수익률인 연평균 10~20%를 낼 가능성은 1년 투자시 19%, 10년 투자시 54%, 15년 투자시 70%로 투자기간이 길어질수록 그 확률이 높아진다.
- 손실가능성 확률을 살펴보면 1년 투자시 24%, 10년 투자시 1%, 15년 투자시 0%로 투자기간이 길어질수록 손실가능성이 낮아지며 10년이 넘어서면 손실가능성이 거의 없다.
- 10년 이상 투자시 손실가능성이 거의 없어졌음에도 불구하고 연평균 두 자릿수의 수익률을 낼 가능성이 10년 투자의 경우 70%, 15년 투자의 경우 78%로 1년 투자할 경우의 가능성인 57%보다 압도적으로 높다.
- 15년 이상 투자하면 손실가능성 0%, 한 자릿수 수익률 가능성 22%, 두 자릿수 수익률 가능성이 78%이다.

즉 투자기간과 수익률의 상관관계를 보면 투자기간이 길수록 안전성과 수익성이 모두 높아진다. 앞의 통계는 우리에게 투자기간이 짧을수록 안전하게, 투자기간이 길수록 공격적으로 투자할 필요가 있다는 사실을 알려준다.

제 **2** 장

# 성장의 열매를 나눠 갖는
# 좋은 펀드

## Q. 주식? 채권? 펀드?

A. 주식은 주식회사의 자본을 구성하는 단위입니다. 주식을 사면 그 회사의 주인(주주)이 되는 겁니다. 회사가 돈을 벌면 주주들은 그 회사로부터 배당을 받는데, 이것을 배당소득이라 합니다. 주식은 증권시장(증권거래소)에서 사고팔 수 있습니다. 이렇게 매매가 이루어지면서 수요공급의 법칙에 따라 주가가 변동하는 것입니다. 주식투자자들은 주식가격의 변동을 이용해서 주식매매를 합니다. 이때 발생하는 수익을 매매차익이라고 합니다.

채권은 정부나 회사가 발행한 일종의 차용증서입니다. 채권을 만기까지 보유하면 만기 이자소득이 발생합니다. 이 이자소득이 바로 자본소득입니다. 채권도 주식처럼 매매가 가능합니다.

펀드는 어떤 목적이든 불특정 다수의 사람들이 모은 자금을 의미합니다. 금융시장의 펀드는 투자목적으로 많은 사람들이 금융기관을 이용해서 모은 자금을, 투자전문가가 투자자들을 대신하여 주식이나 채권 등에 투자운용하는 금융상품을 일컫습니다.

# 저비용 · 고효율로
# 돈 버는 펀드투자

## 투자는 플랜 B가 아니다

투자는 더 이상 플랜 B가 아니다. "나도 슬슬 투자 좀 해볼까?"라는 마음가짐으로 임해서는 안 된다. 물가상승에 따른 잠재적 가치하락으로부터 내 돈을 지키기 위한 필수적인 수단이 되었기 때문이다. 투자는 크게 두 가지 방식이 있다. 첫 번째는 주식이나 부동산 등을 직접 사고파는 직접투자 방식이다. 두 번째는 투자전문가가 대신 운용하는 금융상품에 투자하는 간접투자 방식이다. 앞에서 적립식투자, 분산투자, 장기투자를 통해 위험을 줄이고 안정적이며 합리적 수익을 거둘 수 있다는 사실을 확인하였다. 그럼 이제부터는 적립식 · 분산 · 장기투자를 하기에 가장 적절한 간접투자 상품인 펀드에 대해 알아보자. 우선은 펀드가 무엇인지 알기 위해 주식과 채권의 개념을 이해할 필요가 있다.

## 주식

김팔랑의 아버지 김사장은 7,000만 원을 투자하여 떡볶이 가게를 차렸다. 그러다 장사가 잘되니 사업을 확장하려고 한다. 9명의 투자자를 모집하여 떡볶이 프랜차이즈 사업을 시작한다. 각각 1억 원씩 총 9억 원을 투자하고, 김사장의 현 보유지분을 1억 원으로 인정하여 자산규모 10억 원의 떡볶이 프랜차이즈 주식회사를 설립한다. 김사장을 포함해 10명의 투자자가 각 10%의 지분을 가진 셈인데, 이 지분은 주식이라는 것으로 이루어져 있다. 김사장과 9명의 투자자들은 주식 1개(1주)당 가격을 100만 원으로 정하고 100만 원인 주식 1,000개(100만 원×1,000=10억 원)를 발행한다.

이제 김사장을 포함해 10명의 투자자들은 1주당 100만 원인 주식을 100개씩 보유하면서 주식회사의 주주가 되었다. 이 회사는 월 평균 10개씩의 가맹계약을 체결하며 많은 수익을 올린다. 이 때 발생한 수익을 10명의 주주들에게 보유한 주식의 수에 비례하여 배분해주는데, 이를 배당이라 한다.

그런데 문어발식 경영을 하며 시장을 잠식하던 어느 대기업이 막강한 자본을 투입하여 김사장의 떡볶이 회사보다 더 저렴한 떡볶이를 만들어 파는 프랜차이즈 회사를 설립하여 영업을 시작한다. 그 영향으로 김사장 회사의 매출이 줄어든다. 김사장은 회사가 파산할지도 모른다는 생각에 벌벌 떨며 얼른 주식을 팔아서 현금화하고 싶어진다. 김사장처럼 주식거래의 필요성을 느끼는 사람들이 점차 많아지자, 주식을 사고팔 수 있는 증권시장이 생긴다. 이 시장이 미국의 경우 뉴욕 월가에 있는 뉴욕증권거래소 NYSE(New York Stock Exchange)이고, 우리나라의 경우 부산 문현 금융로와 서울 여의도에 있는 한국거래소이다.

주식을 사고파는 매매가 매일 이루어지니 주식의 가격이 변동하기 시작한다. 이제 어떤 사람들은 주식의 가격이 쌀 때 사서 비쌀 때 파는 방법을 알아내 주식을 사고팔며 수익을 내기 시작한다. 이렇게 매매를 통해 발생한 소득을 시세차익(또는 매매차익)이라고 하는데, 시간이 지날수록 지분보유로 배당소득을 올리기보다 매매차익 목적을 위한 투자가 더 많아졌다.

주식회사가 자본확충을 위해 회사의 주식을 거래소의 심사를 거쳐 코스피나 코스닥에 상장하면 누구나 주식을 쉽게 사고팔 수 있다. 삼성전자의 예를 들어보자. 만일 삼성전자가 돈을 많이 벌어서 빠르게 성장하면 삼성전자의 미래가치는 어떻게 될까? 당연한 말이지만 성장하는 만큼 삼성전자의 자산가치도 높아지게 될 것이다. 그렇게 되면 사람들은 삼성전자의 주식을 사고 싶어할 것이다. 반면에 삼성전자가 LG전자나 애플에 밀려 돈을 벌지 못한다면 삼성전자의 미래가치가 떨어진다. 그러므로 주식을 보유하고 있는 사람들은 삼성전자 주가가 많이 떨어지기 전에 얼른 팔고 싶어할 것이고 사고자 하는 사람들의 수는 줄어들게 된다.

이렇게 팔고자 하는 매도주문이 많아지고 사고자 하는 매수주문이 줄어들면 수요공급의 법칙에 따라 주가는 하락한다. 반대로 매수주문이 많아지고 매도주문이 줄어들면 주가는 상승한다. 이러한 이유로 주가는 상승과 하락을 반복하는데, 일반적으로 주식투자자들은 상승과 하락을 반복하는 주가의 변동주기를 이용해 수익을 내고자 한다. 저가에 사서(매수) 고가에 팔아(매도) 매매차익을 얻는 것이다.

### 채권

김사장의 떡볶이 전문점이 시간이 지날수록 영업이 어려워져 프랜차이즈 사업은 고사하고 수개월째 적자라고 가정해보자. 이에 김사장은 어떻게든 떡볶이 전문점 사업을 다시 살려보고자 리모델링을 계획하고 메뉴개발도 하는 등 지속적인 투자를 한다. 그러다가 자금이 부족하자 지인 최사장에게서 1년 후 상환, 대출금리 4%로 약정하고 1억 원을 빌린다. 자금을 빌려준 최사장에게 차용증서를 써줬는데, 이 차용증이 바로 채권이라 할 수 있다. 최사장은 1년 후 김사장에게 원금 1억 원과 이자 400만 원을 지급받게 되는데, 이렇게 채권을 만기까지 보유함으로써 발생하는 이자소득을 자본소득이라고 한다.

채권은 정부가 고속도로 건설이나 경기조절을 위해, 또는 김사장의 사례처럼 기업이 설비투자 등을 위한 자금유치를 목적으로 일반인에게 돈을 빌리고 지급하는 일종의 차용증이다. 돈을 빌려준 일반인은 채권자가 되고 정부나 기업이 채무자가 되는 셈이다. 정부나 기업이 파산하지 않는 한 손실을 볼 가능성이 거의 없으므로 안전성이 높다 할 수 있다.

그런데 우리는 주변에서 채권투자로 손실을 경험한 사람들을 종종 볼 수 있다. 채권을 발행한 회사가 파산한 것도 아닌데 손실은 왜 발생하는 걸까? 채권투자로 발생할 수 있는 수익은 최사장처럼 만기까지 보유해서 얻는 자본소득 외에도, 채권가격의 변동성을 이용해서 얻을 수 있는 매매차익이 있다. 채권에 직접 투자하는 경우, 시중금리가 올라가면 채권의 가치가 떨어져 손실가능성이 발생한다. 왜냐하면 내가 산 채권의 금리는 이미 정해져 있는데, 시중금리가 올라간다는 것은 내가 산 채권의 금리보다 더 금리가 높은, 다시 말해 수익성이 더 좋은 채권들이 시중에 판매되기 시작한다는 뜻이기 때문이다.

예를 들어 채권 액면가가 100원, 만기 1년, 금리 4% 채권이 있다고 하자. 이럴 경우 채권의 가격은 대개 96원에 거래된다. 4%의 선이자를제하

| 구분 | 보유소득 | 매매소득 |
| --- | --- | --- |
| 주식 | 배당소득(기업의 이익분배금) | 매매차익 |
| 채권 | 자본소득(만기 이자소득) | 매매차익 |

고 돈을 빌려주는 이치와 같다. 이때 시중금리가 6%로 올라가면 1년 후 4% 채권과 똑같이 100원을 주는 액면가 100원, 금리 6%의 수많은 채권들이 판매가 94원에 시중에 판매된다는 얘기다. 1년 후 똑같이 100원을 받을 수 있는 채권인데 어떤 채권은 96원에 거래되고, 또 다른 채권은 94원에 거래되는 것이다. 그러니 사람들은 94원에 거래되는 채권을 사고 싶어하고, 결국 96원에 거래되는 4% 채권의 상품가치는 떨어지게 된다. 그래서 4% 채권의 가격이 떨어지는 것이다.

물론 4% 채권도 만기까지 보유하면 손실 없이 원금과 이자를 지급받을 수 있다. 하지만 약간의 손실을 보더라도 4% 채권을 팔아서 그 돈으로 6% 채권을 사고, 그 6% 채권의 만기 원리금을 지급받으면 4% 채권에서 손실을 본 금액을 만회하고도 남는 수익을 얻게 된다. 그러므로 4% 채권을 손실 보고 파는 사람들이 있는 것이다(이를 지렛대 효과라고 한다). 물론 채권가격의 변동성이야 주식가격이 롤러코스터 타듯 변동하는 것에 비하면 아무것도 아니다.

김사장에게서 무사히 빌려준 돈을 받은 최사장은 어느 날 이런 이야기를 듣게 된다. 모 회사의 주식을 대량으로 사서 많은 수익을 올린 사람들이 있는가 하면, 또 다른 모 회사는 파산을 해서 회사의 주식이 휴지조각이 되었다고 말이다. 투자감각이 뛰어나더라도 투자할 회사, 즉 주식을 매입할 회사가 장기적으로 계속 성장할지 또는 몇 년 되지 않아서 파산할지는 그 누구도 알 수 없고 장담할 수도 없다. 어떻게 할까 고민하던 중 주변의 많은 사람들과 돈을 모아서, 그 자금을 투자전문가에게 맡겨 다양한 회사의 주식이나 채권매매를 맡기자는 아이디어를 김사장이 냈다.

이것이 바로 펀드이다. 바로 이 책의 주제이자 핵심이다. 펀드란 이렇게 불특정 다수의 사람들이 모여서 다양한 기업의 주식, 혹은 정부나 기업이 발행한 채권 등에 나누어 투자할 수 있도록 모은 일종의 기금이다. 다음은 펀드투자의 개념이다.


## 왜 펀드투자인가?

### 펀드투자의 개념

펀드투자란 불특정 다수의 투자자들로부터 자금을 모아서 투자전문가가 유가증권, 금, 부동산 등의 자산에 투자하는 것이다. 그리고 그 투자 결과로 얻은 이익과 손실을 투자자들에게 재배분해주는 집단적 · 간접적 투자제도이다.

예를 들어보자. 단돈 10만 원으로는 1주에 130만 원 정도 하는 삼성전자 주식을 1주도 살 수 없다. 그렇지만 여러 사람들이 돈을 모은다면 그 자금으로 삼성전자뿐만 아니라 수십 개, 수백 개 종목의 주식도 살 수 있게 된다. 이렇게 모인 기금(Fund)을 사람들이 모여서 투자하기 때문에, 집합하여 투자한다 하여 법적용어로 '집합투자기구'라고 하는 것이다. 이러한 집합투자기구를 우리는 흔히 펀드라고 한다.

증권사나 보험사, 또는 은행 같은 금융상품 판매회사들은 수많은 사람들의 돈을 'OO펀드'에 모아서 수탁회사로 넘기고, 수탁회사는 이 자금을

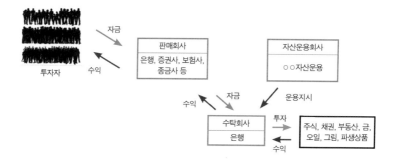

보관·관리한다. 그리고 자산운용회사는 이 펀드를 운용하는 펀드매니저를 통해 언제 어떤 회사의 주식이나 채권에 투자할지 결정하여 수탁회사에 지시한다. 그러면 수탁회사는 자산운용회사의 지시대로 주식 또는 채권을 사고팔게 되며, 그로 인해 발생하는 수익과 손실을 투자자들에게 재배분해주는 것이다. 즉 펀드의 실적이 좋으면 투자자는 많은 수익을 돌려받지만, 실적이 좋지 않으면 돈을 잃는 손실위험도 있다. 그래서 펀드를 실적배당상품이라고 한다.

당신이 국내 60개 대기업에 분산투자하고 있는 △△펀드에 월 10만 원씩 적립식으로 가입했다고 하자. 해당 펀드는 1주에 100만 원인 A주식에 20%를 투자하고 있다. 그러면 당신이 투자하는 10만 원 중 20%인 2만 원은 A주식을 사는데 사용한 셈이다. 직접투자를 한다면 2만 원으로 100만 원인 A주식을 살 수 없지만, 펀드를 통한 간접투자를 하면 가능하다. 2만 원으로 100만 원 주식의 2%인 0.02주를 산 것이다. 나머지 8만 원은 59개 회사의 주식을 운용사가 결정한 비율대로 나누어 사게 된다.

이것이 펀드투자의 개념이다. 펀드에 모인 자금을 투자전문가인 펀드매니저가 주식에 투자하면 주식형펀드, 채권에 투자하면 채권형펀드, 실

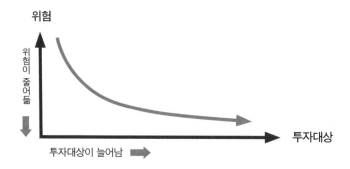

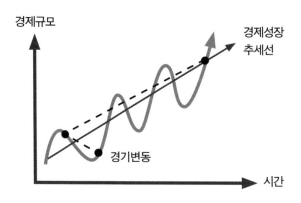

물(오일, 금 등)에 투자하면 실물자산펀드, 부동산에 투자하면 부동산펀드
가 된다. 또 국내에 투자하면 국내펀드, 해외에 투자하면 해외펀드(또는
국외펀드)이다.

### 펀드투자의 장점

　펀드투자의 장점은 무엇일까? 적은 금액으로 고가의 주식을 살 수 있
어서? 아니다. 바로 저비용, 고효율이기 때문이다. 주식이나 채권, 그리고

금융시장에 대해 잘 모르는 비전문가들이 손실위험을 줄이며 수익을 내기 위해서는 많은 시간과 노력이 필요하다. 본격적으로 투자를 하기 전에 금융에 대해, 구체적으로는 주식과 채권, 그리고 투자기법 등에 대해 공부를 많이 해야 한다. 또 여기서 끝이 아니다. 투자를 시작한 후에도 시장 전망 분석, 업종전망 분석, 종목분석, 종목선택, 그리고 매수와 매도를 해야 한다. 엄청난 시간과 노력을 기울여야 하기 때문에 여간 쉬운 일이 아니다.

하지만 펀드에 투자하면 이러한 수고로움이 줄어든다. 첫째, 각 투자자산의 전문가들이 알아서 운용해주기 때문에 좀 더 적은 시간으로, 좀 더 저렴한 비용으로 전문가들과 똑같은 투자가 가능해진다. 둘째, 적은 돈으로 수십 개 또는 수백 개의 종목에 분산투자할 수 있기 때문에 위험을 줄일 수 있다. 셋째, 매월 적립식으로 장기간 투자하면서 위험을 최소화하며 원하는 목적자금을 만들 수 있다. 이것이 펀드투자가 저비용·고효율인 이유다.

다음 장에서는 다양한 펀드유형에 대해 알아보겠다.

## Q. 펀드에는 어떤 종류가 있나요?

**A.** 펀드는 어떻게 운용하느냐, 어떻게 모집하느냐, 어느 지역에 투자하느냐, 또는 어떤 자산에 투자하느냐 등에 따라 다양하게 분류할 수 있습니다. 크게는 다음과 같이 나눌 수 있습니다. 우선 투자자산별로 주식형, 채권형, 혼합형, 실물자산형입니다. 두 번째는 투자지역별로 국내형과 해외형, 세 번째는 펀드매니저 개입 여부에 따른 액티브형과 패시브형(인덱스형, 지수형)이 있습니다. 또 주식형펀드의 경우 운용전략에 따라 대형주, 중소형주, 배당주, 가치주, 성장형펀드 등으로 세분화할 수 있습니다.

# 1천 개의 펀드 미로,
# 상품명을 파악하라

## 펀드를 분류하는 여러 가지 기준

### 어떤 자산에 투자하는가_투자자산

2016년 4월 기준으로 우리나라에는 1천 개가 넘는 펀드가 판매되고 있다. 이 수많은 펀드 중에서 어떤 펀드가 좋은 펀드이고, 어떤 펀드가 나쁜 펀드일까? 내 돈의 가치를 지켜줄 좋은 펀드를 찾으려면 어떻게 해야 할까?

좋은 펀드를 선택하는 방법을 알기 위해서는 먼저 펀드의 유형에 대해 알아야 한다. 우선 펀드를 어떤 자산에 투자하느냐에 따라 주식형펀드, 채권형펀드, 혼합형펀드, 그리고 실물자산펀드로 분류할 수 있다. 이는 투자자산별 분류방식이다.

주식형펀드는 변동성이 매우 큰 주식에 투자하는 펀드이다. 변동성이 크다는 것은 손실위험이 크다는 뜻인데, 손실위험과 수익의 기회는 항상 함께 움직이니 주식형펀드는 손실위험이 큰만큼 기대수익도 높은 펀드이다. 투자전문가인 자산운용사의 펀드매니저가 기본적·기술적 분석기법을 통해 수십 개의 투자종목을 선택하고 적절한 타이밍에 매매를 함으로써 상당 수준의 위험을 줄이게 된다. 하지만 위험이 완전히 사라지는 건 아니다.

채권형펀드는 채권에 투자하는 펀드로서 주식형펀드에 비해 기대수익률이 낮지만 상대적으로 매우 안전한 펀드이다. 혼합형펀드는 주식과 채권에 나누어 투자하는 펀드이다. 주식에 투자하는 비율이 높으면 주식혼합형펀드이고, 채권에 투자하는 비율이 높으면 채권혼합형펀드이다.

주식형펀드라고 해서 펀드의 모든 자금을 주식에만 투자하는 건 아니다. 주식형펀드의 법적요건은 운용자금의 60% 이상을 주식에 투자하는 것이다. 그래서 각각의 주식형펀드마다 운용전략이나 시장상황에 따라 주식에 60%를 투자할 수도 있고, 99%를 투자할 수도 있는 것이다. 펀드 자금 중 주식에 투자하고 있지 않은 자금은 채권이나 어음 또는 자산유동화증권 등에 투자한다.

주식형펀드 중에서도 중남미나 동남아시아와 같은 신흥국 시장에 투자하는 펀드를 EM(Emerging Market)펀드라고 하는데, 국내 주식형펀드와 비교하면 기대수익과 위험이 높다. 반대로 미국이나 유럽과 같은 선진국 시장에 투자하는 주식형펀드는 국내 주식형펀드와 비교하면 안전하지만 기대수익이 낮다. 하지만 기대수익이 낮다고 해서 늘 낮은 수익률을 기록하는 것도 아니고, 기대수익이 높다고 해서 항상 높은 수익률을 기록하는 것도 아니다.

국내 주식형펀드 중에서도 삼성전자, LG전자, 현대차, 포스코와 같은 대형 회사의 주식에 집중적으로 투자하는 펀드를 대형주펀드(또는 우량주

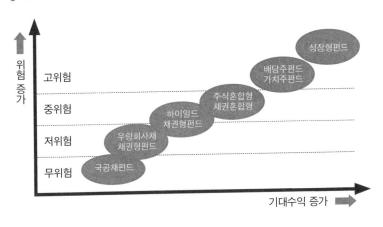

펀드)라고 하고, 중소형 회사의 주식에 집중적으로 투자하는 펀드는 중소형펀드라고 한다. 물론 안전함을 따진다면 대형주펀드가 더 안전하고, 중소형펀드는 그에 비해 위험도가 높다. 하지만 앞에서도 말했듯 위험이 상승한만큼 기대수익 또한 높다.

주식형펀드를 회사의 성장성이나 미래가치, 또는 배당유무 등에 따라 분류할 수도 있다. 성장형펀드는 영업이익이 좋고 앞으로도 성장이 기대되는 회사의 주식에 투자하는 주식형펀드이다. 가치주식형펀드는 주식의 가격이 내재가치 대비 저평가되어 있는 회사의 주식에 집중투자하는 펀드이다. 배당주펀드는 주주들에게 시장 평균배당률보다 높은 배당을 지속적으로 해주는 회사의 주식에 투자하는 펀드이다. 성장형펀드는 상대적으로 위험성이 높은 반면에 단기 기대수익이 높은 경향이 있다. 반대로 가치주식형펀드와 배당주펀드는 상대적으로 안전하며 장기적으로 더 높은 수익을 내는 경향이 있다.

펀드의 운용방식이나 펀드매니저의 역할에 따라서도 펀드를 분류할 수 있다. 먼저 펀드매니저의 역할에 따른 분류를 살펴보자.

펀드매니저가 시장분석, 종목분석 등을 통해서 적극적으로 종목을 선택하고 매매하는 펀드를 액티브펀드라고 한다. 반면에 종목이 이미 정해져 있어서 펀드매니저의 역할이 거의 없는 펀드를 패시브펀드 또는 인덱스펀드라고 한다. 패시브펀드는 지수, 즉 인덱스(Index)에 투자하는 펀드이므로 일반적으로 이름에 '인덱스'라는 단어가 들어가 있다. 지금 투자하는 펀드에 인덱스라는 단어가 없다면 액티브펀드라고 생각하면 된다. 액티브펀드는 시장수익률 대비 초과수익을 추구하는 펀드이고, 패시브펀드는 시장수익률 만큼의 수익을 기대하고 투자하는 펀드라고 이해하면 된다.

다음은 운용방식에 따른 펀드의 분류이다. 우선 채권형펀드는 투자운용 자금의 60% 이상을 채권에 투자하는 펀드로서, 주식형펀드와 비교하면 기대수익률은 낮지만 변동성이 작아서 훨씬 안전하다는 특징이 있다. 채권형펀드 중 가장 안전한 펀드는 정부가 발행하는 채권에 투자하는 국공채펀드이다. 그다음으로 안전한 채권형펀드는 우량기업이 발행한 채권에 투자하는 우량회사채펀드이다. 보통 회사채펀드가 국공채펀드보다 조금 더 위험한 반면에 위험에 따르는 기대수익이 상대적으로 더 높다.

마지막으로 가장 위험하지만 기대수익이 높은 채권형펀드는 신용등급이 낮은 회사가 발행한 채권에 투자하는 하이일드채권형펀드이다. 이 펀드는 때로 10% 이상의 고수익을 기록하기도 하지만, 경기침체 시기에 중소기업들이 줄도산을 할 때는 손실을 기록하기도 한다.

# 내 펀드 100% 이해하기

이 책을 읽는 독자들은 현재 투자하고 있는 펀드를 100% 이해하고 있다고 장담할 수 있는가? 다음 김팔랑과 자산관리사의 대화를 한번 보자.

**자산관리사 :** 현재 적금, 펀드, 연금, 보험이 있으시죠? 어떤 게 있는지 모두 말해주세요

**김팔랑 :** 청약저축에 월 10만 원을 하고 있고요, 펀드에 월 20만 원을 하고 있어요

**자산관리사 :** 그럼 투자하고 계시는 펀드의 상품명이 어떻게 되나요?

**김팔랑:** 잠깐만요, KB펀드인 거 같은데…. 어…, 잘 모르겠는데요.

김팔랑이 나중에 은행 홈페이지에 들어가 투자하고 있는 펀드명을 확인해보니 '미래에셋차이나솔로몬증권투자신탁(주식)'이라는 펀드였다. 그런데 김팔랑은 왜 본인이 투자하고 있는 펀드를 KB펀드로 알고 있었을까? 그 이유는 간단하다. 펀드에 대해 잘 알지 못하는 김팔랑이 KB은행에서 펀드에 가입했기 때문에 단순히 KB펀드라고 생각한 것이다. KB은행은 펀드를 판매한 회사일 뿐인데도, 펀드 이름을 이해하지 못하면 이렇게 오해하기 쉽다. 이렇게 김팔랑처럼 자신이 투자하고 있는 펀드를 제대로 알고 있지 못한 것은 아닌가? 어떻게 해야 투자한 펀드가 어떤 펀드인지 확인할 수 있을까?

사실 이름만 자세히 살펴보면 해당 펀드가 어떤 유형의 펀드인지 쉽게 확인할 수 있다. 다음에 나오는 펀드는 '미래에셋차이나솔로몬증권투자신탁(주식)'이다.

· 미래에셋차이나솔로몬증권투자신탁(주식)

| ① 미래에셋 | ② 차이나솔로몬 | ③ 증권투자신탁 | ④ 주식 |
|---|---|---|---|

도표를 보자. 맨 처음 나온 ①번 '미래에셋'이 운용사 이름이다. ②번 '차이나솔로몬'이 투자지역과 운용전략 및 마케팅이고, ③번 '증권투자신탁'은 펀드라는 뜻이다. 마지막으로 ④번의 '주식'이 펀드가 투자하는 자산이다. 이 펀드는 다음과 같이 이해하면 된다.

| 자산운용사 | 운용전략 | 펀드 | 투자자산 |
|---|---|---|---|
| ① 미래에셋 | ② 차이나솔로몬 | ③ 증권투자신탁 | ④ 주식 |
| 미래에셋자산운용 | 중국 | 펀드 | 주식에 투자 |

이 펀드는 미래에셋자산운용이 운용하며 중국의 기업이 발행한 주식에 투자하고 있다. 다음을 보자.

· 신영고배당증권투자신탁(주식)

| 신영 | 고배당 | 증권투자신탁 | 주식 |
|---|---|---|---|
| 신영밸류자산운용 | 국내 고배당회사 | 펀드 | 주식에 투자 |

신영밸류자산운용이 운용하며, 국내 고배당주식에 투자하는 펀드이다. 여기서 고배당주식은 배당수익률이 높은 회사의 주식이다.

· KB중소형포커스증권투자신탁(주식)

| KB | 중소형포커스 | 증권투자신탁 | 주식 |
|---|---|---|---|
| KB자산운용 | 중소형회사 | 펀드 | 주식에 투자 |

KB자산운용이 운용하며 코스피 상장기업 중 중소형 회사의 주식자산에 투자하는 펀드이다. 이 상품에서 말하는 중소형주는 시가총액 750억원 이하 또는 시가총액 순위 101위 이하 회사의 주식이다.

· 피델리티인도채권증권투자신탁(채권)

| 피델리티 | 인도채권 | 증권투자신탁 | 채권 |
|---|---|---|---|
| 피델리티자산운용 | 인도회사채 | 펀드 | 채권에 투자 |

피델리티자산운용이 운용하며 인도 기업이 발행한 회사채에 투자하는 펀드이다.

이제 당신은 펀드 이름만 봐도 어떤 유형의 펀드인지 알 수 있을 것이다. 이번엔 직접 펀드 이름을 보고 어떤 유형인지 확인해보자.

· KB이머징국공채인컴증권투자신탁(채권)

| KB | 이머징국공채인컴 | 증권투자신탁 | 채권 |
|---|---|---|---|
|  |  |  |  |

다음의 정답을 확인해보자.

| KB | 이머징국공채인컴 | 증권투자신탁 | 채권 |
|---|---|---|---|
| KB자산운용 | 신흥국 고금리 국공채 | 펀드 | 채권에 투자 |

　이 펀드는 KB자산운용이 운용하며 개발도상국들의 중앙정부나 지방자치단체가 발행한 고금리 채권자산에 투자하는 펀드이다(이머징 펀드는 흔히 EM, 'Emerging Market' 펀드라고 하며 신흥국 시장에 투자하는 펀드를 의미한다).

　앞에서 다뤘던 내용을 통해 이제 당신은 펀드가 무엇인지 알게 되었으며, 펀드 이름만 들어도 어떤 유형의 펀드인지 파악할 수 있게 되었다. 이러한 펀드 중 투자성향이나 목표기간 등에 맞춰 적합한 펀드를 선택한 후 적립식으로 장기간 투자하면, 손실위험을 줄이며 수익의 과실을 누릴 수 있게 되는 것이다. 그런데 정작 펀드의 유형을 살펴보면 적립식펀드가 포함되어 있지 않다. 왜 그럴까? 그리고 적립식펀드는 어떤 원리로 시장위험을 줄일 수 있는 걸까? 적립식펀드는 다음 장에서 상세히 알아보도록 하자.

### 📈 [Fund Investment Lesson] – 펀드를 분류하는 더 다양한 기준

▌도표 2-6 **펀드의 분류** Ⅰ

| 구분 | | 내용 | 비고 |
|---|---|---|---|
| 운용구조 | 개방형펀드 | 중도인출(부분환매) 가능 | 대부분의 펀드 |
| | 폐쇄형펀드 | 중도인출(부분환매) 불가 | |
| 모집방식 | 공모펀드 | 공모방식으로 불특정 다수에게 투자기회 | 대부분의 펀드, 자산운용사가 운용 |
| | 사모펀드 | 사모방식으로 투자자의 수나 자격에 제한 | 일반적으로 투자자문사가 운용, 위험성이 높음 |

| 투자지역 | 국내펀드 | 우리나라 법률에 따라 만들어진 펀드 | 일반적으로 국내 기업 |
|---|---|---|---|
| | 국외펀드 | 외국의 법률에 따라 만들어진 펀드 | 일반적으로 해외 기업 |
| 투자자산 | 주식형펀드 | 주식에 60% 이상 투자 | |
| | 채권형펀드 | 채권에 60% 이상 투자 | |
| | 주식혼합형펀드 | 주식에 50% 이상 투자 | 일반적으로 주식에 50~60% 투자 |
| | 채권혼합형펀드 | 주식에 50% 미만 투자 | 국공채, 회사채 등에 50% 이상 투자 |
| | MMF | 단기 금융상품에 투자 | 공사채 등에 투자 |
| | 부동산펀드 | 부동산에 투자 | |
| | 실물자산펀드 | 선박, 석유, 금 등의 실물자산에 투자 | |
| | 특별자산펀드 | 수익권 및 출자지분 등에 투자 | 일반적으로 폐쇄형펀드, 사모펀드 |
| | 재간접펀드 | 다른 펀드에 투자 | Fund of Funds / 모자형 펀드 |
| 펀드매니저 개입 여부 | 액티브펀드 | 펀드매니저가 종목, 투자비율, 매매를 결정 | |
| | 인덱스펀드 (패시브펀드) | 지수형펀드(종목이 정해져 있음) | 예) KODEX200(200개 기업) |

**┃ 도표 2-7 펀드의 분류 Ⅱ**

| 대유형(운용자산) | 소유형(운용전략) | 비 고 |
|---|---|---|
| 국내주식형 (주식에 60% 이상) | 가치주 | 저평가 종목이나 시장 지배적인 종목에 투자 |
| | 배당주 | 배당수익률이 높은 종목에 투자 |
| | 성장형 | 높은 수익증가가 기대되는 회사의 주식에 투자 |
| | 중소형 | 발행주식의 총 자산이 750억 미만 회사 또는 시가총액 101위 이하 회사에 투자 (대형주를 투자포트폴리오에 편입시키기도 한다) |
| 국내채권형 | 국공채 | 중앙정부나 지방자치단체가 발행한 채권에 투자 |
| | 회사채 | 상장기업이 발행한 채권에 투자 (일반적으로 대기업 채권) |
| | 하이일드 | 신용등급이 낮은 회사가 발행한 채권(BB+ 이하 또는 B+ 이하인 기업어음에 50% 이상 투자) / 국공채 회사채 대비 상대적으로 고수익·고위험 |
| 국내 주식혼합형 | | 주식에 50~60% 투자 |
| 국내 채권혼합형 | | 주식에 50% 미만 투자 (일반적으로 주식 40~50%, 채권에 50% 이상) |
| 해외주식형 | 미국, 유럽, 일본, 중남미, 동남아시아, BRICS(가치, 배당, 성장, 중소형, 국공채, 회사채, 하이일드) | 해외주식에 60% 이상 투자 |
| 해외채권형 | | 해외채권에 60% 이상 투자 |
| 해외 주식혼합형 | | 해외주식에 50~60% 투자 |
| 해외 채권혼합형 | | 해외주식에 50% 미만 투자 |

| 실물자산 | 금, 오일, 선박 | 물가 상승기에 유리(국내형과 해외형) |
| --- | --- | --- |
| 특별자산 | 수익권이나 지적재산권 등에 투자 | 일반적으로 폐쇄형, 사모펀드 |
| 국내, 해외, 주식, 주식혼합, 채권혼합, 멀티에셋형 (다양한 자산에 분산투자) | 인컴펀드 | 고배당주, 고금리해외채권, 부동산투자신탁 등에 투자하는 자산배분형 펀드로 매매차익보다는 이자·배당 등 정기적 수익을 추구하는 펀드 |

앞의 표에 나온 펀드 중 특별자산펀드를 제외하고 대부분 펀드들은 공모펀드이자 개방형펀드이다. 사모펀드는 투자규정이 까다롭지 않은 점 때문에 합법적이지 않은 검은 자금의 이동에 활용될 수 있다는 위험성이 높다. 보통 펀드투자를 할 때 은행이나 증권사 같은 판매사 홈페이지에서 펀드를 검색해도 '개방형, 폐쇄형' 또는 '공모, 사모' 등의 단어는 찾아보기 힘들다. 그 이유는 ELS를 제외하면 일반인들이 접하는 대부분의 펀드는 개방형펀드이자 공모형펀드이기 때문에 별도로 표기하지 않는다. 〈도표 2-6〉에서 분류하는 방식은 투자이론서의 일반적인 분류방식이다. 처음 펀드에 투자하는 상황이고, 현실적인 투자를 위해서는 〈도표 2-7〉을 참고하면 쉬울 것이다. 이 분류는 펀드 판매회사들의 일반적 분류방식으로, 판매사 홈페이지에서도 대부분 이런 식으로 분류되어 있다.

**Q.** 적립식펀드는 무엇이고, 거치식펀드는 무엇인가요? 둘 중에 어느
쪽이 더 좋은가요?

**A.** 적립식펀드란 정기적금처럼 매월 같은 날, 같은 금액(정기 · 정액 분할매수)
을 투자하는 펀드입니다. 거치식펀드란 예금처럼 목돈을 일시에 투자하는 펀드를
말하죠. 적립식펀드와 거치식펀드가 별개로 있는 건 아닙니다. 같은 펀드임에도
어떻게 투자하느냐에 따라 적립식도 되고 거치식도 되는 거죠. 예를 들어 적립식
펀드는 1년 투자한다면 투자기간 12개월 동안 12회로 나누어서 투자하는데, 분
할매수라고 할 수 있습니다. 이 경우 주식의 가격이 고정되어 있지 않고 매일 변
동하기 때문에 평균매입단가를 낮추는 효과가 있습니다.

# 적립식펀드 투자,
# 무엇이 유리한가?

## 시장의 위험을 줄이는 적립식펀드

어떤 사람은 적립식펀드가 좋다고 하고, 또 어떤 사람은 거치식펀드가 좋다고 말한다. 어느 쪽이 더 좋은 것일까? 사실 적립식펀드라는 상품은 없다. 그런데도 많은 사람들이 좋은 적립식펀드를 추천해달라고 한다. 그럼 시중에서 말하는 적립식펀드는 대체 어떤 펀드일까?

투자를 많이 했다는 사람들도 어떤 종목을 선택해야 하는지, 언제 팔아야 하는지 알지 못한다. 더구나 여기저기에서 위험하다는 얘기를 많이 들어서 그런지 직접투자를 두려워한다. 그럼에도 월급만으로 돈을 모을 수 없으니 대안으로 전문가에게 맡기는 간접투자를 선호한다. 결과적으로는 소액으로 다양한 종목에 분산투자하면서 위험을 줄이는 펀드에 투자한다. 예를 들어 여유자금이 있다면 펀드에 투자해보고 싶은데 투자할 수 있는 돈이 월 10만 원 가량 밖에 없거나, 목돈을 만들기 위해 금리가 낮은 저축보다 기대수익률이 조금이라도 높은 상품에 투자하고 싶다면 어떻게 해야 할까? 이때 유용한 형태가 적립식펀드이다.

펀드판매사들이 적립식펀드라고 광고를 해서 그런지, 많은 사람들이 적립식펀드라는 상품이 있는 걸로 자주 착각한다. 하지만 거치식·적립식펀드라는 말은 투자방식의 차이일 뿐이지 별도의 상품이 아니다. 펀드 상품에 목돈을 일시에 투자하면 거치식이 되는 것이고, 적금처럼 매월 같은 날에 같은 금액을 투자(정기·정액 분할매수 방식)하면 적립식이 되는 것이다. 또한 여기에서 투자일(매수일)과 투자금액에 제한을 받지 않고 자유롭게 투자하는 방식이라면 임의식이 되는 것이다.

'한국밸류중소형포커스증권투자신탁(주식)'이라는 펀드가 있다고 하자. 앞에서도 연습했듯이 이 펀드가 한국밸류자산운용이 운용하며, 국내 증권거래소에 상장되어 있는 회사 중 100위권 밖의 회사가 발행한 주식에 집중투자하는 펀드라는 사실을 금세 알아차렸을 것이다. 이 펀드에 재테크 목적으로 일시에 1,000만 원을 투자한다면 거치식펀드가 되는 것이다. 반면에 종자돈을 만들기 위해 매월 5일이나 10일, 또는 20일에 월 30만 원씩 투자한다면 적립식펀드가 되는 것이다.


## 매입단가를 낮추는 적립식투자

투자에 정답이 있는 것은 아니다. 1장에서 잠깐 적립식투자가 시장위험을 줄인다고 언급했었다. 적립식투자는 투자의 귀재 워런 버핏의 스승 벤저민 그레이엄이 일반인들에게 추천하는 투자법이기도 하다. 무엇보다 적립식투자는 평균매입가격이 낮아지는 효과가 있다. 장기간 적

| 구분 | 최소수익률 | 최대수익률 | 평균수익률 | 10% 이상 확률 | 손실확률 |
|------|-----------|-----------|-----------|--------------|---------|
| 적립식 | 2.1% | 15.5% | 7.4% | 31.8% | 0% |
| 거치식 | -1.2% | 43.1% | 14.3% | 68.2% | 4.5% |

립식으로 투자하면 주가가 높을 때도 사고 낮을 때도 사게 되므로, 가격이 낮을 때 같은 돈으로 주식을 많이 사는 효과가 있는 것이다. 이렇게 평균매입단가를 낮추는 효과를 달러 코스트 에버리징 효과(Dollar Cost Averageing Effect)라고 한다. 이 방법은 금융시장의 변동성을 피하는데 매우 효과적이어서, 좀 더 안정적인 수익실현을 가능하게 한다.

예를 들어보자. 우리나라 코스피지수에 투자할 경우 적립식과 거치식의 기대수익률과 변동성은 어느 정도일까? 〈도표 2-8〉은 1995년부터 2015년까지 20년 동안 매년 1월과 6월, 10년 적립식과 거치식으로 코스피에 투자할 경우 연환산 수익률이다. 10년 연환산 수익률 변동성은 적립식이 최소수익률 2.1%, 최대수익률 15.5%이고 거치식은 최소수익률 −1.2%, 최대수익률 43.1%이다. 연환산 기대수익률은 적립식이 7.4%, 거치식이 14.3%이다. 그리고 손실가능성은 거치식이 4.5%, 적립식이 0%이다. 이러한 결과는 적립식투자가 변동성, 즉 위험을 낮추는데 효과가 있다는 것을 입증해준다. 다만 1억 원이라는 목돈이 있는데 위험을 낮추기 위해 군이 월 83만 원씩 10년간(120회) 적립식으로 투자하는 것은 비합리적일 수도 있음을 염두에 두어야 한다. 적립식이 분명 투자위험을 낮추기는 하지만, 목돈을 특정 기간 동안 불려나갈 수 있는 기회비용이라는 위험도 있기 때문이다.

어느 정도 규모의 여유자금이 있느냐에 따라 투자방식을 거치식으로 하느냐 적립식으로 하느냐를 판단해야 한다. 예를 들어 500만 원이나 1,000만 원 이상의 여유자금이 있다면 거치식투자로, 없다면 적립식투자로 하는 것이 합리적이다. 물론 장기분산투자만으로는 시장위험을 완전히 없앨 수 없다. 그렇기 때문에 거치식으로 투자하기에 충분한 규모의 여유자금이 있어도, 시장위험을 줄이기 위해 적립식으로 투자하는 것이다. 이 방법 역시 합리적일 수 있다. 그러나 5장 투자전략 편을 통해 설명할 전술적자산배분을 실행하면 여유자금을 적립식으로 투자하지 않고도 시장위험을 충분히 상쇄시킬 수 있다. 물론 전술적자산배분을 실행할 수 있는 자신이 없다면 여유자금을 쪼개어 적립식으로 꾸준히 장기간 투자하는 방식이 효과적일 것이다.

 **[Fund Investment Lesson] – 달러 코스트 애버리징 효과**

〈도표 2-9〉는 2007년 11월 5일부터 2009년 9월 23일까지 총 990만 원을 거치식투자와 적립식투자(월 45만 원×22개월)를 해서 얻은 결과를 비교한 것이다. 우선 거치식투자를 보자. 990만 원을 일시에 거치투자할 경우 2015.76pt에 990만 원 전액을 투자(매수)하여 1711.47pt 때 모두 팔았다. 비싼 가격에 사서 싼 가격에 팔게 되었으니 투자자금 전액에 대해 15.1% 만큼 손실을 보게 된다. 그러나 월 45만원씩 22개월간 적립식으로 투자하면 오히려 20.4%의 수익을 기록하게 된다. 똑같이 990만 원을 투자하였는데 어떤 이유로 결과의 차이가 클까?
적립식펀드를 보자. 총 990만 원을 22개월 동안 월 45만 원씩 나누어 투자하니 자금을 펀드에 투입하는 매월 25일이 매수일이 되는데, 이 매수일의 주가는 22회 모두 다르다. 매월 45만 원이 투입되는 날인 25일에 각각 다른 주가에 45만 원으로 살 수 있는 만큼의 주식을 사서 매도일인 2009년 9월 23일에 모두 파는 개념이다. 최초 매수일인 2007년 11월 5일에 투자한 45만 원은 2015.76pt에 사서 매도일의 주가인 1711.47pt 때 팔았다. 그렇기 때문에 거치투자의 경우처럼 15.1%의 손실을 기록하게 된다. 하지만 저점인 2008년 10월 25일에 투자한 45만 원은 940pt때 사서 1711.47pt 때 팔았기 때문에 82%의 수익이 나게 된다. 이렇게 매월 투자한 45만 원의 각각의 수익과 손실을 모두 합산하면 총 수익이 나온다. 다른 방식으로 계산하면 투자기간 동안 매수일의 평균주가(평균매입단가)를 구해서, 그 주가를 매수가격으로 990만 원을 투자한 후 매도일에 파는 것으로 하면 된다. 이렇게 계산해보면, 전 투자기간 동안 매수일의 평균주가(평균매입단가)는 1410.00pt이고, 매도시 주가는 1711.47pt이다. 결과적으로 거치투자보다 더 저렴한 가격에 사서 비싼 가격에 팔았으니 20.4%의 누적수익이 발생하는 것이다.
이처럼 적립식투자 방식은 주가변동에 따라 매월 투자한 금액으로 매입하는 주식수가 달라진

다. 그래서 평균매입단가를 낮추는 효과가 있어 장기투자와 함께 시장위험을 줄이는 효과가 있
다. 적립식투자의 평균매입단가를 낮추는 효과는 초단기투자로는 기대하기 힘들고 주가 사이클
상 일반적으로 3년 이상 투자할 때 기대할 수 있다. 거치투자 대비 하락장과 보합장에서 유리하
다. 반면에 상승장에서는 적립식투자가 거치투자 대비 불리할 수밖에 없는데, 적립식투자를 할
때 평균매입단가가 거치투자를 할 때보다 오히려 더 높기 때문이다. 하지만 이 역시 수익은 발
생하는 것이니, 적어도 위험관리 측면에서는 적립식투자가 거치식투자보다 유리하다.

**▌ 도표 2-9 거치식투자와 적립식투자의 결과**

• 거치식투자

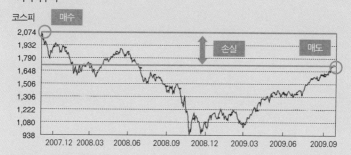

• 적립식투자

| 구분 | 총투자금액 | 평균매입단가 | 매도단가 | 평가금액 | 수익금 | 누적수익률 |
|------|-----------|-------------|---------|---------|--------|-----------|
| 거치식 | 990만 원 | 2015.76pt | 1711.47pt | 841만 원 | -149만 원 | -15.1% |
| 적립식 | 990만 원 | 1410.00pt | 1711.47pt | 1,192만 원 | 202만 원 | 20.4% |

• 적립식은 월 45만 원

제 **3** 장

수익을 내는
좋은 펀드를 선택하라

**Q.** 펀드를 선택할 때 수수료를 기준으로 보면 되는 건가요?

**A.** 보통 펀드를 투자할 때 수수료가 저렴한 상품을 많이 찾습니다. 하지만 수수료보다 더 중요한 것은 바로 수익률입니다! 예적금을 제외한 모든 금융상품에는 수수료나 보수 같은 보이지 않는 비용이 숨어 있습니다. 상품의 수익구조와 비용구조 때문에 투자기간에 따른 적절한 금융상품들이 있습니다. 물론 비용이 저렴할수록 좋은 상품에 가깝겠지만, 아무리 비용이 저렴해도 손실만 나는 상품이라면 좋은 펀드라고 할 수 없습니다.

# 저비용의 함정,
# 선택의 기준을 세워야 한다

## 비용이 저렴하다고 과연 좋은 상품일까?

많은 고객들이 필자를 찾아와 늘 하는 말이 있다.

"좋은 펀드 하나 추천해주세요."

좋은 펀드란 무슨 펀드일까? 어떤 사람은 기대수익률이 높은 주식형 펀드라 하고, 어떤 사람은 안전한 채권형펀드라고 하고, 어떤 사람은 투자자의 투자성향에 맞는 펀드라고 하고, 또 어떤 사람들은 수수료와 보수가 저렴한 펀드가 좋은 펀드라고 한다. 이렇게 각각 다른데, 도대체 어떤 펀드가 좋은 펀드일까? 또 수수료는 뭐고 보수는 대체 뭐지? 궁금한 게 한두 가지가 아닐 것이다. 그럼 우선은 '비용'에 집중해보자.

상품에 제품원가가 있듯이 예적금을 제외한 모든 금융상품에는 수수료와 보수라는 비용이 있다. 예를 들어 KB은행에서 신영밸류자산운용이 운용하는 펀드에 가입·투자한다면 그 펀드 안에는 비용이 들어가 있다.

바로 이 비용이 수수료와 보수이다.

우선 KB은행은 해당 펀드를 판매했으므로 판매수수료를 가져간다. 신영밸류자산운용은 해당 펀드를 운용하기 때문에 운용보수를 가져간다. 마지막으로 수탁회사(은행)는 수탁보수를 가져간다. 이 판매수수료와 운용 및 수탁보수가 판매사, 운용사, 그리고 수탁회사의 수익이 된다. 그 수익으로 회사의 주인인 주주들에게 배당도 해주고, 임직원에게 월급도 주고, 빌딩 임대료도 내고, 영업이익에 대한 법인세도 납부하는 것이다. 어쨌든 투자자 입장에서는 비용이 저렴할수록 유리한 건 분명하다. 비용이 저렴한 펀드가 좋은 펀드라는 말은 부정할 수 없을 것 같다.

현대자동차의 수많은 임직원들과 딜러들, 그리고 하청업체 직원들은 승용차 판매로 얻은 수익으로 고액의 월급을 받는다. 그러면서도 이익이 남아 주주들에게 배당을 해주는 걸 보면 승용차 1대를 판매함으로써 얻는 이익이 상당함에 틀림없다. 그 이익이 우리가 차를 살 때 부담하는 비용인 셈이다. 만약 여기서 현대차가 승용차 1대를 만들어서 판매하는데 들어가는 제품원가를 공개하면, '이런 도둑놈들이 다 있나!' 하며 차를 사지 않을 것인가? 아니다. 승용차를 구매하고자 하는 소비자 입장에서 꼭 고려해야 할 사항은 현대차의 영업이익(소비자 입장에서 비용)이 아니라 지불하는 총 가격 대비 성능이다.

계속 자동차로 예를 들겠다. 가격이 3,000만 원 하는 승용차와 5,000만 원 하는 승용차가 있다. 비용 측면에서 보면 당연히 3,000만 원 하는 승용차가 더 유리하다. 그런데 이 3,000만 원 하는 승용차가 고장이 너무 잦다면? 3년간 차량수리비로만 2,000만 원이 넘는 비용이 들어가고, 안전성마저 훨씬 떨어진다면, 과연 5,000만 원 승용차보다 좋은 승용차라고 말할 수 있을까?

금융상품도 이러한 논리로 접근해야 한다. 아무리 비용이 저렴하더라도 동일유형의 펀드보다 수익이 나쁘다면, 또는 손실이 크다면 절대로 좋은 펀드라 말할 수 없다. 반면에 비용이 비싸더라도 그 이상의 많은 수익이 난다면 좋은 펀드로 평가받아야 한다. 또한 그러는 것이 당연하다.

## 펀드선택, 합리적으로 생각하자

지금 이 책을 읽는 당신은 1,000만 원을 약 5년간 투자하려고 증권사를 찾았다. 상담해주던 증권사 직원이 다음과 같은 질문을 한다. 질문에 대한 답을 생각해보자. 단, 여기서 말하는 수수료 5%는 투자원금 1,000만 원 중 5%인 50만 원이다. 이 금액이 금융사의 수익이 되며, 나머지 950만 원이 펀드에 투자된다는 뜻이다.

Q. 다음의 펀드 중 어떤 펀드를 선택하시겠어요?
① 수수료 0%의 펀드
② 수수료 5%의 펀드

합리적인 당신은 비용이 들어가지 않는 ①번을 선택했을 것이다. 그런데 증권사 직원이 추가질문을 한다. 대답해보자.

Q. 다음의 펀드 중 어떤 펀드를 선택하시겠어요?
① 연 수익률 2.5%인 펀드
② 연 수익률 5%인 펀드

역시 합리적인 당신은 수익이 많이 나는 ②번을 선택했을 것이다. 자이제, 마지막 질문이다. 대답해보자.

Q. 다음의 펀드 중 어떤 펀드를 선택하시겠어요?
　① 수수료 0%, 연 수익률 2.5%의 펀드
　② 수수료 5%, 연 수익률 5%의 펀드

①번을 선택했다면 눈에 보이는 수치를 비교해본 결과 ①번이 유리해 보여서 선택했을 것이다. 실수익률을 계산(수익률 · 수수료)해보니 ①번은 2.5%이고 ②번은 0%이기 때문이다. 그러나 수수료는 한번 부과되고 끝나지만 투자수익률은 매년 복리로 가산된다는 점을 간과하였다. 만약 복리 수익률을 계산할 수 있었다면 ②번을 선택했을 것이다.

〈도표 3-1〉에서 보듯이 똑같이 1,000만 원을 투자한 결과 비용이 5%가 비싼 반면에 연 투자수익률이 2.5%가 높은 ②번 펀드가 ①번 펀드보다 투자원금의 8% 수준인 82만 원의 수익을 더 올렸다. 즉, 비싼 비용을 내고 있음에도 불구하고, 비용을 반영한 실질수익률이 좋은 ②번 펀드가 좋은 펀드가 되는 것이다.

사실 동일유형의 펀드들조차도 수익률의 차이는 매우 크다. 하지만 수수료의 차이는 대동소이하다. 사람들은 자신의 이익을 극대화하려고 최대한 합리적인 판단을 하고자 노력하지만, 심리적 문제로 인해 별로 중요하지 않은 조건에 집착하여 비합리적 선택을 하게 되는 경우가 많다. 펀드도 마찬가지다. 펀드에서 비용은 별로 중요하지 않다. 오히려 이익을 극대화할 수 있는 수익률이 중요하다. 상대적으로 덜 중요한 비용에 집착하다 정작 중요한 수익률을 놓치는 오류는 범하지 않아야 한다.

| 구분 | 수수료 | 펀드투입금 | 연 수익률 | 투자기간 | 적립금 |
|---|---|---|---|---|---|
| ①번 펀드 | 0% | 1,000만 | 2.5% | 5년 | 1,131만 |
| ②번 펀드 | 5% | 950만 | 5.0% | 5년 | 1,213만 |

▌도표 3-1 **수수료와 수익률에 따른 적립금 비교**

좋은 펀드란 무엇일까? 아주 단순하다. 수익이 많이 나는 펀드가 좋은 펀드이다! 비용이 저렴한 상품이 좋은 펀드라면, 상대적으로 비용이 비싼 주식형펀드보다는 비용이 저렴한 채권형펀드를 선택해야 할 것이다. 마찬가지 논리라면 역시 비용이 비싼 해외펀드보다 저렴한 국내펀드만 고집해야 할 것이다. 펀드매니저의 역량에 따라 더 높은 수익을 낼 수 있지만 비용이 상대적으로 비싼 액티브펀드는 포기하고, 투자종목이 이미 정해져 있어 비용이 저렴한 지수형펀드인 인덱스펀드만 고집해야 할 것이다. 더 나아가서 저비용 논리로만 본다면 아예 비용이 없는 예적금만 하는 게 최선이다. 물론 단기투자냐 장기투자냐에 따라 수수료 구조의 유리함과 불리함 차이는 분명 있다. 그러나 펀드를 선택할 때는 매우 미시적인 부분인 비용은 일단 젖혀두는 게 좋다.

좋은 승용차는 어떤 차일까? 어떤 사람은 안전하고 승차감 좋은 차를, 어떤 사람은 연비가 좋은 차를, 어떤 사람은 디자인이 예쁜 차를 좋은 차라고 생각한다. 이렇게 추구하는 가치 기준에 따라 좋은 차의 조건이 달라지지만, 안전하며 내구성이 강하고 성능이 뛰어난 차가 좋은 차라는 의견에 반대하는 사람은 거의 없을 것이다.

그렇다면 좋은 펀드는 어떤 펀드일까? 투자자가 추구하는 방향성에 따라 달라지는 것일까? 절대 그렇지 않다. 누가 뭐래도 안정적으로 꾸준히 장기간 높은 수익을 내는 펀드가 좋은 펀드이다. 다만 수익을 잘 내는 펀드가 어떤 펀드인지 미리 알 수 없다는 것이 문제다. 과거수익률도 미래수익률을 보장하지 않는다. 그렇다면 좋은 펀드를 선택하기 위해 할 수 있는 일은 무엇일까? 바로 펀드를 선택하는 기준을 세우는 것이다.

**Q.** 펀드를 선택할 때 어떤 점을 고려해야 하나요?

**A.** 투자할 펀드를 선택할 때 고려해야 할 사항은 대략 다섯 가지입니다. 펀드의 유형, 펀드의 운용규모, 펀드 설정일(운용기간), 펀드의 변동성 및 성과지표, 펀드의 수익률입니다. 이 사항들은 한번에 확인하기가 쉽지 않은데, '펀드슈퍼마켓' 같은 사이트에서 펀드평가를 종합적으로 비교·분석할 수 있습니다.

# 좋은 펀드는
# 이렇게 찾아야 한다

## 좋은 펀드 체크리스트

### 첫 번째, 투자자산 및 유형

수많은 펀드투자자들은 본인이 투자하고 있는 주식형펀드에 대해 불평을 늘어놓곤 한다. 3년 또는 5년이나 투자했는데 마이너스 수익이라는 것이다. 어떤 투자자는 원금만 회복하면 환매하고 다시는 펀드투자를 하지 않겠다고 하고, 다른 투자자는 손실을 빨리 만회할 수 있도록 좋은 펀드를 추천해달라고 한다.

이렇게 3년 혹은 5년이나 투자했는데도 손실이 나고 있는 이유는 무엇 때문일까? 내가 투자한 펀드가 나쁜 펀드, 투자하기에 좋지 않은 펀드이기 때문일까? 아니면 주식시장이 좋지 않았기 때문일까? 답은 전자일수도 있고 후자일 수도 있다. 혹은 앞에서 언급한 두 가지 모두 해당될 수도 있는데, 통계를 보면 주식시장이 좋지 않아서일 가능성이 가장 높다. 그럼에도 불구하고 사람들은 펀드가 수익을 내지 못하면 '나쁜 펀드'에 투자했기 때문이라고 생각한다. 비교할 대상 없이 생각하는 절대평가의 함정에 빠져 있기 때문이다.

지금 이 책을 읽는 당신이 대학시절에 거의 모든 과목에서 B학점 이상을 받은 경험이 없다고 해보자(물론 실제로는 더 잘했을 것이다). 그러다가 마지막 학기에 어떤 과목에서 B+를 받았다. 아마 그 학점에 매우 만족스러웠을 것이다. 지금까지 받아보지 못했던 점수였기 때문이다. 그런데 당신을 제외한 해당 과목을 수강한 모든 학생들이 A학점 또는 A+학점을 받았다고 한다. 그래도 B+학점에 만족할 수 있을까? 이렇게 절대평가의 함정에서 빠져서는 안 된다. 그런 착각에서 빠져나와 같은 조건에서 상대적으로 더 높은 성과를 올리는 비교우위 펀드를 선택할 수 있는 혜안을 길러야 한다.

예를 들어보자. 김팔랑은 국내주식에 투자하는 주식형펀드인 A펀드에 2006년 7월부터 약 1년간 1,000만 원을 투자했다. 그 결과 평가금액이 1,200만 원이 되었다. 수익을 올렸다는 사실에 기분이 좋아진 김팔랑은 '저금리 시대엔 역시 펀드가 최고야'라며 당시 은행금리의 4배인 20%라는 높은 수익률에 매우 만족해 한다. 그러나 김팔랑은 절대평가의 함정에 빠져 있다. 비교할 수 있는 기준치 없이 절대평가를 하고 있기 때문에 펀드의 수익률이 좋은지 나쁜지 객관적인 평가를 할 수 없는 것이다.

사실 김팔랑이 투자하고 있는 펀드는 좋은 펀드라 할 수 없다. 왜냐하면 같은 기간 동안 코스피지수는 김팔랑이 투자한 A펀드의 수익률보다 2배 이상 높은 43.6%의 수익을 기록했으며, 국내 주식평펀드의 90% 이상이 A펀드보다 더 높은 성과를 올렸기 때문이다. 코스피지수나 동일유형 펀드의 수익률과 비교한 결과 상대적으로 나쁜 펀드라고 할 수 있다. 시장수익률인 코스피지수 수익률 대비 절반의 성과도 못 냈으니 최하등급의 펀드가 되는 것이다.

본인이 투자한 A펀드의 20% 수익률이 형편없는 성과라는 사실도 모른 채 펀드투자에 자신감이 생긴 김팔랑은 그다음에는 1년간 1,200만 원을 국내 주식형펀드인 B펀드에 투자한다. 그런데 이번 투자의 결과는 예금금리에도 못 미치는 1% 수익률이 나왔다. 이번에야말로 펀드를 잘못 선택한 것으로 판단한 김팔랑은 펀드투자를 지속해야 할지 고민하기 시작한다.

김팔랑은 이번에도 역시 절대평가의 함정에 빠져 있다. 같은 기간 코스피지수에 투자했다면 −14.6%의 수익을 기록하니 이 펀드는 시장수익률보다 15.6%나 더 높은 성과를 낸 좋은 펀드로 평가받아야 마땅하다. 아무리 나쁜 주식형펀드라 하더라도 2006년 7월부터 약 1년간은 상당히 높은 수익률을 기록할 수 있었고, 그다음 1년간은 아무리 좋은 주식형펀드라 하더라도 손실을 피하기 어려웠다. 그러니 2006년 7월부터 1년간은 주식형펀드에 투자해야 했고, 그다음 1년간은 주식시장에서 빠져 나와 채권형펀드 같은 안정자산에 투자해야 했다.

결론적으로는 같은 주식형펀드나 채권형펀드 중 어떤 펀드에 투자하느냐보다는 주식자산, 채권자산, 실물자산, 부동산자산, MMF와 같은 현금성자산 등 어떤 자산에 투자하느냐 같은 선택이 훨씬 중요하다는 것이다. 즉 시장의 흐름에 따라 좋은 유형의 펀드와 나쁜 유형의 펀드가 결정된다는 것이다. 이 부분에 대해서는 5장의 투자전략 편에서 자세히 살펴보겠다. 이번 장에서는 같은 자산 같은 유형, 즉 비슷한 조건에서 더 좋은 성과를 낼 가능성이 높은 좋은 펀드를 선택하는 방법에 대해 알아보도록 하자.

### 두 번째, 운용규모

펀드는 투자하려는 여러 사람의 돈을 모아서 수십 개 기업의 주식이나 채권 또는 실물자산에 투자한 후 발생한 수익이나 손실을 투자자에게 재배분해주는 실적배당 간접투자 금융상품이다. 여러 기업에 분산투자를 함으로써 개별종목에서 발생하는 위험을 감소시키고 투자자에게 안정적인 수익을 주는 것이다. 하지만 펀드도 투자를 하기 위한 자금이 충분히 모이지 않는다면 분산투자가 원활하게 이뤄지지 않아 안정적인 수익을 실현하기가 어렵다. 그러므로 운용규모(자산규모, 설정금액 등. 이하 운용규모)가 큰 펀드가 안정적인 수익을 실현하는데 일반적으로 유리하다고 할 수 있다.

여기서 펀드의 운용규모가 크다는 것은 펀드의 성격 대비 수익을 많이 올리고 있기 때문에, 많은 자금이 몰린다는 뜻이기도 하다. 반대로 펀드 수익률이 형편없다면 많은 투자자들이 펀드를 환매한다. 이렇게 환매하는 투자자들이 많아질수록 펀드의 운용규모는 작아지며, 결국 펀드의 수

익률은 악화될 가능성이 높아진다.

그래서 펀드투자를 하기 전에 해당 펀드가 일정 수준 이상의 규모가 있는 펀드인지 확인할 필요가 있다. 우리나라 펀드 대부분은 그 규모가 적게는 수십억에서 많게는 수천억 수준이다. 명확한 기준이 있는 것은 아니지만 모 펀드판매회사는 다음과 같이 분류한다. 운용자산 규모가 210억 미만의 펀드는 초소형급, 210억~699억은 소형급, 700억~1,699억은 중형급, 1,700억~6,999억은 대형급, 7,000억 이상은 초대형급이다.

꾸준히 좋은 성과를 내고 있는 펀드 중에는 중형급 이상의 펀드가 많은 것이 사실이다. 물론 소형급 규모의 펀드들 중에도 안정적으로 꾸준한 수익을 실현하며 펀드평가사들에게 높은 등급을 받고 있는 펀드도 있지만, 좋은 펀드를 선택하는 기준에서 같은 조건이라면 대형급, 중형급 순으로 선택하는 것을 권한다. 하지만 절대적 기준으로 삼기보다 참고지표로 활용하는 것이 좋겠다.


### 세 번째, 운용기간

주가는 마치 살아있는 생물과 같다. 그래서 변동성이 큰 특징이다. 지난 10년간 어떤 회사는 파산해서 회사 주식이 휴지조각이 되었고, 다른 어떤 회사는 주가가 시장수익률만큼 상승하였고, 또 다른 어떤 회사는 주가가 10배 이상 상승하기도 했다. 펀드는 이렇게 요동치는 주식시장에서 다양한 회사에 분산투자를 함으로써 안정적으로 시장 평균수익률 이상을 추구하는 것인데, 펀드매니저의 역량에 따라 시장수익보다 더 높은 초과수익을 실현하거나 시장수익보다 낮은 수익률을 기록한다.

주가는 경제사이클과 내외변수에 따라 상승과 하락을 반복한다. 이러한 곳에서 운용기간이 오래된 펀드라는 것은, 글로벌 금융위기와 같은 폭락장을 이겨내고 생존해 있는 검증된 펀드라는 뜻이다. 이러한 이유로 해외 펀드평가사들은 3년 이상 운용된 펀드만을 펀드평가 대상에 포함시킨다. 그에 반해 우리나라는 '빨리빨리' 문화 때문인지 펀드가 설정된 후 1년만 지나면 평가대상에 포함시키고 있다.

물론 운용기간이 짧은 펀드라고 해서 미래에 좋은 성과를 내지 못할 거라는 합리적인 근거는 없다. 단지 수익률이 확정되지 않은 변동성이 심한 곳에 투자하는 상황에서 승률을 높여야 할 뿐이다. 분산투자·적립식투자·장기투자를 함으로써 손실가능성을 줄이고 수익가능성을 높이는 것처럼, 같은 주식형펀드라도 최소 3년 이상에서 가능한 5년 이상 운용된 검증된 펀드를 선택해야 한다. 그래야 조금이라도 더 안정적인 성과를 기록할 수 있는 가능성을 높이는 것이다.

사진을 보자. 사진에서 '3M -2.25%'는 최근 3개월 누적수익률이 -2.25%라는 뜻이고, '3Y 39.07%'는 3년 누적수익률이 39.07%라는 뜻이다. 만약 3년 수익률이 나와 있지 않다면, 그 펀드는 만들어진지 채 3년이 되지 않은 펀드이다. 운용기간이 3년이 되지 않았다는 건 아직 검증되지 않은 펀드라는 의미이니 투자대상 후보에서 제외하는 게 좋겠다.

### 네 번째, 변동성 및 성과지표

펀드평가를 할 때 수익률 외에 확인해야 하는 지표로는 변동성지표인 표준편차, 트레킹에러, 베타가 있고 위험 대비 수익률을 나타내는 지표인 샤프지수와 젠센알파지수가 있다.

변동성지표는 시장 전체가 변할 때 그 변동성의 정도에 비해 펀드 수익률이 얼마나 변동했는지 시장민감도를 나타내는 지표이다. 이 지표의 수치가 작을수록 안정적으로 투자할 수 있다는 의미이다. 성과지표인 샤프지수와 젠센알파지수는 위험을 떠안는 것에 대한 보상수익이라고 생각하면 된다. 쉽게 말해 같은 수치의 위험을 떠안고 투자했을 때 어떤 펀드가 더 높은 성과를 올렸는지를 보는 지표라고 이해하면 된다. 그러므로 샤프지수와 젠센알파지수는 수치가 클수록 동일유형 펀드 대비 높은 수익률을 기록했다는 뜻이다.

펀드투자를 할 뿐인데 너무 많은 지표를 확인하는 것 같은가? 그렇다면 위험을 반영한 수익률 지표인 샤프지수와 젠센알파지수만 확인하면 된다. 지표들을 정리하면 다음과 같다.

- 표준편차, 트레킹에러, 베타 : 변동성지표로 수치가 작을수록 안정적인 펀드
- 샤프지수, 젠센알파지수 : 위험 대비 수익률로 수치가 클수록 투자성과가 좋은 펀드

### 다섯 번째, 수익률

우리가 투자를 하는 목적은 무엇인가? 바로 수익이다. 펀드투자의 목적도 마찬가지다. 바로 수익실현이 투자의 목적이다. 그러므로 펀드를 선

택할 때 과거수익률을 무시할 수는 없다. 다만 과거수익률이 미래수익률을 보증하는 것은 아니기 때문에, 시장이 좋지 않을 때는 방어를 잘하며 꾸준한 성과를 내고 있는지 확인할 필요가 있다. 거의 모든 주식형펀드가 손실을 내고 있는 약세장 기간 동안에는 당연히 채권형펀드가 좋은 펀드이다. 하지만 앞으로 다가올 미래에서 강세장이 올지 약세장이 올지는 그 누구도 모르는 법이다. 이런 상황에서 주식형이 좋다 또는 채권형이 좋다 판단하기는 어렵다. 다만 여기에서는 동일유형 펀드의 수익률을 검토해 보겠다.

예를 들어보자. 투자를 위해 국내 주식형펀드를 검색하는 중에 A라는 펀드가 눈에 들어왔다. 최근 1년 수익률이 18%, 3년 수익률이 48%이니 상당히 좋은 펀드로 보일 것이다. 하지만 앞에서 다룬 김팔랑의 사례처럼 동일기간 중 코스피지수가 더 많이 상승했거나, 또는 A펀드와 동일유형 펀드의 평균수익률이 A펀드보다 더 높은 수익률을 기록했다면, A펀드는 결코 좋은 펀드라 규정할 수 없다.

그러므로 투자를 위해 펀드수익률을 검토할 때는 벤치마크(BM, 비교지수)와 동일유형 펀드의 수익률을 함께 비교·검토할 필요가 있다. 이를 확인하는 방법은 3년 이상 운용된 펀드 중 1개월, 3개월, 6개월, 1년, 3년, 5년 수익률을 벤치마크 대비 수익률, 동일유형 대비 수익률을 비교·검토하는 방식으로 하면 된다. 물론 벤치마크 대비 수익률과 동일유형 대비 수익률이 높을수록 운용성과가 좋은 펀드이다.

앞에서 다룬 좋은 펀드를 선택하기 위한 기준을 정리하면 다음과 같이 정리할 수 있다.

① 운용(자산)규모 : 클수록 좋은 펀드

② 펀드설정일 : 5년 이상(최소 3년 이상) 운용된 펀드

③ 변동성지표(표준편차, 트레킹에러, 베타) : 작을수록 좋은 펀드

④ 성과지표(샤프지수, 젠센알파지수) : 클수록 좋은 펀드

⑤ 동일유형 펀드 대비 수익률 : 높을수록 좋은 펀드

⑥ 벤치마크 대비 수익률 : 높을수록 좋은 펀드


## 펀드평가사를 활용해보자

번번히 펀드투자에서 이렇다 할 수익을 보지 못한 김팔랑은 좋은 펀드를 선택하는 방법에 대해 공부를 하게 되었다. 그러다 '전문적으로 투자하는 것도 아니고 저금리시대에 저축보다는 나아서 하는 건데, 펀드 하나 고르기가 왜 이렇게 어려워?'라는 생각까지 하기에 이르렀다. '좋은 펀드 하나를 고르기 위해 확인해야 할 샤프지수나 젠센알파, 벤치마크 수익률, 동일유형 펀드 평균수익률은 어디에서 확인해야 하지? 직장생활만으로도 충분히 벅차고 힘이 드는데 월 30만 원 펀드투자 하기가 이렇게 힘들어서야 차라리 안 하는 게 낫겠다'고 생각한다.

혹시 이 책을 읽는 독자들도 그런 생각을 하면서 걱정하고 있지 않은가? 하지만 걱정하지 않아도 된다. 아주 쉬운 방법이 있다.

보통 펀드평가사들은 기관투자자 및 개인투자자들을 위해 펀드평가를 유료 또는 무료로 공시·제공하고 있다. 공신력 있는 펀드평가회사로는 제로인, 모닝스타코리아, 한국펀드평가, 에프앤가이드 등이 있다. 그중 모닝스타코리아는 홈페이지를 통해 매월 '스타평가보고서'를 올리고

있다. 이 보고서를 통해 펀드유형별로 'Top 5' 또는 'Top 10'의 펀드 순위를 확인할 수 있다. 또한 온라인상에서는 '펀드슈퍼마켓' 같은 사이트를 활용하면 수많은 펀드평가사들의 평가를 한 눈에 확인할 수 있다. 다음은 대표적인 사이트인 모닝스타코리아와 펀드슈퍼마켓을 활용하여 좋은 펀드를 선택하는 방법이다.

### 모닝스타코리아

① 홈페이지에서 '모닝스타리포트' 클릭

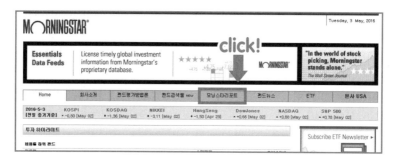

② 가장 최근 스타평가보고서를 클릭한 후 하단의 파일보기 열람

③ 동일유형의 펀드 중 스타평가 Top 10 또는 Top 5에서 선택

| 국내중소주식형펀드 스티평가 Top10 | | | | | | | | |
|---|---|---|---|---|---|---|---|---|
| 펀드명 | 운용사 | 순자산 | 1개월 | 3개월 | 1년수익률 | 3년수익률 | MRAR(3년기준) | 스타평가 |
| 한화코리아레전드중소형주 자 [주식] A | 한화자산운용 | 7,166,888,120 | 1.29 | 2.14 | 18.93 | 16.39 | 11.39 ★★★★★ |
| IBK중소형주코리아 자 [주식] C1 | IBK자산운용 | 46,397,788,890 | 0.54 | 2.25 | -0.06 | 15.55 | 10.82 ★★★★★ |
| 현대강소기업 1 [주식] C-s | 현대자산운용 | 21,039,844,363 | -0.20 | -0.45 | 5.00 | 13.63 | 9.67 ★★★★ |
| 현대인베스트먼트로우프라이스 자 1 [주식] A1 | 현대인베스트먼트운용 | 249,651,497,554 | 1.62 | -5.30 | -6.17 | 13.31 | 7.64 ★★★★ |
| 동양중소형고배당 자 1 [주식] C | 동양자산운용 | 236,603,807,908 | 1.51 | -4.25 | -6.52 | 10.52 | 6.56 ★★★★ |
| 미래에셋장유망중소형주 자 1 [주식] C1 | 미래에셋자산운용 | 145,107,503,305 | 0.48 | -2.94 | 11.33 | 11.14 | 6.43 ★★★★ |
| 프랭클린중소형주 자 [주식] C-F | 프랭클린템플턴 | 37,831,534,951 | 1.34 | -2.72 | 14.56 | 11.47 | 6.36 ★★★★ |
| 키움작은거인 자 1 [주식] A | 키움투자자산운용 | 12,630,606,333 | 1.86 | -5.89 | -5.35 | 7.84 | 3.54 ★★★ |
| 백워리뉴그로쓰 자 1 [주식] A | 백워리자산운용 | 89,415,831,129 | 0.69 | 0.52 | 6.26 | 7.59 | 3.46 ★★★ |
| KB중소형주포커스 자 [주식] A | KB자산운용 | 1,096,374,347,646 | 1.46 | 1.19 | -4.18 | 7.09 | 3.44 ★★★ |
| 유형평균 | | | -0.44 | -8.04 | -8.62 | 3.79 | |

앞에서 설명한 모닝스타코리아(www.morningstar.co.kr)의 스타평가보고서를 참고해 최고 등급을 받은 펀드에 투자하는 것이 펀드를 선택하는 가장 쉬운 방법일 것이다. 투자자가 펀드를 선택하기 위해 고려해야 할 요소가 많다. 설정일, 자산규모, 성과지표, 위험지표 등 수많은 정보를 비교·분석하려면 많은 시간과 노력이 필요하다. 모닝스타코리아의 스타평가보고서는 신뢰할만한 펀드평가 전문기관이 모든 지표들을 종합적으로 분석해 내놓은 결과이다. 그렇기 때문에 이를 활용하면 시간과 노력을 절약하며 좋은 펀드를 선택할 수 있다.

다만 몇 가지 주의할 게 있다. 모닝스타코리아와 제로인, 한국펀드평가, 그리고 애프앤가이드는 각각 독자적인 펀드평가 모델이 있다. 그래서 모닝스타코리아에서 좋은 평가를 받았다 하더라도 다른 3곳의 펀드평가사로부터는 좋지 않은 평가를 받을 수도 있다는 점을 기억해야 한다. 가능한 4곳의 펀드평가사 모두에게 좋은 평가를 받은 펀드를 선택해야 하는데, 다음에 설명할 '펀드슈퍼마켓'을 활용하면 한 눈에 비교·분석할 수 있다.

### 펀드슈퍼마켓

펀드슈퍼마켓(www.fundsupermarket.co.kr)은 다양한 종류의 펀드들을 한 곳에 모아 판매하는 온라인 펀드쇼핑몰이다.

① 홈페이지에서 '펀드몰' 클릭

② '펀드검색' 또는 '랭킹검색' 클릭

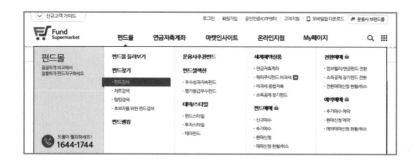

### ③ 펀드유형 선택 후 검사결과 보기 클릭

### ④ 몇 개의 펀드를 선택한 후, 각각의 '펀드명' 클릭 후 비교

### ⑤ 비교지수와 동일유형 대비 수익률 확인

### ⑥ 펀드평가사들의 성과등급 확인

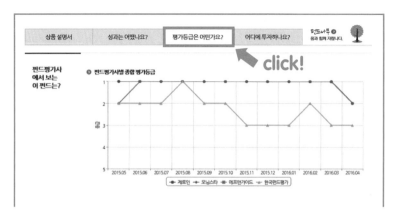

평가등급
자세히 보기

**◉ 제로인** (평가그룹 : 배당주식)

| 구분 | | 평가등급 | 세부항목 | |
|---|---|---|---|---|
| 성과 등급<br>(Performance Rating) | 3년 | ●●●● | 수익률 | ▊▊▊▊▊▊▊▊ |
| | | | 위험 | ▊▊▊ |
| | 5년 | ●●● | 수익률 | ▊▊▊▊ |
| | | | 위험 | ▊▊▊▊ |
| 리서치 등급<br>(Research Rating) | | ▦▦▦▦ | 수익률 | ▊▊▊▊▊▊ |
| | | | 평균수익성 | ▊▊▊▊▊▊▊▊ |
| | | | 원금보존성 | ▊▊▊▊▊▊▊▊ |
| | | | 비용효율성 | ▊▊ |
| | | | 정성항목 | ▊▊▊▊▊▊▊▊▊ |

* 성과 등급(Performance Rating) : 과거 기간별 수익률과 위험을 고려한 효용함수를 이용하여 등급 부여
* 리서치 등급(Research Rating) : 운용체계 등 정성평가와 함께 과거 성과의 다양한 측면을 고려하여 평가

**◉ 모닝스타** (평가그룹 : 한국 대형주 주식)

| 구분 | 평가등급 | 세부항목 | |
|---|---|---|---|
| | | 성과등급 | 위험등급 |
| 종합 | ★★★★☆ | 평균이상 | 평균 |
| 3년 | ★★★★★ | 높음 | 평균이상 |
| 5년 | ★★★★☆ | 평균이상 | 평균이상 |
| 10년 | ★★★☆☆ | 평균 | 평균이하 |

* 모닝스타평가등급은 과거 위험조정수익률을 반영하고, 종합평가등급은 펀드의 3년, 5년, 10년치를 가중 평균하여 산출합니다.

**◉ 에프앤가이드** (평가그룹 : 액티브주식배당)

| 구분 | 평가등급 | 보조지표 | | |
|---|---|---|---|---|
| | | 초과수익 | 마켓타이밍 | 원금보존성 |
| 1년 | ★★★☆☆ | ★★★☆☆ | ★★☆☆☆ | ★★★☆☆ |
| 3년 | ★☆☆☆☆ | ★☆☆☆☆ | ★☆☆☆☆ | ★☆☆☆☆ |

* 에프앤가이드평가등급은 기간별 과거 위험조정수익률을 반영하며, 보조지표로 초과수익, 마켓타이밍, 원금보존성을 평가합니다.

**◉ 한국펀드평가(KFR)** (평가그룹 : 배당주식)

| 구분 | 평가등급 | 세부항목 | | |
|---|---|---|---|---|
| | | 펀드성과 | 운용사성과 | 펀드성과 지속성 |
| 1년 | ★★★☆☆ | ★★★☆☆ | ★★★☆☆ | ★★☆☆☆ |
| 3년 | ★★★☆☆ | ★★★★☆ | ★★★★☆ | ★☆☆☆☆ |
| 5년 | ★★★☆☆ | ★★★☆☆ | ★★★★☆ | ★☆☆☆☆ |

* 한국펀드평가는 기간별로 펀드성과, 운용사성과, 펀드의 성과지속성을 가중평균하여 기간별 종합평가등급을 산출합니다.

펀드에 대한 확인이 끝났는가? 그러면 이제 펀드를 선택하고, 투자를 실행하면 된다.

펀드평가사들은 단순히 최근 수익률만을 가지고 펀드평가를 하지 않는다. 평가사마다 평가기준의 차이가 있지만 일반적으로 벤치마크 대비 수익률, 동일유형 평균수익률 대비 수익률, 표준편차, 트레킹에러, 샤프

지수, 젠센알파 등의 데이터를 비교·분석 후 평가하고 있다.

펀드선택은 이제 끝났다. 그럼 다음 순서는 무엇일까? 바로 펀드가입이다. 다음 장에서는 펀드가입 방법에 대해 알아보겠다.

---

 **[Fund Investment Lesson] – 돈 버는 펀드투자 관리**

좋은 펀드를 고르고 가입했다고 끝난 것은 아니다. 가입 후에도 펀드재배분, 펀드재조정, 펀드 손절매 등의 꾸준한 관리가 필요하다. 자세한 것은 5장에서 설명하겠지만, 이러한 관리를 할 때 꾸준히 살펴보아야 할 것이 있다. 바로 자산운용보고서이다. 이것은 자산운용사들이 매분기별로 투자자에게 자산운용현황을 보고하는 것이다. 이 운용보고서에서 꼭 확인해야 할 사항은 다음과 같다.

① 동일유형 펀드와 비교하여 오랜 기간 저조한 수익률을 기록하고 있지는 않은지
② 적립식의 경우 펀드의 규모가 꾸준히 증가하고 있는지
③ 매분기 펀드매니저가 바뀌지는 않았는지(보통 운용보고서에는 펀드매니저가 투자운용 전 문인력, 펀드매니저, 또는 펀드운용역으로 기재)

### 04. 투자운용전문인력 현황 👥

**투자운용인력(펀드매니저)**

펀드의 운용을 담당하는 펀드매니저에 대한 정보를 확인하실 수 있습니다.

| 성명 | 운용 개시일 | 직위 | 운용중인 다른 펀드 현황 | | 성과보수가 있는 펀드 및 일임계약 운용 규모 | | 협회등록번호 |
|---|---|---|---|---|---|---|---|
| | | | 펀드(개) | 운용규모(백만원) | 펀드(개) | 운용규모(백만원) | |
| **최웅필** | 2014.01.28 | **책임 운용역** | 31 | 7,588,675 | 11 | 947,902 | 2109000716 |
| 정용현 | 2014.01.28 | 부책임 운용역 | 19 | 7,365,451 | 1 | 9,437 | 2109001468 |

주) 성명이 굵은 글씨로 표시된 것이 책임운용전문인력이며, 책임운용전문이란 운용전문인력중 투자전략 수립 및 투자의사 결정 등에 있어 주도적이고 핵심적인 역할을 수행하는 자를 말합니다.

※ 펀드의 운용전문인력 변경내역 등은 금융투자협회 전자공시사이트의 수시공시사이트 등을 참고하실 수 있습니다. (인터넷 주소 http://dis.kofia.or.kr)
단, 협회 전자송시사이트가 제공하는 정보와 본 자산 운용보고서가 제공하는 정보의 작성기준일이 상이할 수 있습니다.

**책임운용전문인력 변경내역**

최근 3년 동안의 책임 펀드매니저 변경 내용을 확인하실 수 있습니다.

| 기간 | 책임운용전문인력 |
|---|---|
| 2012.01.01 ~ 2014.01.27 | 송성엽 |
| 2014.01.28 ~ 현재 | 최웅필 |

주) 2015.12 기준 최근 3년간의 운용전문인력 변경 내역입니다.

투자를 시작한 후 앞의 세 가지 사항 중 ①번 혹은 ②번이 확인되면 펀드환매를 고려해야 한다. ③번의 경우 펀드의 세부 운용전략이 바뀔 가능성이 있으므로 ①번과 ②번의 사항이 발생하는지 좀 더 주의 깊게 살펴보아야 한다.

**Q.** 펀드가입은 어디에서 하나요?

**A.** 펀드가입은 증권사에서 증권계좌(CMA) 개설 후 원하는 펀드에 가입할 수 있습니다. 은행에서도 비슷한 방법으로 가입이 가능합니다. 펀드슈퍼마켓에서 앞서 설명한 '좋은 펀드 선택방법'에 따라 펀드를 선택한 후 가입할 수도 있습니다.

# 03

# 펀드투자의 시작, CMA

## 펀드투자, 스스로가 정답이다

금융이해력이란 것이 있다. 저축과 투자, 신용과 부채관리 등의 영역을 얼마만큼 이해하고 있는지 가늠하는 척도이다. 얼마 전 금융이해력과 관련된 기사가 나오기도 했다. 기사 내용을 보면 초등학교 교과서에나 나올 법한 은행 이용법이 삼성전자 퇴직 임직원용 교육교재 첫머리에 나온다고 한다. 다음은 그 기사 내용이다.

"① 신분증과 도장을 챙겨 가까운 은행을 찾는다 → ② 번호표를 뽑고 자신의 번호가 호명되면 해당 창구로 이동한다 → ③ 비밀번호는 주민등록번호 등 알기 쉬운 번호를 피해 선정한다 → ④ 통장을 발급받은 뒤 정확하게 발급됐는지 다시 확인한다"

심지어 공인인증서를 발급받는 법이나 입출금하는 법도 소개되어 있다고 한다. 최근 S&P가 발표한 '세계 금융이해력 조사'에 따르면 한국인의 금융이해력은 전 세계 143개국 중 77위였다. 23위의 미얀마, 76위의 우간다보다 낮은 수준이다. 이것은 한국인 3명 중 2명은 '금융문맹'이란 소리이다. 자산관리 부문에서도 마찬가지다. 일확천금을 노려 주식이나 파생상품 같은 위험자산에 올인하거나 물가상승률도 따라가지 못해 마이너스인 예적금만 고집한다. 적어도 마이너스금리인 예적금이 아닌 펀드를 선택했다면, 좀 더 현명한 투자를 하고 있다고 할 수 있겠다.

펀드는 은행이나 증권사 영업점에 신분증을 가지고 가서 증권계좌를 개설하면 간단히 가입할 수 있다. 증권계좌 CMA를 개설하면 은행직원이나 증권사 직원을 통해서 가입할 수도 있고, 온라인상에서 직접 할 수도 있다. 이때 어떤 펀드를 선택할지는 전적으로 투자자에게 달려 있다. 창구의 은행원이나 증권사 직원들의 추천을 따를 수도 있고, 공부해서 직접 선택할 수도 있다. 온라인상의 펀드가 유리한 점은 수수료가 저렴하고, 객관적으로 비교·분석해서 좋은 펀드를 선택할 수 있다는 것이다. 그러나 만약 펀드에 대해 잘 모른다면, 은행원이나 증권사 직원들이 추천하는 펀드보다 못한 펀드를 고를 가능성이 높다.

하지만 우리는 앞에서 펀드의 기본에 대해 공부했으며 이제 아무것도 모르는 초보자가 아니다. 최근 수익률이 좋다는 이유로 특정 펀드만 추천하는 창구직원들의 추천에서 벗어나 직접 펀드를 선택해보자. 창구에서 추천받은 펀드보다 펀드평가사로부터 높은 판정을 받은 펀드가 더 성과가 좋다는 통계도 있으니, 앞에서 다룬 다양한 정보를 활용해 직접 투자해보자.

# 왜 CMA계좌인가?

예전의 뉴스를 기억하는가? 뉴스가 끝날 무렵에 그날의 주식시황 같은 것을 보도했는데, 그 배경화면으로 증권사 객장 소파에 앉아 있는 사람들을 볼 수 있었을 것이다. 실시간 주요 투자종목들의 주가변동을 확인하는 소위 개미투자자들이었다. 이때 이 투자자들은 증권사 영업점에 상주하는 투자상담사를 통해 종목 추천 및 매수·매도 타이밍 상담을 받으며 주식투자를 했다.

1993년 4월, 김팔랑은 투자상담사 신과장에게 종목추천을 받아 1주에 10만 원 하는 A종목에 1,000만 원을 투자하여 100주를 매수한다. 8개월 후 A종목의 주가는 10만 원에서 13만 원으로 상승하였다. 덕분에 1,000만 원을 투자한 김팔랑은 300만 원의 수익을 실현한다. 김팔랑은 매우 기쁜 나머지 신과장에게 고가의 위스키를 선물한다. 그러면서 김팔랑은 신과장에게 기대에 찬 목소리로 수익이 많이 날 수 있는 또 다른 종목을 추천해달라고 한다.

**김팔랑** : 신과장님, 정말 감사합니다. 덕분에 많은 수익을 올렸네요. 이번에도 좋은 종목 추천 부탁 드릴게요.
**신과장** : 네, 그런데 지금은 시장이 불확실합니다. 조금 관망하시는 게 좋을 것 같아요. 매수 타이밍이 오면 연락 드리겠습니다.
**김팔랑** : 아, 그래요? 알겠습니다. 전 신과장님만 믿을게요.

김팔랑은 선물을 사는 데 쓴 돈을 제외한 원리금 1,285만 원을 가지고 은행에 6개월 정기예금을 한다. 그리고 2개월 후 신과장에게서 연락이 왔다.

**신과장 :** 김팔랑님, 시장에 돈이 풀리기 시작했어요.

**김팔랑 :** 네? 무슨 말이죠?

**신과장 :** 유동성장세입니다. 돈이 주식시장으로 몰리고 있다는 말이에요. 자금력이 주가를 끌어올리는 장세인데, 이럴 땐 과거 낙폭이 컸던 종목들이 폭등하는 경향이 있거든요. 제가 좋은 종목 하나 골라 놓았습니다. 얼른 돈 가지고 오세요.

김팔랑은 은행으로 달려가 예금을 해지하고 증권사로 뛰어간다. 안타깝게도 예금은 만기전 해지로 이자가 전혀 가산되지 않았다.

증권사에서 주식거래를 하는 사람들은 매도 후 재투자할 가능성이 있는 자금은 초단기로 운용할 수 있는 상품에 운용하기를 원한다. 증권사에는 이럴 때 유용한 상품이 있는데, 바로 초단기 금융상품인 MMF이다. 이 상품은 하루만 투자해도 이자가 발생하며 매우 안전하다. 만약 김팔랑이 1,285만 원을 은행예금에 넣지 않고, 증권사 MMF에 투자해서 2개월 만에 환매했다면 2개월 동안의 수익이 실현되었을 것이다. MMF 연 수익률이 3.5%라면 MMF 투자수익금은 '1,285만 원×3.5%×2/12'가 된다. 보통 주식투자자들은 앞에서 설명한 예처럼 관망장세에서는 미래투자 예비자금을 은행예금에 넣지 않고 증권사의 MMF와 같은 초단기 안전한 금융상품에 투자한다.

요즘은 증권사에 전광판도 거의 사라지고, 투자상담사라는 직군도 사라지는 추세다. 증권사가 브로커리지(주식매매) 영업에서 자산관리 영업으로 전환하면서 투자상담사라는 직군이 사라지고, 은행처럼 간접투자 상품을 통해 고객의 자산관리를 돕는 형태의 PB(Private Banker) 또는 WM(Wealth Manager) 같은 직군이 생겨나고 있다. 개인투자자들은 온라인 시스템(HTS)을 통해 주식투자를 한다. 이렇게 금융환경이 변하는 상황에서 온라인 투자든 오프라인 투자든, 주식투자를 위해서는 증권계좌를 개설해야 한다. 바로 CMA다.

2016년 1월, 김팔랑은 CMA 계좌를 개설해서 1,385만 원을 예치한다. 그중 1,000만 원을 주식에 투자하고 385만 원은 언제 사용할지 모르는 비상예비자금으로 남겨 두었다. 6개월이 지나고 투자한 주식의 가격이 8.0% 올라서 주식에 투자한 1,000만 원은 1,080만 원이 되었는데, CMA에 예치되어 있는 385만 원은 그대로다.

투자자 입장에서는 CMA에도 이자가 가산되면 좋다. 그래서 증권사는 'CMA에 들어온 돈은 무조건 안전한 초단기 금융상품에 투자합니다'라는 규칙을 정해놓았다. 이렇게 CMA에 불입된 자금이 투자되는 초단기 금융상품이 바로 MMF, MMW, R.P.이다. 보통 CMA를 개설하러 증권사에 방문하면 직원이 이렇게 묻는다. "CMA에는 MMF, MMW, R.P.가 있는데 이 세 가지 유형 중 어떤 걸로 하시겠어요?" 어떤 유형이 가장 좋을까?

MMW는 매일 사고팔며 일 결산을 한다. 일복리 효과가 있어서 기간이 길어질수록 유리하고, 금리에 연동하기 때문에 금리상승기에 유리하다. 이 부분을 제외하면 MMF, MMW, R.P. 중 어떤 유형이 더 유리하다고 할 만한 근거는 없다. KB국민은행의 2.0% 정기예금과 신한은행의 2.0% 정기예금 중 더 좋은 예금을 찾는 것과 비슷하다. 투자자가 자신에게 가장 유리하겠다 싶은 걸 선택하면 된다.

자, 가입하고 싶은 펀드를 선택하고 CMA 유형 중 어떤 것으로 할지도 선택했다. 그렇다면 이제 증권사에 가서 CMA 계좌를 개설하고 펀드투자를 실행해보자. 참고로 CMA는 주식이나 채권 또는 펀드에 투자하기 위한 증권계좌 역할을 함과 동시에 계좌이체 · 출금 · 결제 기능이 있으며 계좌잔고는 선택한 유형의 안전한 단기 금융상품에 자동 투자된다.


## 펀드가입, 이렇게 해라

펀드에 가입하기 전에 우선 투자목적과 투자기간, 그리고 목표자금을 설정해야 한다. 결혼자금, 주택자금, 사업자금, 은퇴자금, 혹은 자녀교육자금 같은 재무목표를 먼저 설정하자. 그다음 그에 따른 목표기간, 목표자금, 기대수익률 등을 합리적으로 설정한 후 그에 맞는 적절한 펀드유형을 선택해야 한다. 그후에는 앞에서 설명한대로 동일유형 펀드 내 비교분석을 통해 좋은 펀드를 찾아야 한다. 펀드가입 절차는 다음과 같다.

①은행 또는 증권사 등의 판매회사 방문(신분증 지참) → ②증권계좌(CMA) 개설(은행의 경우 해당 은행계좌와 연계하는 증권계좌 확인) → ③펀드선택 → ④투자설명서와 주요 내용 확인 → ⑤투자금 입금(또는 즉시이체와 자동이체를 신청) → ⑥인터넷뱅킹 혹은 HTS 등록

증권사에서 CMA 계좌만 개설한 후 온라인(HTS) 상으로 펀드가입을 할 수도 있다. 이때는 비용이 조금이라도 절약된다는 장점이 있다.

다음은 펀드슈퍼마켓에서 펀드가입하는 방법이다. 스스로 좋은 펀드를 선택하고 실행할 자신이 생겼다면 판매사를 통하는 것보다 펀드슈퍼

마켓에서 직접 펀드를 선택하고 가입해보자.

①펀드슈퍼마켓 계좌개설이 가능한 은행(우리은행, 우체국, SC은행, 새마을금고, 부산은행) 방문(신분증 필요) → ②서류작성 → ③펀드슈퍼마켓 홈페이지에서 정회원 가입신청 → ④공인인증서 등록 → ⑤투자목적과 투자기간에 맞는 펀드유형 선택 → ⑥동일유형 펀드 중 좋은 펀드 선택 방법에 따라 비교우위 펀드 선택 → ⑦ 펀드가입 및 투자실행

 **[Fund Investment Lesson] – CMA 와 종합금융회사**

펀드투자를 실행하든 안하든 누구나 한번쯤은 CMA에 관심을 가져봤을 것이다. CMA의 유형은 다음과 같다.

① MMF(Money Market Fund) : 국채증권, 지방채증권, 특수채증권, 사채권, 기업어음(CP), 어음, 양도성 예금증서(CD) 등 단기 금융상품에 주로 투자
② MMW(Money Market Wrap) : 신용등급 AAA 이상인 우량한 금융기관의 예금, 채권, 발행어음 같은 단기 금융상품에 투자
③ R.P.(Repurchase Agreement, 환매조건부채권) : 일정 기간 후 다시 사는 조건으로 채권을 팔고 경과 기간에 소정의 이자를 붙여 되사는 채권
④ 발행어음 : 종금사가 자금을 조달하기 위해 스스로 발행하는 자기발행어음이다. 고정금리 상품으로 다른 유형의 CMA보다 수익률이 낮지만 예금자보호가 된다.

증권사에서는 MMF, MMW, R.P.형의 CMA를 취급하고, 발행어음형은 종금사에서만 취급한다. 여기서 종금사는 종합금융회사를 말하는데 증권중개업무와 보험업무를 제외한 장단기금융, 투자신탁 등 거의 모든 금융업을 영위하는 제2금융권 금융기관이다.
종금사는 1975년 외자도입을 촉진하기 위해 설립되었다. 종금사가 저리의 단기자금을 들여와 고리 장기대출을 일삼으면서 자금순환의 불일치가 발생하자, 1997년 외환위기 환란의 한 원인으로 지목되었고 결국 IMF 구제금융의 구조조정을 통해 대부분 퇴출되었다. 2016년 기준으로 순수한 종금사는 사라지고 종금사 라이선스와 증권사 라이선스를 모두 취득한 형태로만 남아 있다.
대표적인 업체로는 종금업무와 증권업무를 함께하는 메리츠종금증권과 동양종금증권을 인수한 유안타종금증권이 있다. CMA를 운용하고자 할 때 예금자보호법 적용을 받고 싶다면 메리츠종금증권 또는 유안타종금증권에서 CMA의 발행어음형으로 계좌를 개설해야 한다. 물론 예금자보호를 받지 않는 MMF, MMW, R.P.형으로 하더라도 원금손실 가능성은 거의 없다.

**Q.** 펀드투자도 투자성향에 따라 그 유형이 다른가요?

**A.** 투자성향에 따라 '좋은 펀드'의 기준도 달라지니 투자유형도 달라져야 합니다. 특히 여유자금은 투자성향에 맞게 투자해야 합니다. 안정형이라면 예적금이나CMA 같이 원금손실 가능성이 없는 상품, 안정추구형이라면 금리보다 2~3% 정도의 초과수익을 기대할 수 있는 우량채권형펀드가 좋습니다. 또 적극투자형이라면 고수익을 기대할 수 있는 주식형펀드, 공격투자형이라면 신흥국시장의 주식형펀드나 주식에 직접투자하는 방식도 고려해보면 좋습니다.

# 투자성향에 맞는 나만의 상품을 찾아라

## 자신의 투자성향을 알라

이제 김팔랑과 나현명은 좋은 펀드를 선택하는 방법을 터득했다. 둘 다 1,000만 원의 여유자금을 4개 펀드평가사로부터 모두 최고등급을 받은 국내 성장형펀드 1개에 투자기간 3년으로 시작했다. 그런데 7개월 후, 미국이 금리를 인상하자 무슨 이유인지는 모르겠지만 경기가 안 좋아질 거라는 뉴스가 보도되고, 투자펀드의 평가금액이 뚝뚝 떨어진다. 투자원금에서 조금만 손실이 나도 가슴이 뛰어 잠 못 이루는 김팔랑은 손실이 더 커지기 전에 환매해야겠다고 결심한다. 반면에 손실이 조금 나더라도 높은 수익을 기대하는 나현명은 경기에 민감한 성장형펀드가 손실이 나고 있던 시기에도 환매하지 않고 기다렸다.

결국 투자를 시작한 지 7개월 만에 8%의 손실을 본 김팔랑은 이제 펀드라면 진저리가 난다며 보고 싶어하지 않는다. 그로부터 1년 후 주춤하던 소비심리가 되살아나고 있다는 뉴스가 보도되더니 주가가 반등하기 시작한다. 나현명은 끈질기게 3년을 투자해 380만 원이라는 달콤한 수익을 거두었다. 둘다 좋은 펀드를 선택했지만 결과는 정반대였다. 왜 이런 결과가 나온 것일까? 답은 '자신의 성향에 맞는 펀드를 선택했느냐'에 달려 있다.

앞에서 동일유형 펀드 중 어떤 펀드에 투자해야 할지, 좋은 펀드는 어떻게 선택하는지 살펴보았다. 그렇다면 이제는 어떤 유형의 펀드에 투자해야 할지가 남는다. 주식형펀드에 투자해야 할까? 채권형펀드에 투자해야 할까? 이는 목적자금을 만들기 위해 저축처럼 적립식으로 투자하느냐, 또는 여유자금으로 거치식투자 재테크를 하느냐에 따라 달라진다. 재테크 목적으로 여유자금을 거치투자하는 거라면 본인의 성향에 맞게 투자하는 방식이 투자의 정석이다. 같은 펀드에 투자했음에도 불구하고 김팔랑은 투자에 실패하고 나현명은 투자에 성공할 수 있었던 이유는 무엇일까? 간단하다. 김팔랑은 본인의 투자성향보다 공격적으로 투자했기 때문에 투자에 실패하였고, 나현명은 투자성향대로 투자하여 성공할 수 있었던 것이다.

다음은 나의 투자성향을 확인해보는 테스트이다. 전국투자교육협의회에서 제공하는 투자성향 진단표이다.

## 투자성향 진단법

1. 당신의 연령대는 어떻게 됩니까?
   ① 19세 이하

② 20~40세

③ 41~50세

④ 51~60세

⑤ 61세 이상

2. 투자하고자 하는 자금의 투자가능기간은 얼마나 됩니까?

　① 6개월 이내

　② 6개월 이상~1년 이내

　③ 1년 이상~2년 이내

　④ 2년 이상~3년 이내

　⑤ 3년 이상

3. 다음 중 투자경험과 가장 가까운 것은 어느 것입니까? (중복 가능)

　① 은행의 예적금, 국채, 지방채, 보증채, MMF, CMA 등

　② 금융채, 신용도 높은 회사채, 채권형펀드, 원금보존추구형 ELS 등

　③ 신용도 중간 등급의 회사채, 원금의 일부만 보장되는 ELS, 혼합형
　　펀드 등

　④ 신용도 낮은 회사채, 주식, 원금이 보장되지 않는 ELS, 시장수익률
　　수준의 수익을 추구하는 주식형펀드 등

　⑤ ELW, 선물옵션, 시장수익률 이상의 수익을 추구하는 주식형펀드,
　　파생상품에 투자하는 펀드, 주식 신용거래 등

4. 금융상품 투자에 대한 본인의 지식 수준은 어느 정도라고 생각하십
　니까?

① [매우 낮은 수준] 투자의사결정을 스스로 내려본 경험이 없다

② [낮은 수준] 주식과 채권의 차이를 구별할 수 있는 정도

③ [높은 수준] 투자할 수 있는 대부분 금융상품의 차이를 구별할 수 있는 정도

④ [매우 높은 수준] 금융상품을 비롯하여 모든 투자대상 상품의 차이를 이해할 수 있는 정도

5. 현재 투자하고자 하는 자금은 전체 금융자산(부동산 등을 제외)에서 어느 정도의 비중을 차지합니까?

① 10% 이내

② 10% 이상 ~ 20% 이내

③ 20% 이상 ~ 30% 이내

④ 30% 이상 ~ 40% 이내

⑤ 40%

6. 다음 중 당신의 수입원을 잘 나타내고 있는 것은 어느 것입니까?

① 현재 일정한 수입이 발생하고 있으며, 향후 현재 수준을 유지하거나 증가할 것으로 예상된다.

② 현재 일정한 수입이 발생하고 있으며, 향후 감소하거나 불안정할 것으로 예상된다.

③ 현재 일정한 수입이 없으며, 연금이 주 수입원이다.

7. 만약 투자원금에 손실이 발생할 경우 다음 중 감수할 수 있는 손실 수준은 어느 것입니까?

① 무슨 일이 있어도 투자원금은 보전되어야 한다.

② 10% 미만까지는 손실을 감수할 수 있을 것 같다.

③ 20% 미만까지는 손실을 감수할 수 있을 것 같다.

④ 기대수익이 높다면 위험이 높아도 상관하지 않겠다.

· 문항별 점수표

| 구분 | | 문항 | | | | | | |
|------|------|------|------|------|------|------|------|------|
| | | 1번 | 2번 | 3번 | 4번 | 5번 | 6번 | 7번 |
| 보기 | ① | 12.5점 | 3.1점 | 3.1점 | 3.1점 | 15.6점 | 9.3점 | −6.2점 |
| | ② | 12.5점 | 6.2점 | 6.2점 | 6.2점 | 12.5점 | 6.2점 | 6.2점 |
| | ③ | 9.3점 | 9.3점 | 9.3점 | 9.3점 | 9.3점 | 3.1점 | 12.5점 |
| | ④ | 6.2점 | 12.5점 | 12.5점 | 12.5점 | 6.2점 | – | 18.7점 |
| | ⑤ | 3.1점 | 15.6점 | 15.6점 | – | 3.1점 | – | – |

· 투자성향별 점수표

| 투자성향 | 점수 |
|----------|------|
| ① 안정형 | 20점 이하 |
| ② 안정추구형 | 20점 초과 ~ 40점 이하 |
| ③ 위험중립형 | 40점 초과 ~ 60점 이하 |
| ④ 적극투자형 | 60점 초과 ~ 80점 이하 |
| ⑤ 공격투자형 | 80점 초과 |

① 안정형 : 예적금 수준의 수익률을 기대하며, 투자원금에 손실이 발생하는 것을 원하지 않는다. 원금손실의 우려가 없는 상품에 투자하는 것이 바람직하며 CMA와 MMF가 좋다.

② 안정추구형 : 투자원금의 손실은 최소화하고, 이자소득이나 배당소득 수준의 안정적인 투자를 목표로 한다. 다만 수익을 위해 단기적인 손실을 수용할 수 있으며, 예적금보다 높은 수익을 위해 자산 중의 일부를 변동성 높은 상품에 투자할 의향이 있다. 채권형펀드가 적당하며, 그중에서도 장기회사채펀드 등이 좋다.

③ 위험중립형 : 투자에는 그에 상응하는 투자위험이 있음을 충분히 인식하고 있으며, 예적금보다 높은 수익을 기대할 수 있다면 일정 수준의 손실위험을 감수할 수 있다. 적립식펀드나 주가연동상품처럼 중위험 펀드로 분류되는 상품을 선택하는 것이 좋다.

④ 적극투자형 : 투자원금의 보전보다는 위험을 감내하더라도 높은 수준의 투자수익을 추구한다. 투자자금의 상당 부분을 주식, 주식형펀드 또는 파생상품 등의 위험자산에 투자할 의향이 있다. 국내외 주식형펀드와 원금비보장형 주가연계증권(ELS) 등 고수익 · 고위험 상품에 투자할 수 있다.

⑤ 공격투자형 : 시장 평균수익률을 훨씬 넘어서는 높은 수준의 투자수익을 추구하며, 이를 위해 자산가치의 변동에 따른 손실위험을 적극 수용할 수 있다. 투자자금 대부분을 주식, 주식형펀드 또는 파생상품 등의 위험자산에 투자할 의향이 있다. 주식비중이 70% 이상인 고위험 펀드가 적당하고, 자산의 10% 정도는 직접투자(주식)도 고려해볼 만하다.

* 자료 :《펀드투자 제대로 하자》, 강창희 외, 전국투자교육협의회

**Q.** 보통 단기투자를 할 때는 채권형펀드, 장기투자를 할 때는 주식형 펀드라고 하던데 왜 그런가요?

**A.** 적립식투자를 할 경우에는 본인의 투자성향보다 투자기간에 따라 투자상품이 달라야 합니다. 투자기간이 짧을 때는 위험이 높은 반면에 수익률에 따른 실질 수익금은 그다지 차이가 나지 않습니다. 반대로 투자기간이 길 때는 위험이 낮은 반면에 복리효과로 수익률에 따른 실질 수익금 차이는 매우 커집니다. 또한 연평균 10% 이상의 수익률을 올릴 가능성도 더 높습니다. 그러므로 투자기간이 짧을 때는 안전한 상품으로, 투자기간이 길 때는 공격적인 상품으로 포트폴리오를 구성하는 것이 좋습니다.

# 목표기간에 맞는
# 나만의 상품을 찾아라

김팔랑은 2년 후 전세보증금으로 사용할 1,200만 원을 만들기 위해 매월 50만 원을 국내 주식형펀드에 투자하였다. 연 10% 수익이 나면 1,320만 원이 되니 이자 120만 원으로 여자친구와 해외여행을 할 계획까지 세운다. 그러나 안타깝게도 투자기간 내내 경기가 좋지 않아서 김팔랑의 2년 투자결과는 손실 50만 원이었다. 전세자금이 부족해진 김팔랑은 결국 대출을 받아야 했다.

이제 김팔랑은 10년 후 현 시세로 2억 원인 아파트를 살 계획을 세운다. 지난번의 투자실패를 경험삼아 이번엔 안전한 적금에 저축할 생각이다. 월 60만 원을 10년간 1.5% 금리의 적금에 저축하면 총 7,200만 원을 투자하여 약 7,700만 원 정도를 만들 수 있다. 아파트 시세의 약 40%를 적금으로 만들고, 60%를 대출로 해결할 생각이었다. 그러나 10년 후, 적금으로 7,700만 원을 만든 김팔랑은 좌절하고 만다. 10년 전에는 2억 원이던 아파트가 이제는 2억 5,600만 원이 되어 있는 것이다. 아파트 매입

| 투자기간 | 재무목표 | 추천상품 |
|---|---|---|
| 1년 이내 | 비상자금, 여행자금, 승용차 구입비 등 | CMA, MMF |
| 1~3년 | 전세보증금, 대학등록금 등 | 보수적 투자자 : 정기적금, 국공채펀드<br>공격적 투자자 : 회사채펀드 |
| 3~7년 | 주택자금, 사업자금, 학자금 등 | 보수적 투자자 : 회사채펀드<br>중위험 투자자 : 하이일드채권형펀드, 멀티에셋인컴펀드<br>공격적 투자자 : 성장주식형펀드, 배당주펀드 |
| 7~10년 | 주택자금, 사업자금, 투자재테크 자금 | 보수적 투자자 : 가치주식형펀드, 배당주펀드<br>공격적 투자자 : 배당주펀드, EM펀드 |
| 10년 이상 | 주택자금, 사업자금, 투자재테크 자금, 은퇴자금 | 변액유니버셜보험, 변액연금보험(은퇴자금)<br>(각 상품 내 배당주펀드, 가치주식형펀드) |

을 포기할 수 없었던 김팔랑은 결국 아파트 시세의 70%를 대출받는다. 아파트 가격도 올랐고 대출비중도 높아졌으니, 처음 예상했던 자금보다 5,500만 원이나 더 대출을 받아야 했다. 여기에 이자부담도 예상보다 커져서 김팔랑은 생활비를 줄일 수밖에 없었다.

이제 나현명을 살펴보자. 나현명은 전세보증금 1,200만 원을 만들기 위해 매월 50만 원을 1.5% 적금에 저축하였다. 결과는 1,215만 원의 세후 만기원리금이다. 예상한대로 전세보증금을 만들고도 15만 원이라는 용돈이 생겼다. 나현명 역시 10년 목표로 현재 시세로 2억 원인 아파트를 매입할 계획을 세우고, 월 60만 원을 주식형펀드에 투자하였다. 10년간 총 7,200만 원을 투자한 결과 나현명은 9,676만 원을 만들었다. 김팔랑이 7,700만 원을 만든 것에 비하면 엄청난 차이다. 역시 아파트도 2억 5,600

만 원으로 가격이 올랐지만, 김팔랑은 최초 계획대로 아파트 시세의 약 40%를 만들었고 60%는 대출로 해결한다. 나현명은 김팔랑보다 2,000만 원을 적게 대출받고도 아파트 매입에 성공하였다.

김팔랑의 투자실패 사례와 나현명의 투자성공 사례는 우리에게 다음과 같은 것을 알려준다. 바로 '투자기간에 따른 적절한 금융상품이 있다'는 것이다. 특히 적립식투자로 어떤 목적자금을 만들고자 할 때는 투자성향보다 투자기간이 더욱 중요하다. 목적자금을 만들기 위해 투자할 경우, 투자기간이 짧을 때는 안전한 상품에 투자해야 한다. 투자기간이 짧을 때는 위험이 높은 반면 복리효과가 거의 없고, 물가는 많이 오르지 않고, 수익률에 따른 실질 이자금액 차이는 그리 크지 않기 때문이다.

반대로 투자기간이 길 때는 기대수익이 높은 공격적인 상품에 투자해야 한다. 투자기간이 길어지면 위험이 낮아지는 반면 복리효과로 인해 물가는 많이 오르고, 수익률에 따른 실질 이자금액 차이가 기하급수적으로 커지기 때문이다. 그러므로 여유자금 투자가 아닌 꼭 필요한 목적자금을 만들기 위해 '적립식'으로 투자하는 경우에는 재무목표 및 투자기간에 따라 〈도표 3-3〉을 참고하여 투자하기를 제안한다.

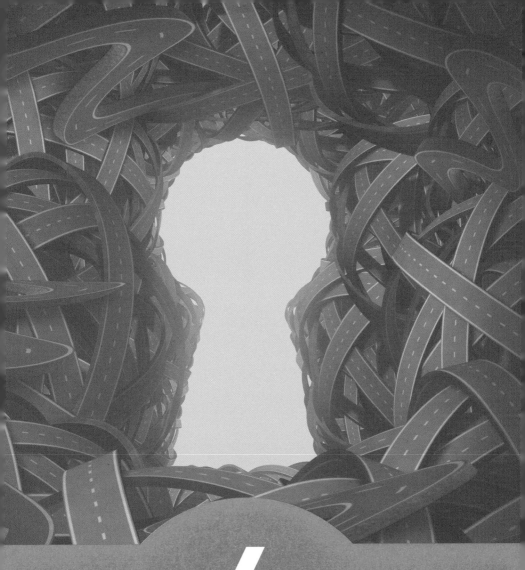

제**4**장

펀드,
장기투자하라

**Q.** 복리효과란 무엇인가요?

**A.** 예를 들어보겠습니다. 높은 언덕에서 눈을 주먹크기로 뭉쳐 굴리면 눈덩이는 아래로 굴러 내려가면서 기하급수적으로 커집니다. 이것을 눈덩이효과라고 합니다. 복리효과는 눈덩이효과와 같습니다. 처음에는 얼마 되지 않던 금액이 시간이 지나면서 이자가 원금이 되어서 같이 굴러가다 보니 기하급수적으로 커지는 것입니다. 월 50만 원을 10년 동안 투자해 모은 투자원금 6,000만 원이 1억 240만 원이 되고, 20년 투자해 모은 투자원금 1억 2,000만 원이 3억 7,900만 원이 되고, 30년 투자해 모은 투자원금 1억 8,000만 원이 11억 3,000만 원이 되는 겁니다. 정말 마술같죠? 그래서 이것을 '복리의 마술'이라고 합니다.

# 복리효과,
# 상술인가 마술인가

## 투자는 장기전이다

물가의 힘은 얼마나 강력할까? 예를 들어보자. 1988년에 시세가 5,000만 원이었던 은마아파트가 2016년 기준으로 약 9억 5,000만 원이 되었다. 가격차를 따져보면 28년간 거의 20배가 올랐으니 엄청난 상승률이라고 생각할 것이다. 연평균 상승률로 계산해보니 11.1%이다. 우리나라 코스피지수 상승률이 연평균 9%이고, 삼성전자 주가상승률이 연평균 14.7%라는 걸 감안해도 역시 대단한 상승률이다. 무려 20배가 오르지 않았는가? 그렇다면 연평균 상승률 11.1%로 어떻게 20배를 만들 수 있었을까? 바로 복리효과 때문이다.

투자전문가들과 상담을 하다보면 하나같이 장기투자를 얘기한다. 왜 그럴까? 장기투자는 시장위험을 줄일 뿐만 아니라 이자에 이자가 더해지는 강력한 복리효과를 경험할 수 있기 때문이다. 또한 물가상승으로 발생하는 화폐가치 하락으로부터 내 돈의 가치를 지킬 수 있기 때문이다. 그런데 많은 사람들이 "장기투자의 필요성에 대해서는 충분히 알겠는데, 저는 계약직이어서 장기투자는 힘들어요" "10년이 언제 오긴 오는 건가요? 10년은 너무 길어요"라며 장기투자를 두려워한다. 여기에는 빨리빨리를 원하는 한국인들의 급한 성격도 한몫을 한다.

사실 대다수의 근로자들은 본인들의 의지와 상관없이 국민연금(회사와 개인이 소득의 각 4.5%)이나 퇴직연금(소득의 10%) 등의 상품에 장기투자를 하고 있다. 만일 국민연금이나 퇴직연금이 강제적이지 않다면 대부분의 사람들은 아예 투자를 하지 않거나 투자금액을 줄였을 것이다. 그리고 현재 부족하다고 생각하는 사교육비나 외식비, 여행자금 등에 더 많은 돈을 소비할 것이다. 그러다가 20~30년 후 "아차!" 하겠지만 안타깝게도 시간은 돌이킬 수 없다.

내 집 마련의 꿈을 실현하고자 수도권에서 3~4억 원인 아파트를 사고자 한다면, 대부분의 사람들은 30~70%는 부모님의 도움을 받거나 저축을 해서 모으고, 나머지 부족자금은 대출을 통해 해결한다. 이 대출의 원금과 이자는 단기상환하기에는 금액이 너무 크기 때문에 10년 이상의 기간 동안 상환해가는 게 일반적이다. 그런데 10년 정도의 장기투자는 하기 힘들다고? 굳이 금액으로 따지자면 월 50~200만 원 수준의 10~20년 대출상환이 더 힘들지 않을까?

장기투자를 하지 않고서는 내 집 마련은 꿈으로만 끝날 수 있다는 사실을 알아야 한다. 예전에는 30년 벌어 20년 노후생활을 했다면, 그다음에는 25년 벌어 30년 노후시대라는 말이 있었다. 그런데 이제는 20년 벌어 40년 노후시대라고 한다. 조기퇴직과 노령화의 결과이다. 장기투자 없이 노후자금을 준비할 수 있을까?

(단위 : 원)

| 월평균소득 | 연금보험료 (소득의 9%) | 가입기간별 예상 연금월액 | | |
|---|---|---|---|---|
| | | 20년 | 25년 | 30년 |
| 300만 | 27만 | 53만 | 65만 | 78만 |
| 350만 | 32만 | 58만 | 72만 | 86만 |

2015년 5월 연합뉴스 기사에 따르면 우리나라 근로자들의 평균구매력이 OECD 국가 중 세금공제 전에는 14위이며 세금공제 후에는 6위라고 한다. 순위로만 보면 우리나라 근로자들은 세계 최상위 수준으로 잘살고 있다. 반면에 노후빈곤율은 48.6%로 OECD 국가 중 2위의 2배, 평균의 4배 수준으로 압도적인 1위라고 한다. 이것은 인구의 절반이 노후에는 빈곤층이 된다는 뜻이다. 만약 10년 이상 투자할 자신조차 없다면 현재 의식주를 해결하며 어느 정도 만족하며 살다가 60세가 되면 후회하기 시작한다. 결국 70세에는 리어카를 끌어야 할지도 모른다.

연금을 계산해보자. 월평균소득이 300만 원인 근로자가 30년간 국민연금에 소득의 9%인 27만 원을 30년간 납부한다면, 예상 연금월액은 현재가치로 약 78만 원이 되며, 소득의 10%를 투자하는 퇴직연금의 예상 연금월액은 수익률 3.5% 가정시 현재가치로 약 49만 원이 된다. 30년 월평균 소득이 300만 원인 근로자가 65세부터 받을 수 있는 연금이 월 127만 원(78만+49만)인 것이다. 2016년 보건복지부가 발표한 2인 가족 기준 중위소득 277만 원에 한참 못 미친다. 거의 절반 수준이며, 개인연금으로 최소 월 100만 원 수준은 더 만들어야 한다는 계산이 나온다.

현재 25세의 사회초년생이 60세부터 현재가치로 월 연금 100만 원을 받기 위해서는 물가상승률 2.5% 가정시 약 5억 7,000만 원을 만들어야

(단위 : 원)

| 구분 | 인정소득 | |
|---|---|---|
| | 최저보장 | 중위소득 |
| 1인 가구 | 47만 | 162만 |
| 2인 가구 | 80만 | 277만 |

한다. 과연 5억 7,000만 원이 3~5년 투자로 만들 수 있는 수준의 돈일까? 5년 만에 5억 7,000만 원을 만들기 위해서는 투자수익률 연 1.5% 가정시 월 900만 원을 투자해야 하고, 투자수익률 연 10%를 가정해도 월 840만 원을 투자해야 하는 수준이다. 그냥 금액만 봐도 헛웃음이 나오지 않은 가? 이는 현실적으로 불가능하다. 그러나 연 수익률 10%를 가정하고 10 년을 투자하면 월 280만 원(총 3억 3,600만 원), 20년을 투자하면 월 75만 원(총 1억 8,000만 원), 그리고 30년을 투자하면 월 25만 원(총 9,000만 원) 투자로도 가능하다.

물론 투자수익률이 연평균 50% 정도 된다면 얘기는 달라질 수 있다. 5년을 투자하면 월 225만 원, 10년을 투자하면 월 18만 원으로도 5억 7,000만 원을 만들 수 있기 때문이다. 소위 주식 좀 한다는 개미투자자들 은 마켓타이밍 싸움을 하며 50%의 수익을 기대하니 가능하다 말할지 모 르겠다. 그러나 투자세계의 실상은 우리가 생각하는 것보다 차갑고 가혹 하다. 가치투자의 귀재 워런 버핏은 40년간 누적수익률 15만% 정도의 엄청난 수익을 올렸지만, 연평균 수익률은 시장평균수익률의 2.5배 수준 인 25%이다. 투자의 전설 피터린치가 운용했던 마젤란펀드의 13년간 누 적수익률 2,700%를 연평균 수익률로 환산하면 시장수익률의 3배 수준인 29%이다.

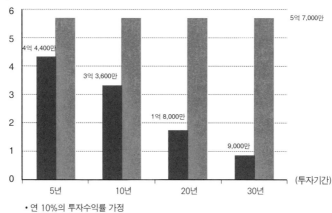

(억 원, 투자금액)

• 연 10%의 투자수익률 가정

연 25%와 연 29%의 투자수익률이 무시할 수 없는 상당한 수익률이지만, 연단위 20~30% 정도의 수익률은 신흥국시장은 물론이고 우리나라나 선진국 지수에서도 종종 나오는 수준이다. 2009년 3월부터 2010년 3월까지 우리나라 코스피지수의 1년 수익률은 52%였고, 2015년 6월부터 2016년 6월까지 상해종합지수의 1년 수익률은 무려 150%나 되었다. 특정 주식의 수익률이 아닌 시장수익률이 이 정도이다. 이런 것을 생각해보면 연 20~30%의 투자수익률이 투자의 전설이라 불리는 투자대가들의 성과라고 하기에는 조금 부족해 보인다.

사실 주가의 변동성으로 인해 어느 특정 해에는 누구나 50%의 수익률을 올릴 수 있다. 다만 또 다른 해에는 30% 손실을 볼 수도 있다. 그렇게 10년을 투자하니 연 평균 10% 정도 수준이 나오는 것이다. 그리고 투자의 대가들은 명성에 걸맞게 평균적으로 그 수익률의 2~3배를 올린 것이다. 연 20~30%의 수익률이 복리로 불어나니 13년만에 2,700%, 40년만에 15만%라는 어마어마한 누적수익률을 기록한 것일 뿐, 매년 50% 이상의 투자수익 성과를 올린 것은 아니다. 상위 100만분의 1의 사람도 실현하지 못하는 것이 연 50%의 투자수익률이다. 하물며 상위 100분의 1 수준에도 들지 못하는 개인투자자들이 올린다는 게 가당키나 할까? 2007년이나 2009년과 같은 강세장이 10년에 한두 번 정도는 오기 마련이니 어쩌다 한 번은 가능한 수익률이겠지만, 5년 이상 지속적으로 그 정도의 수익을 실현하는 건 불가능하다.

결국 연 50% 이상의 꾸준한 수익률이란 현실 속에서는 불가능하다. 주택자금, 자녀대학 등록금, 은퇴자금 같은 수억 원의 자금은 평범한 근로자들이 단기투자로는 절대 만들 수 없는 거대한 자금이다. 하지만 장기복리투자를 통해서는 시장수익률 성과만 내도 어렵지 않게 만들 수 있는 금액이다.


## 복리의 힘은 진짜다

아인슈타인은 "인간의 가장 위대한 발명이자 세계 8대 불가사의가 있다면 그건 아마 복리일 것이다"라고 하였다. 워런 버핏은 "원금에 붙는 이자는 작다. 하지만 그것이 쌓이고 쌓여 복리가 된다. 복리의 힘은 어느 투자원칙보다 강력한 힘을 가진다"라고 하였다. 하지만 이 복리의 마술은 수익률이 아무리 좋아도 5년 이내 단기투자 또는 장기투자를 하더라도 물가상승률에도 못 미치는 초저수익률로는 힘을 전혀 발휘하지 못한다. 하지만 5% 이상의 수익률로 10년 이상 장기투자하면 강력한 위력을 발휘한다.

이자계산식에는 두 가지가 있다. 원금에만 이자를 부리해주는 계산식

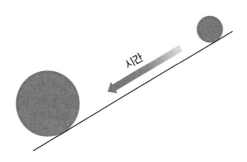

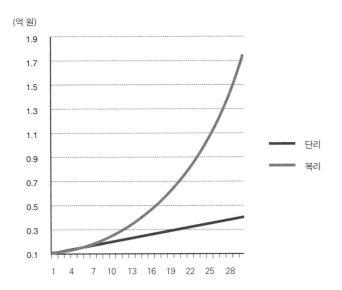

이 단리계산식이고, 원금에 이자가 붙어서 이자까지 원금이 되어 같이 굴러가는 계산식이 복리계산식이다. 연평균 수익률 10%를 가정하여 복리로 계산해보자. 그러면 약 5억 7,000만 원을 만들기 위해 5년 동안 투자하면 월 740만 원, 총 4억 4,400만 원이나 투자해야 한다. 하지만 30년 투자하는 경우엔 월 25만 원, 총 9,000만 원만 투자해도 5억 7,000만 원이 된다. 바로 이자에 이자가 더해서 같이 굴러가는 '복리의 마술' 때문이다.

· 단리계산식: $FV = PV \times (1 + rn)$

· 복리계산식: $FV = PV \times (1 + r)^n$

[FV =미래가치(목적자금), PV =현재가치(투자금), r = 연 수익률, n = 기간(연)]

복리는 기간이 제곱으로 계산되기 때문에 기간이 길어짐에 따라 그로 인한 원리금은 기하급수적으로 불어난다. 〈도표 4-5〉는 복리의 위력을 잘 보여주고 있다. 연 수익률 10%로 가정하고 1,000만 원을 1년 거치투자하면 단리수익률과 복리수익률의 결과는 똑같다. 그러나 10년 후엔 단리 2,000만 원/복리 2,590만 원이 되고, 20년 후엔 단리 3,000만 원/복리 6,727만 원이 되며, 30년이 지나면 단리 4,000만 원/복리 1억 7,449만 원이 된다.

복리효과가 더욱 강력한 위력을 발휘하기 위해서는 기간과 더불어 수익률이 매우 중요하다. 월 100만 원을 연금으로 수령하기 위한 약 5억 7,000만 원이라는 금액을 1.5% 금리의 복리투자로 만들려면, 월 127만 원을 30년간 투자해야(총 4억 5,360만 원) 한다. 은퇴 후 생활비를 위한 연금목적으로만 30년간 월 127만 원이나 투자해야 하다니, 노후준비도 좋지만 앞이 막막할 것이다. 원금보장 상품에 대한 미련을 포기하지 못하면 맞닥뜨리게 되는 현실이다.

그러나 연 10% 수익이 나는 상품에 투자한다면 월 25만 원 투자(총 9,000만 원)로도 5억 7,000만 원을 만들 수 있다. 복리의 마술 때문이다. 1년 투자시 투자수익률 연 1.5%와 10%의 결과 차이는 얼마 되지 않지만 10년, 20년, 30년 투자시에 그 차이는 기하급수적으로 커진다. 〈도표

(단위 : 원)

| 구분 | 1.5% | 5% | 10% |
|---|---|---|---|
| 월 투자금 | 127만 | 69만 | 25만 |
| 총 투자금 | 4억 5,360만 | 2억 4,840만 | 9,000만 |

• 투자기간은 30년으로 가정

▌ 도표 4-7 월 50만 원 투자시 연평균 수익률 1.5%와 10% 비교

(단위 : 원)

| 기간 | 투자원금 | 적립금 (원리금) | | |
|---|---|---|---|---|
| | | 1.5% | 10% | 10%-1.5% |
| 1년 | 600만 | 604만 | 628만 | 24만 |
| 5년 | 3,000만 | 3,113만 | 3,872만 | 759만 |
| 10년 | 6,000만 | 6,469만 | 1억 242만 | 3,773만 |
| 20년 | 1억 2,000만 | 1억 3,984만 | 3억 7,968만 | 2억 3,984만 |
| 30년 | 1억 8,000만 | 2억 2,715만 | 11억 3,024만 | 9억 309만 |

4-7〉은 수익률에 따른 복리효과의 위력이다. 한 번 살펴보자.

〈도표 4-7〉은 똑같은 금액을 투자할 경우 수익률에 따른 수익금을 비교해본 것이다. 월 50만 원을 1년 동안 투자할 때 1.5% 수익률로는 이자가 4만 원, 10% 수익률로는 이자가 28만 원이다. 수익률 1.5%와 10%의 1년 이자차액이 24만 원밖에 되지 않는다. 하지만 그 차액이 5년이면 759만 원, 10년이면 3,773만 원, 20년이면 2억 3,984만 원, 30년이면 9억 309만 원이 된다. 차이가 기하급수적으로 커지게 된다. 월 50만 원씩 30년간 총 1억 8,000만 원을 투자해서 2억 2,715만 원을 만들고 싶은가, 아니면 11억 3,024만 원을 만들고 싶은가? 아직도 원금손실이 두려워서 적금 같은 금리형 상품에만 의존한다면, 장기투자를 하더라도 복리효과의 마술을 경험할 수 없다.

필자는 계속 연평균 수익률 10%를 말하고 있다. 이 책을 읽는 독자들은 정말 그 수익률이 일반적으로 기대할 수 있는 투자수익률이냐는 의문을 가질 수 있을 것이다. 기대수익률은 가능한 여러 상태의 수익률을 그 확률로 곱하여 합한 값이다. 미래에 발생 가능한 여러 수익률 수준에 대응되는 확률을 가중치로 사용하여 평균치로 나타낸 지표이다. 물론 과거 수익률이 미래수익률을 보장하지는 않지만, 그를 근거로 어느 정도는 예측이 가능해진다.

과거 연평균 수익률을 살펴보자. 2016년 4월 기준으로 미국 다우 산업지수 5년의 연평균 수익률은 12.5%, 영국 FTSE100 5년은 7%, 독일 DAX30지수 5년은 15%이고 우리나라 코스피지수 35년은 9%, S&P500지수의 65년 연평균 수익률은 7.7% 수준이다. 이 통계에 근거해보면 연평균 수익률 10%를 기대하는 것은 합리적이라 할 수 있다.

이제는 장기투자다. 인생에서 꼭 필요한 주택자금이나 은퇴자금과 같은 거액의 목적자금을 만들기 위해서는 최소한 물가상승률 이상의 성과를 낼 수 있는 금융상품에 10년 이상 장기투자를 해야 한다. 더 이상 이러한 현실을 외면해서는 안 된다.

그렇다면 어떤 상품에 투자하면 좋을까? 10년 이상 장기투자 상품으로 분류되어 있는 간접투자 상품으로는 장기주택마련펀드, 소득공제장기펀드, 연금저축펀드처럼 연말정산시 소득공제나 세액공제를 해주는 세제적격 상품이 있다. 또는 변액보험처럼 10년 이상 투자시 비과세 혜택을 주는 투자상품도 있다.

다음 장에서는 이미 절판된 상품은 배제하고 십여 년간 꾸준히 판매되고 있으며, 현재도 많은 사람들이 가입하고 있는 비과세 변액보험과 세제혜택 연금저축펀드의 장단점과 활용방법에 대해 알아보도록 하겠다. 참고로 변액보험에는 저축성인 변액유니버셜보험과 변액연금보험, 그리고 보장성인 변액종신보험, 변액유니버셜종신보험, 변액유니버셜CI보험 등이 있다. 이 책에서 다루는 변액보험은 저축성인 변액유니버셜보험과 변액연금보험이다.

**Q.** 장기투자에서 가장 중요한 건 무엇인가요?

**A.** 비용보다는 수익률이 중요합니다. 물론 개인사업이건 금융재테크건 투자비용은 결코 무시할 수 없습니다. 투자비용 대비 어느 정도의 수익을 올리느냐가 투자 성패의 관건입니다. 펀드나 변액유니버셜 등의 간접투자상품의 투자비용에는 투자원금이 펀드에 투입되어 운용되기 전 미리 차감되는 선취수수료 또는 사업비가 있고, 펀드에 투입된 후 평가금 또는 적립금 전체에 대해 차감되는 후취보수가 있습니다. 선취수수료가 저렴할수록 단기투자에 유리하고 후취보수가 저렴할수록 장기투자에 유리합니다. 변액보험은 일반 펀드 대비 선취수수료가 비싼 반면 후취보수가 저렴합니다. 즉, 변액보험은 단기투자에 불리하고 장기투자에 유리한 상품이라는 거죠.

# 변액보험은 펀드선택과 관리가 핵심이다

## 변액보험, 어디까지가 진실일까?

매년 20조원 이상의 자금이 유입되고 있는 변액보험은 많은 사람들이 가입하고 있는 만큼 참 말도 많고 탈도 많은 투자상품이다. 왜 그럴까?

2007년 3월, 모 방송국의 경제 관련 시사 프로그램이 '초단기는 적금, 일정 기간은 펀드, 장기는 변액보험이 유리하다'는 내용을 보도했다. 이 방송은 25세부터 월 25만 원씩 33년 동안 투자할 경우 금리형 상품, 펀드, 변액보험의 실질수익률을 비교해 보여주었다. 모 국제공인재무설계사가 계산한 결과였다. 특히 33년 투자시 펀드와 비교했을 때 변액보험이 유리하다며 투자결과의 차이가 무려 2억 5,800만원이라고 강조하였다.

마침 이 방송을 본 김팔랑은 은퇴준비를 해야 한다고 생각하면서도 가입시기를 미루던 변액보험에 당장 가입했다. 2010년에 생명보험사에 다니는 친구를 통해 '리더스변액연금보험'이라는 상품에 월 30만 원, 20년

| 구분 | 펀드 | 변액보험 | 비고 |
|---|---|---|---|
| 선취수수료(사업비) | 1% | 11% | 납입원금에 1회 부과 |
| 후취보수(연) | 1~2.5% | 0.3~0.5% | 적립금에 지속적 부과 |
| 평가금액 | 5억 8,100만 원 | 8억 3,900만 원 | 장기투자시 변액이 유리 |

• 33년 투자, 수익률 12% 가정

납으로 가입하였다. 꾸준히 투자하면 노후 걱정은 하지 않아도 되겠다는 생각으로 열심히 투자를 했다. 그러다가 2016년이 된 지금, 역시 같은 방송국의 다른 시사 프로그램에서 "반 토막 난 연금-마이너스 변액연금"이라는 방송을 보게 된다.

방송 내용은 다음과 같다. 20년 전 가입한 금리형 연금보험의 경우 가입자가 예상했던 연금액에 한참 못 미치는 연금을 수령하게 되었는데, 그 이유는 보험사가 고객에게 불리할 수 있는 배당소득 관련 내용을 고객이 읽기 힘든 수준의 작은 글씨로 적어 놓았으며, 또한 연금상품의 공시이율이 물가상승률을 못 따라갔기 때문이라는 것이다. 방송은 변액연금보험에 대해서도 일침을 놓는다. 변액연금보험은 '사업비가 평균 11%'인데 이 의미는 '가입자가 100만 원을 납입하면 11만 원은 보험사가 먼저 떼어가고 89만 원만 적립되는 구조라 12% 이상 수익을 내지 않고는 원금조차 손해볼 수밖에' 없으며, 금융소비자연맹 대표의 입을 빌어 '최근 3년간 모든 변액연금의 수익률이 마이너스로 조사되었다'고 전했다.

방송을 본 김팔랑은 불안해지기 시작한다. 보험사의 콜센터를 통해 알아보니 해지환급금이 6년간 납입한 투자원금 2,160만 원에도 못 미치는 2,049만 원이다. 그 이유를 물어보니 방송에 나온대로 상품에 투자하는 납입원금 중 일부가 사업비로 공제되고 투자되는데, 여기에 조기해지 시 보험사에서 차감하는 해지공제까지 있기 때문이라고 한다. 언제쯤 원금이 되느냐 물어보니 콜센터 직원은 자신 없는 목소리로 "투자수익률에 따라 다른데요, 이제 곧 원금은 회복하지 않을까요? 가입하신 변액연금보험의 경우 코스피지수와 연동하는 K인덱스펀드와 채권형펀드에 50 : 50으로 투자하고 계신데요, 주식시장이 좋아지면 펀드수익률도 개선될 거에요"라고 답한다. 결국 울며 겨자 먹기식으로 원금이 되면 해지하자고 생각한다. 그리고 본인의 블로그에 "변액보험에 가입한 나는 천하의 등신이었다"라는 글을 올린다.

앞에서 말한 사례는 실제로 방송된 내용이다. 똑같은 금융상품인데 언론에서 대하는 태도가 정반대이지 않은가? 심지어 앞에서 말한 2개의 시사 프로그램은 같은 방송국에서 만든 것이다. 이런 내용이 방송되면 일반 투자자들이 대응하는 방식은 김팔랑과 다를 바 없다. 우리가 익히 들어온 주변인의 사례도 그렇다. 같은 상품에 대해 전달하는 정보가 이렇게 상반되니 전문지식이 없는 소비자들은 어떤 정보를 믿어야 할지 혼란스러울 것이다. 고객들은 상품을 판매하는 금융사와 상품판매인들을 믿지 못해 언론에서 제공하는 정보가 객관적이라며 더 믿는 경향이 있다. 하지만 앞의 사례에서처럼 언론마저 이랬다저랬다 하니 소비자들은 대체 누구를 믿어야 할까?

필자도 언론이 변액보험에 대해 어느 정도로 긍정적 혹은 부정적 기사들을 쏟아내고 있는지 궁금해졌다. 그래서 포털사이트에서 '변액'을 검색해보았다. 2016년 1월부터 4월까지 홍보성을 제외한 정보성 뉴스 및 방송만을 검색해보았더니 수많은 기사와 방송들이 노출되었다. 그 중 일부 기사 제목들을 소개한다.

- 〈변액보험은 미운오리 새끼서 '백조'로 변신중〉, 헤럴드경제(2016년 3월 15일)
- 〈죽쑤는 변액연금 수익률 2005년 설정된 국내 주식형펀드 수익률 저조〉, 매일경제(2016년 3월 23일)
- 〈저금리 고령화 시대, 다시 주목 받는 변액연금보험〉, 동아일보(2016년 4월 5일)

보이는가? 같은 상품에 대해 이렇게 긍정적 기사와 부정적 기사가 혼재하니 일반 소비자들은 어떻게 해야 하는 걸까?

## 변액보험을 이해해보자

매년 수많은 사람들이 은퇴자금 준비를 위해 은행이나 보험설계사를 통해서 변액연금보험에 가입한다. 그러다가 가입한 지 6년도 되지 않아 '변액보험의 위험성'과 같은 비슷한 기사를 보고 겁에 질려 원금손실을 보면서까지 상품을 해지한다. 그다음에는 새롭게 사회에 진출한, 아직 변액보험에 대한 비판적 뉴스나 기사를 접하지 못한 채 방송이나 판매인들을 통해 긍정적 정보만을 접한 사회초년생들이 변액보험에 가입한다. 그리고 또 같은 일이 반복된다. 악순환의 연속이다.

그런데 가입 5~6년차는 상품구조상 어려운 시기를 거의 다 극복하고 서서히 불려나갈 수 있는 시기이다. 이런 중요한 시기에 해지를 하는 매우 안타까운 상황이 매년 반복되는 것이다. 이제 김팔랑이 가입 6년차에 해지해서 손실을 본 변액보험에 대해 구체적으로 세세하게, 그리고 정확하게 알아보겠다.

먼저 저축성 변액보험은 변액유니버셜보험과 변액연금보험으로 구분된다.

변액유니버셜보험은 거치식의 경우 투자금액의 약 5~6%의 비용이, 적립식의 경우 투자금액 중 약 10~16%(이하 15%) 정도의 비용이 사업비와 위험보험료 명목으로 차감된 후 펀드에 투입된다. 정리하면 거치식은 투자원금의 약 95% 정도가, 적립식은 투자원금의 약 85% 정도가 실제 펀드에 투자된다는 의미이다. 변액연금보험의 사업비는 이보다 3~4% 정도 저렴하다. 사업비는 신계약비와 유지관리비로 구성되는데 이 사업비로 상품도 만들고, 마케팅도 하고, 판매도 하고, 유지관리도 한다. 또 동시에 이러한 일을 하는 직원들에게 월급도 지급하고, 건물 임대료도 내고, 회사의 주인인 주주들에게 배당도 해주는 것이다.

보험료에서 차감되는 위험보험료는 사망보험금에 대한 보험료이다. 변액보험 중 저축성인 변액유니버셜보험과 변액연금보험은 별도의 특약에 가입하지 않는 한 일반적으로 1,000만 원의 사망보험금이 주계약 가입금액으로 되어 있다. 납입 중이거나 유지하는 중 투자자(정확히는 피보험자)가 사망하는 경우 보험사는 적립금에 더해 사망보험금 1,000만 원을 수익자(미지정인 경우 법정상속인)에게 지급할 수 있도록 위험보험료를 적립하는 것이다.

예를 들어 가입 직후 1회 보험료 25만 원을 투자한 결과 적립금이 22만 원인데 가입자가 사망한다면, 22만 원에 1,000만 원을 더해서 1,022만 원을 수익자가 지급받게 되는 것이다. "저축투자형 상품이고 난 저축을 목적으로 가입한 거니까 사망보험금 필요 없습니다. 사망보험금은 빼 주세요."라고 요청해도 보험사는 거절한다. 왜냐하면 변액유니버셜보험이나 변액연금보험은 보험사에서 만든 저축성 실적배당형 '보험' 상품이기 때문이다. 보험상품이기 때문에 저축성이고 투자형이라 하더라도 최소한의 보장이 들어가야 하는 것이다. 이 위험보험료는 그리 걱정하지 않아도 된다. 25세 여성의 경우 위험보험료는 100~300원 수준이며, 50세 여성도 몇 천 원 수준밖에 안 되기 때문이다. 월 20~100만 원 투자시 납입금의 0.01~0.6% 수준밖에 안 된다는 얘기다.

사업비는 상품마다 다르지만 일반적으로 변액유니버셜보험 적립식의 경우 1~7년은 15%, 8~10년은 12%, 11~12년은 9% 수준이다. 납입중지 시에는 사업비 차감 없이 월대체공제액(위험보험료와 유지관리비로 가입금액의 약 1~2% 수준)이 적립금에서 차감된다. 사업비가 15%라는 말은 투자원금에서 15%가 차감되고 나머지 금액만 투자된다는 의미이다. 일반 액티브펀드는 선취 판매수수료가 1% 수준인데, 이 선취 판매수수료가 변액보험의 사업비와 같다고 생각하면 된다. 판매수수료 1%가 차감되고 펀드에 투입되느냐, 15%가 차감되고 펀드에 투입되느냐의 차이이니 수치상으로 봤을 때 변액보험은 저축 투자형 상품으로는 매력적이지 못한 것처럼 인식되기 쉽다.

여기에 더해 가입한 지 6년 이내라면 해지공제도 있다. 보험사 입장에서 보면 이렇다. '복리혜택도 주고, 10년 이상 유지하면 비과세 혜택도 주고, 다양한 펀드에 분산투자도 가능하며, 연간 12회 펀드변경도 가능하고, 무엇보다도 펀드운용 잘해서 높은 수익으로 보답할 테니 6년 이내에는 해지하지 말아라. 만일 해지하면 위약금을 징수하겠다'는 말이다. 이 해지공제율은 각 상품마다 다르다. 2015년 12월 기준으로 판매되고 있는 '메트라이프 실버플랜변액유니버셜보험'을 보면 1년 차 25.83%, 2년 차

10.83%, 3년 차 5.83%, 4년 차 3.23%, 5년 차 1.75%, 6년 차 0.76%, 7년 차부터 0%이다. 사업비 15%가 차감되고 펀드에 투입되는데, 더하여 초기 6년간은 해지공제도 하니 '어떻게 돈을 불리느냐, 원금이라도 언젠간 되긴 하는 거냐'는 생각을 하기 쉽다.

이것이 "변액보험은 쓰레기다"라는 주장의 논리적 근거이다.


## 14년간의 스테디셀러, 변액보험

2016년 기준으로 변액보험이 탄생한 지 60년이 되었고, 우리나라에 들어온 지도 약 14년이 되었다. 제2차 세계대전 이후 고수익을 추구하는 투자 트렌드가 형성되자 보험사들이 고수익 실현을 통해 실질가치를 보존할 수 있는 변액보험을 출시·판매하기 시작하였다. 1956년에 네덜란드에서 최초로 개발·판매한 데 이어 1967년 캐나다, 1976년 미국, 1986년 일본, 그리고 2001년 한국 순으로 판매가 개시되었다. 우리나라는 2001년 보장성보험인 변액종신보험을 시작으로, 2002년 저축성보험인 변액연금보험, 그리고 2003년 변액유니버셜보험을 판매·개시하였다.

상품의 생명력은 그 상품의 질에 있다. 품질이 좋지 않으면 아무리 광고를 해도 시장에서 도태되기 마련이다. 필자도 이 업계에 있으면서 한때 인기리에 판매되다가도 품질이 낮아 시장에서 사라지는 수많은 상품들을 보았다. 여기서 말하는 품질이란 가격 대비 성능이다. 그렇다면 많은 금융소비자들이 너무 비싸다고 불평하는 변액보험의 생명력이 왜 이리 질긴 것일까? 비싼 가격 이상의 성능을 발휘하고 있기 때문은 아닐까? 그래서 불평하는 사람들 이상으로 만족하며 투자하고 있는 사람들이 많기 때문에 끈질기게 살아남아 생존하고 있는 건 아닐까?

워런 버핏은 다음과 같이 말했다.

"가격을 지불하는 것은 가치를 가지는 것이다."

변액보험이 나쁜 상품이라고 주장하는 유일한 논리적 근거는 성능 대비 비용이 비싸다는 것이다. 그러나 역설적이게도 변액보험이 금융선진국에서 60년간, 그리고 우리나라에서 14년간 스테디셀러로 자리잡은 이유는 사실 비용 대비 성능이 좋기 때문이다. 언론에서 보도되는 문제점들은 변액보험의 펀드선택과 관리의 문제, 또는 보장성보험인 변액종신보험 같은 상품을 투자형으로 잘못 알고 가입했기 때문이다. 이는 사람의 문제이지 상품의 본질인 품질과는 무관하다고 봐야 한다.


## 변액보험, 수익률에 집중해야 한다

이번에는 변액보험의 비용에 대해 간단히 분석해보도록 하자. 다음은 투자기간에 따른 적립금의 변화이다. 1,000만 원을 사업비 15%, 연수익률 9%로 가정해 일시납으로 거치투자를 해보았다.

· 1년 투자시 → 적립금 927만 원(92.7%)
· 5년 투자시 → 적립금 1,308만 원(130.8%)
· 10년 투자시 → 적립금 2,012만 원(201.2%)
· 20년 투자시 → 적립금 4,764만 원(476.4%)

1,000만 원을 투자하지만 사업비로 15%가 차감된 후 실제 펀드에 투

입되어 운용되는 금액은 850만 원이다. 펀드에 투입된 850만 원이 연평균 9%의 투자수익률로 운용될 때, 기간에 따라 어떻게 변화하는지 확인해보자. 우선 1년 투자시 적립금은 실제 투자원금 1,000만 원의 약 93%인 930만 원 정도로 원금에서 7% 정도가 모자라다. 하지만 5년 투자시 적립금은 1,308만 원이 되어 사업비 차감 전 투자원금의 약 130.8%가 된다. 10년 투자시 적립금은 투자원금의 2배, 20년 투자시에는 거의 5배로 기하급수적으로 불어남을 확인할 수 있다. 수익률 9% 가정에 대한 논쟁의 여지는 뒤로 하고, 이 계산을 통해 우리는 '사업비가 평균 11%'이므로 '12% 이상 수익을 내지 않고는 원금조차 손해 볼 수밖에' 없다는 주장은 왜곡된 것이라는 사실을 확인할 수 있다. 의도적 왜곡인지 계산을 잘못한 것인지는 알 수 없지만 매년 연봉이 10%씩 오르면 연봉 1,000만 원이 10년 후엔 2,000만 원이 된다는 식의 엉뚱한 계산을 한 셈이다(사실은 2,590만 원이 된다).

어떻게 수익률이 투자금에 대한 비용의 비율보다 낮음에도 불구하고

(단위 : 원)

| 투자기간 | 누적투자금 | 적립금 | 해지환급금 | 환급률 (%) |
|---|---|---|---|---|
| 1년 | 600만 | 532만 | 372만 | 62% |
| 5년 | 3,000만 | 3,201만 | 3,141만 | 105% |
| 10년 | 6,000만 | 8,200만 | 8,200만 | 137% |
| 20년 | 1억 2,000만 | 2억 8,114만 | 2억 8,114만 | 236% |
| 30년 | 1억 8,000만 | 7억 6,680만 | 7억 6,680만 | 426% |

• 월 50만 원 적립식투자, 투자수익률 9.0% 가정.

투자한 자금이 불어날 수 있는 것일까? 이는 이자가 원금이 되어서 같이 굴러가는 복리효과 때문이다. 기간이 길어지면 실질수익률에 미치는 비용의 영향력이 얼마나 작은지, 수익률이 얼마나 중요하고 큰 존재인지 앞의 계산을 통하여 확인할 수 있다. 사실 변액보험은 적립식투자 형태의 사업비가 15% 수준이고 거치투자의 경우엔 5~6% 수준이다. 적립식투자의 경우 수익률 계산식이 복잡해서 이해하기 어려울 수 있기 때문에 이해를 위해 우선 적립식 사업비를 거치투자에 적용해 계산해보았다. 실제 변액유니버셜보험에 적립식으로 투자할 경우 적립금과 해지환급금이 어떻게 변화하는지 살펴보도록 하자. 다음은 〈도표 4-10〉을 설명한 것이다.

· 투자수익률 9%로 가정하고, 월 50만 원을 적립식투자함
· 적립금은 투자원금에서 비용차감 후 실제 펀드에 투입된 금액을 운용한 결과 나온 평가금액(해지공제 전 금액)이다. 사업비는 1~7년 15% · 8~10년 12.9% · 11년 이상 8%이다. 해지환급금은 적립금에서 연차별 해지공제를 차감한 금액으로 PCA생명의 'Dreamlink변액

유니버셜보험'의 해지공제율을 적용했다.

· 적립금과 해지환급금은 6년차엔 거의 비슷해지며, 7년 1차월부터 정확히 같아지게 된다. 보험사에서 제공하는 해지환급률표에는 과장광고를 막기 위하여 수익률 6.5%까지만 공시하게 되어 있다. 수익률 6.5% 가정시 해지환급률이 투자원금을 넘어서는 시점은 6~7년차이다.

우선 적립금에 주목하자. 〈도표 4-10〉을 보자. 투자자 입장에서 월 50만 원씩 1년간 총 600만 원을 투자했는데, 사업비 15%가 차감된 후 펀드에 투입되니 실제로는 투자원금 600만 원의 85%인 510만 원을 펀드에 투자한 셈이다. 투자수익률을 연평균 9%로 가정하니 1년 차 적립금이 532만 원이 된다. 펀드투입금액 기준으로 보면 510만 원을 투자해서 532만 원이 됐으니 펀드수익률은 나쁘지 않은데, 사업비 차감 때문에 적립금이 실제 투자원금인 600만 원에는 많이 못 미치게 되는 것이다. 그런데 만약 이때 해지를 한다면 보험사에서는 6년을 못 채웠으니 해지공제를 한다. 그 결과 해지환급금은 372만 원으로, 해지환급률은 투자원금 대비 62%밖에 되지 않는 것이다. 투자원금 대비 38%나 손실을 본 것이다. 1년 차에서 보면 뭐 이런 상품이 다 있나 싶을 것이다.

하지만 변액보험은 장기투자 성격을 띤 상품이다. 적립금은 4년 차에 들어서면 투자원금을 넘어서고, 해지환급금은 5년 차에 원금을 넘어서게 된다. 이 상품은 10년 비과세, 12년 의무납 투자상품이다. 한마디로 '10년 이상 장기투자를 제안드리며 12년 납입하면 평생 비과세 자유입출금 투자통장으로 활용할 수 있는 간접투자상품입니다'라는 것이다. 3~4년 정도만 투자하고 원금에 못 미치는 게 문제라고 생각된다면 사업비, 수수료

(단위 : 원)

| 투자 기간 | 누적투자금 | 적금 (2.0%) | 변액보험 (9.0%) | 현 2억 원 아파트의 미래가격(2.5%) |
|---|---|---|---|---|
| 1년 | 600만 | 606만 | 372만 | 2억 500만 |
| 5년 | 3,000만 | 3,152만 | 3,141만 | 2억 2,628만 |
| 10년 | 6,000만 | 6,636만 | 8,200만 | 2억 5,602만 |
| 15년 | 9,000만 | 1억 486만 | 1억 6,087만 | 2억 8,966만 |
| 20년 | 1억 2,000만 | 1억 4,740만 | 2억 8,114만 | 3억 2,772만 |
| 30년 | 1억 8,000만 | 2억 4,636만 | 7억 6,680만 | 4억 1,951만 |

┃ 도표 4-12 **적금과 변액보험의 비교 II**

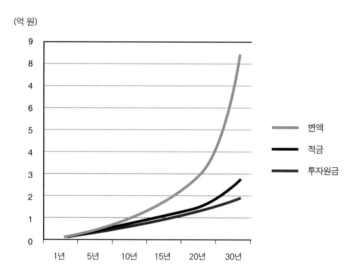

같은 비용이 없는 예적금만 하는 게 최선이다.

그런데 현실적으로 2% 비과세 복리적금 상품에 월 50만 원을 20년간 적립해 총 1억 2,000만 원을 투자해도 원리금은 1억 4,740만 원밖에 되지 않는다. 물가상승을 생각하면 실질적인 손실이다. 반면 같은 기간에 변액보험에 투자하면 시장 평균수익률인 연 9%의 수익만 기록해도 2억

8,114만 원이 된다. 적금상품의 수익률과 비교하면 엄청난 차이다.

〈도표 4-11〉은 월 50만 원 투자시 정기적금(복리 2% 가정)의 세전 기간별 원리금과 변액보험(연 수익률 9% 가정)의 세전 기간별 해지환급금을 비교한 것이다. 도표에서 확인할 수 있듯, 비용이 없는 금리형 상품으로는 월 50만 원을 30년이나 투자해도 현재 2억 원 수준의 아파트 가격의 절반 밖에 만들지 못한다. 거기에 자녀교육자금이나 은퇴자금 마련은 꿈도 꿀 수 없다. 하지만 변액보험에 월 50만 원을 투자하면 비용을 공제하고서도 22년이면 아파트 매입에 성공할 수 있다.

장기투자의 경우 비용보다는 수익률이 훨씬 중요하다. 만약 단기투자를 한다면 변액보험은 투자초기에 과도한 비용을 요구하는 형편없는 상품이다. 하지만 장기투자를 한다면 실질적으로 고수익을 올릴 수 있는 훌륭한 상품이다. 언론에서, 주변에서, 혹은 인터넷에서 변액보험을 비난하는 사람들의 사례는 다음 5가지로 정리할 수 있다. ① 보장성보험인 변액유니버셜CI보험을 저축성보험으로 알고 가입하였거나, ② 보장성보험인 변액유니버셜종신보험을 저축성보험으로 알고 가입했거나, ③ 7년도 되지 않아 상품을 해지했거나, ④ 성과가 매우 좋지 않은 나쁜 펀드에 투자하였거나, ⑤ 펀드관리를 잘 하지 못한 것이다.

변액보험은 펀드선택 및 관리를 잘하여 10년 이상 장기투자하면 고수익으로 보답하는 상품이다. 하지만 조기해지하거나 펀드선택 및 관리를 잘못할 경우 김팔랑처럼 손실을 피하기 어려울 것이다. 다음 장에서는 저축성변액보험 중 가격이 더 비싸고 수익 및 손실의 범위가 더 큰 변액유니버셜보험에 대해 구체적으로 알아보겠다.

**[Fund Investment Lesson] – 변액보험 비용구조와 세제**

① 펀드 및 변액보험의 투자비용과 투자기간의 상관관계

변액보험은 투자원금에 대해 부과하는 선취수수료인 사업비가 거치식은 약 5%, 적립식은 10~16%가 부과된다. 후취보수는 거치식, 적립식에 상관없이 0.3~0.8% 정도가 부과된다. 일반펀드는 비용을 부과하는 방식에 따라 A, B, C, D 클래스로 분류한다.

국내에서 판매되는 대부분의 펀드들은 A 또는 C 클래스이다 예를 들어 '신영밸류고배당증권자투자신탁(주식)A'는 A클래스이고 '신영밸류고배당증권자투자신탁(주식)C'는 C클래스이다. A 클래스는 선취수수료 1%가 있지만 후취비용인 보수가 1~1.5%정도로 저렴하다. 반면에 C클래스는 선취수수료가 없는 대신에 후취비용인 보수가 2% 수준으로 비싸다. 선취수수료는 투자원금에 대해 1회성으로 부과하는 수수료이고, 후취비용인 보수는 적립금 전체에 대해 지속적으로 부과하는 비용이다.

그래서 선취수수료가 저렴할수록 단기투자에 유리하고, 후취비용인 보수가 저렴할수록 장기투자에 유리하다. 일반적으로 1년 정도 투자한다면 C클래스가 유리하고, 2년 이상 투자한다면 A클래스가 유리하다.

▍도표 4-13 **상품 클래스별 투자수수료**

| 구분 | 국내 주식형펀드 | | 해외 주식형펀드 | | 변액유니버셜 |
| | 한국투자<br>네비게이터A | 한국투자<br>네비게이터C | 삼성<br>아세안A | 삼성<br>아세안C | |
|---|---|---|---|---|---|
| 선취수수료<br>(원금) | 1% | 없음 | 1% | 없음 | 거치식 5%<br>적립식 15% |
| 후취보수<br>(적립금) | 1.6% | 2.2% | 1.94% | 2.46% | 0.5% |
| 환매수수료<br>(이익금) | 없음 | 90일 미만 70% | 30일 미만 10% | 30일 미만 70%<br>90일 미만 50% | 없음 |

▍도표 4-14 **세전 실질수익금 비교**

| 구분 | 한국투자네비게이터A | 한국투자네비게이터C | 변액유니버셜보험<br>주식형펀드 |
|---|---|---|---|
| 1년 | 1,072만 원 | 1,076만 원 | 1,040만 원 |
| 2년 | 1,160만 원 | 1,157만 원 | 1,138만 원 |
| 3년 | 1,255만 원 | 1,245만 원 | 1,246만 원 |
| 4년 | 1,359만 원 | 1,339만 원 | 1,363만 원 |
| 5년 | 1,471만 원 | 1,441만 원 | 1,492만 원 |
| 7년 | 1,723만 원 | 1,668만 원 | 1,787만 원 |
| 10년 | 2,185만 원 | 2,076만 원 | 2,344만 원 |

• 거치식 투자, 연평균 수익률 10% 가정

변액보험의 경우 투자원금에 대해 부과하는 1회성 수수료인 사업비가 일반펀드의 수수료에 비하면 매우 비싸다는 단점이 있다. 반면에 매년 지속적으로 부과하는 보수가 일반펀드의 보수에 비해 조금 저렴하다. 보수는 지속적이며 적립금 전체에 대해 부과하므로 투자기간이 길어지면 약간의 차이만으로도 총 부과하는 보수금액이 매우 커지게 된다. 그러므로 단기투자를 할 때는 일반펀드가 유리하고, 장기투자를 할 때는 변액보험이 유리하다는 공식이 성립하는 것이다. 투자기간이 길어지면 변액보험의 적립금이 일반펀드의 평가금액을 추월하게 되는데, 수익률이 높을수록 일찍 추월하고 수익률이 낮을수록 늦게 추월한다. 연평균 투자수익률을 10%로 가정하면 거치식으로 4년 이상 투자시 변액보험이 일반펀드보다 유리하다. 적립식의 경우는 8년 이상 투자할 때 일반펀드 대비 유리하다. 물론 동수익률이 나올 가능성은 거의 없다.

## ② 펀드와 변액보험의 세제

• 국내 주식형펀드의 세제 : 주식 매매차익은 비과세이다. 국내 주식형펀드의 경우 펀드 내 주식 매매차익으로 인한 수익에 대해서는 과세하지 않는다. 하지만 채권 매매차익, 채권 자본소득, 주식 배당소득에 대해서는 투자신탁 세법에 따라 이자소득세 또는 배당소득세 15.4%를 과세한다.

예를 들어 투자한 주식형펀드에서 펀드매니저의 주식매매로 발생한 손실로 펀드 전체 수익률이 마이너스라 하더라도, 배당소득이나 해당 펀드 내에서 투자금의 40% 이내 투자할 수 있는 채권에서 발생하는 채권 매매차익, 채권 자본소득 등이 발생하게 된다. 이 경우 세금을 납부해야 하는 불합리성이 있다(2016년부터 배당모범주 조건을 충족시키는 회사의 주식을 보유하여 배당소득이 발생하는 경우 배당소득세는 9.9%이다).

• 변액보험 세제 : 변액보험은 10년 이상 유지시 비과세지만 10년 이내 해지하는 경우 이자차익에 대해 이자소득세 15.4%를 과세한다. 무슨 이유 때문일까? 이것은 펀드 이름에서 그 답을 찾을 수 있다. 펀드 이름이 'OOOO증권투자신탁(주식)'의 형태라는 것을 기억할 것이다. 변액보험은 'OOOO증권투자신탁'이라는 펀드에 투자하는 상품이므로 투자신탁임과 동시에 보험사에서 만든 보험상품이다.

자본시장법은 변액보험에서 펀드에 투입하는 자금을 관리하는 특별계정을 일반펀드와 같이 투자신탁으로 규정한다. 하지만 세법은 변액보험과 펀드를 명확히 구분하고 변액보험을 보험으로 인정한다. 그러므로 변액보험을 해지하거나 연금수령 또는 사망으로 인해 보험금을 지급받을 때 발생하는 이익에 대해서는 펀드 과세체계가 아닌 보험 과세체계를 따른다.

이러한 이유로 변액보험에서 펀드매매로 인한 수익이나 배당소득 등을 보험차익으로 인정하여 저축성보험 과세체계에 따라 10년 이내 해지시 이자소득세를 과세하고, 10년 이상 유지시 비과세를 적용하는 것이다. 10년 이전 중도인출(부분환매)하는 경우에는 과세하지 않고 있다가, 10년 이내 해지하는 경우 소급하여 과세하고, 10년 이상 유지하는 경우 과세하지 않는다.

**Q.** 펀드 장기투자는 어떻게 해야 하는 건가요?

**A.** 변액유니버셜을 권합니다. 변액유니버셜보험이란 펀드에 투자하는 저축성 투자형 보험입니다. 비과세 혜택이 있으며 상품 내 펀드변경이 자유로운 '엄브렐 러펀드형보험'로서 평생비과세펀드로 활용할 수 있습니다.

# 변액유니버설보험,
# 어떻게 활용할 것인가

## 보장성변액과 저축성변액의 차이점과 선택기준

투자방식은 특정 자산에 직접 투자하느냐 또는 전문가가 운용하는 상품에 투자하느냐에 따라 직접투자 방식과 간접투자 방식으로 나뉜다. 주식이나 채권, 부동산, 또는 금과 같은 실물자산을 직접 사고파는 방식이 직접투자 방식이고, 투자전문가들이 다양한 자산에 투자하고 운용하는 펀드에 투자하면 간접투자 방식이다. 지금까지 펀드에 투자하는 간접투자 방식에 대해 살펴보았는데, 변액보험은 다양한 펀드에 분산투자할 수 있는 일종의 엄브렐러펀드(전환형펀드) 형식의 재간접투자 상품이라 할 수 있다.

엄브렐러펀드란 일반적으로 5~6개 정도의 하위펀드를 구성하고 있는 펀드이다. 시장상황에 따라 펀드를 능동적으로 자유롭게 갈아탈 수 있는 강점이 있다. 예를 들어 엄브렐러펀드에 가입하면 주가가 상승할 때는 하위펀드 중 주식형펀드에 투자해서 수익을 내고, 금값이 바닥을 치고 상승할 때는 금펀드에 투자해서 수익을 낸다. 또 금리가 하락할 때는 채권형펀드에 투자해서 수익을 낸다. 만약 모든 자산가치가 하락할 때는 MMF에 투자해서 수익을 지키는 식이다.

여러 기업들의 주식에 분산투자하는 펀드가 주식형펀드이고, 정부나 기업이 발행한 다양한 채권에 분산투자하는 펀드가 채권형펀드라면, 이러한 다양한 유형의 펀드에 분산투자 및 펀드변경을 자유로이 할 수 있는 금융상품이 바로 변액보험이다. 변액보험은 생명보험사에서 상품을 만들고 은행, 보험사, 증권사 등의 금융기관에서 판매하며 자산운용사에서 운용하는 구조이다. 한마디로 보험사에서 만들고 자산운용사에서 운용하는 '장기 복리 비과세 실적배당 간접투자금융상품'이다.

필자는 얼마 전 어떤 고객에게서 '변액유니버셜보험'에 대한 불평을 들었다. 투자를 시작한 지 8년이 되었는데도 해지환급금이 원금에 못 미친다며 해당 보험사와 상품을 판매한 FC, 그리고 상품에 대해 불평을 쏟아냈다. 좀 이상해서 가입한 상품을 확인해보니 변액유니버셜보험이 아니라 '변액유니버셜종신보험'이었다. 변액유니버셜종신보험은 펀드에 투자하는 상품은 맞지만, 저축성상품이 아니라 사망하면 보험금을 지급해주는 보장성상품이다. 사망보험금이 펀드투자 실적에 연동하는 상품인 것이다.

만약 가입해 있는 변액보험 상품 이름에 '종신'이나 'CI'라는 단어가 있으면 15년 이내에 원금을 찾는 것은 포기해야 한다. 이 변액보험들은 조기사망하거나 중대한 질병에 걸리면 고액의 보험금을 보장받을 수 있는 상품이지만, 건강하게 살아있는 동안에는 일반적으로 20년은 되어야 원금이 되는 구조이기 때문이다. 만약 가입 직후에 바로 사망하면 10만 원

| 구분 | 저축성 | 보장성 |
|---|---|---|
| 투자형 보험<br>(실적배당형) | 변액연금, 변액유니셜보험 | 변액CI보험, 변액종신보험, 변액유니셜CI보험, 변액유니셜종신보험 |
| 금리형 보험<br>(공시이율형) | 10년비과세저축성보험,<br>유니셜보험, 연금보험,<br>연금저축보험 | 종신보험, 정기보험, CI보험, 암보험, 건강보험,<br>의료실비보험, 치과보험, 자동차보험,<br>운전자보험, 화재보험 |

투자로 1억 원을 벌 수도 있다. 다만 수익금은 내가 아니라 나의 배우자가 가져가는 구조이긴 하지만 말이다.

"좋은 금융상품이란 ○○○○○ ○○ 상품이다."

빈칸에 들어갈 단어는 무엇일까? 수많은 금융전문가들에게 좋은 금융상품의 조건을 물어보면 가지각색의 요건들이 튀어나올 것이다. 그래도 어느 누구도 부인할 수 없는 단 한 가지가 있다면 그건 바로 '투자 목적에 맞는' 상품이다. 보장성보험은 사망이나 질병 또는 상해로 발생하는 경제적 위험에 대비하기 위한 상품이다. 그래서 종자돈 만들기나 은퇴자금 준비에는 적절치 않은 상품이다. 모든 금융상품은 본인이 투자하고자 하는 목적에 들어맞아야 한다. 만약 변액유니셜종신보험 또는 변액유니셜CI보험을 사망이나 중대한 질병으로 발생하는 경제적 위험을 회피할 목적으로 가입했다면 아주 훌륭한 상품이다. 하지만 주택자금이나 은퇴자금과 같은 생존시 목적자금을 만들기 위한 상품이라면 최악의 상품이 되는 것이다. 만약 종자돈 만들기나 은퇴자금 목적으로 변액유니셜종신보험과 같은 보장성변액보험에 투자하고 있다면, 안타깝지만 잘못 가입한 것이다.

이 책에서는 저축과 투자를 다루므로 변액보험 중 보장성보험은 배제하고, 저축성인 변액유니셜보험과 변액연금보험에 대해 알아보겠다.

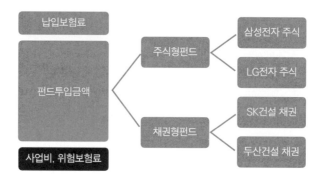

## 변액유니버셜보험의 특징

변액유니버셜보험은 생명보험사에서 만들고, 은행·증권사·보험사에서 판매하며, 자산운용사에서 운용한다. 변액연금보험과 함께 펀드에 투자·운용하는 저축성 실적배당형 비과세 투자상품이다. 변액유니버셜보험은 일반적으로 5~30개 정도의 펀드로 구성되어 있다. 상품 가입자가 투자하는 돈은 사업비와 위험보험료를 차감하고 선택한 펀드에 투입되어 운용되며, 수익과 손실이 다시 투자자(가입자)에게 재배분되는 구조이다. 10년 이상 유지시 비과세 혜택이 있고, 12년 의무납(이후 자유납)이며, 연금전환(가입 5년 후, 45세 이후)이 가능하고, 중도인출(부분 환매 개념, 해지환급금의 50% 한도) 및 추가납입(가입금액 또는 누적 투자금의 2배 한도)도 가능한 상품이다. 특히 펀드를 변경할 수 있는데, 연간 12회 가능하다. 펀드변경에 따른 수수료는 매년 4회까지는 무료지만, 5회차부터는 적립금의 0.2% 혹은 2,000원 중 작은 금액으로 청구된다.

〈도표 4-17〉의 변액유니버셜보험은 국내 주식형펀드 3개(가치주식형,

배당주성장형), 국내 채권형펀드 1개(채권형펀드), 유럽 주식형펀드 1개, 개발도상국 주식형펀드 1개(BRICS주식형펀드), 글로벌 주식형펀드 1개, 미국 채권형펀드 1개, 총 8개의 펀드로 구성되어 있다. 투자자는 8개의 펀드에 적절히 분산투자할 수 있으니 월 10만 원으로 전 세계의 주식, 채권, 실물자산에 투자하는 셈이다. 변액유니버셜보험은 상품 하나만으로도 5장에서 설명할 전략적(분산)·전술적(펀드변경) 자산배분이 가능하다는 강점이 있다. 반면 펀드에 투자하는 실적배당형 투자상품인만큼 원금보장이 되지 않으며, 조기해지시 초기사업비와 해지공제 등의 이유로 원금손실 가능성이 높다는 단점도 있다.

## 변액유니버셜보험도 핵심은 펀드선택이다

변액유니버셜보험에 가입하면 상품이 구성하고 있는 다양한 펀드 중 하나의 펀드를 선택해 집중투자하거나 여러 펀드에 분산투자할 수 있다.

변액유니버셜보험이 구성하고 있는 펀드 중 가장 대표적인 펀드가 가치주식형펀드와 배당주펀드이다. 그렇다면 이 펀드들은 장기투자시 얼마나 유리할까? 다음을 보자.

우선 가치주식형펀드는 10년 이상 장기투자하면 가치투자의 결실은 물론 복리의 마술도 경험할 수 있다. 예를 들어 가치주펀드인 신영마라톤펀드의 경우 2016년 3월 기준 10년 누적수익률이 350%에 이른다. 복리계산식을 대입해보면 연평균 수익률이 15%이다. 연 15% 수익으로 10년 거치투자하니 투자원금의 4.5배(1,000만 원 투자시 4,500만 원)가 되었다는 얘기다. 연 15% 수익률을 적립식에 대입하면 사업비 15%를 반영해도 10년 만에 투자원금의 거의 2배를 불릴 수 있다는 계산이 나온다.

이번에는 배당주펀드를 보자. 배당주펀드의 경우 펀드수익률이 같다고 가정하면 복리효과는 더욱 커진다. 고배당주의 경우 연 3% 수준의 배당소득을 펀드에 재투자하기 때문이다. 배당주펀드 중 하나인 신영밸류고배당펀드의 장기투자 수익률을 분석해보니, 배당소득을 펀드에 투자한 복리투자 효과가 펀드성과의 70%를 차지하였다. 그 외에 메트라이프, 푸르덴셜생명, PCA생명의 변액보험이 투자하고 있는 5년 이상 운용된 배당주펀드 3개의 수익률을 분석했다. 박스권에 갇혀 있는 지지부진했던 2011~2015년까지 5년간 코스피지수의 수익률이 -5%였던 점에 반해 3개 펀드의 누적수익률이 35.6~62.8%로 평균 48.8%를 기록하였다. 복리계산식으로 연평균 수익률을 환산해보면 코스피지수가 연평균 -1.1%를 기록하는 5년 동안 배당주펀드는 연평균 8.5% 수익률을 기록했다는 것이다. 이런 것을 보면 장기투자를 할 때 어떤 유형의 펀드에 투자하느냐가 얼마나 중요한지 알 수 있다.

사업비보다 수익률이 중요하다고 계속 강조했다. 변액보험 관련된 키

워드로 포털사이트에서 검색을 해보면 '사업비가 저렴한 상품이 좋은 상품'이라는 말이 반복적으로 나온다. 변액유니버셜보험의 10년 비과세, 다양한 펀드 구성, 12년 의무납 등 특징이 거의 다 비슷하니 차이라고는 각 회사의 상품별 사업비 뿐이라서 그런 것 같다. 그러니 사업비가 저렴한 상품이 유리하다는 말이 일리 있는 것처럼 들린다. 하지만 이럴 때 일수록 본질로 돌아가 스스로 물어봐야 한다. 지금 '변액유니버셜보험(혹은 일반펀드)'에 투자하려는 이유가 비용절감을 위해서인가, 아니면 높은 수익을 내기 위해서인가? 좀 더 구체적으로는 ①연봉 1,000만 원에 소득세 6.6%를 선택하고 싶은가, ②연봉 8,000만 원에 소득세 26.4%를 선택하고 싶은가? 지금 당장 계산기를 두들겨봐도 어떤 걸 선택해야 할지 알 것이다. 바로 ②번이다. 그러니 비용보다는 수익률에 집중해야 한다는 사실을 늘 잊지 말자. 다음을 보자.

김팔랑과 나현명은 은행 PB에게서 2개의 연복리 12년 예금상품을 제안받는다. 당신이라면 어떤 상품을 선택하겠는가?

① 선취수수료 0%, 금리 9%
② 선취수수료 15%, 금리 11%

김팔랑은 ①번을 선택하였고, 나현명은 ②번을 선택했다. 이제 그 결과를 〈도표 4-18〉에서 볼 수 있다. ②번 상품은 ①번 상품보다 수수료가 15%나 비싸지만 금리는 2%밖에 높지 않다. 그럼에도 불구하고 ②번 상품이 ①번 상품보다 161만 원을 더 만들 수 있었다. 금리 2%의 차이가 그만큼 크다는 것이다. 〈도표 4-18〉에서는 161만 원밖에 차이나지 않지만 기간이 길어지면 그 차이는 더욱 커진다. 〈도표 4-19〉를 보자. ①번과 ②

| 투자금액 | 선취수수료 | 실제 운용금액 | 금리(수익률) | 적립금 |
|---|---|---|---|---|
| ① 1,000만 원 | 0% | 1,000만 원 | 9% | 2,813만 원 |
| ② 1,000만 원 | 15% | 850만 원 | 11% | 2,974만 원 |

• 12년 투자 가정

│ 도표 4-19 **선취수수료와 금리에 따른 적립금 비교**

| 투자금액 | 선취수수료 | 실제 운용 금액 | 금리(수익률) | 적립금 |
|---|---|---|---|---|
| ① 1,000만 원 | 0% | 1,000만 원 | 9% | 5,604만 원 |
| ② 1,000만 원 | 15% | 850만 원 | 11% | 6,853만 원 |

• 20년 투자 가정

번의 격차가 1,249만 원이다. 1,000만 원을 투자했을 뿐인데, 20년차가 되니 ②번 상품이 ①번 상품보다 훨씬 더 큰 금액을 만들 수 있게 되었다.

사업비는 상품별로 대동소이 하지만 펀드별 성과차이는 천차만별이며, 그로 인해 결과적으로 발생하는 적립금 크기의 차이는 상상을 뛰어넘는다. '1,000만 원 12년 거치투자시' 같은 수익률(7%), 다른 비용으로 가정해서 나오는 결과를 비교해보자.

- 선취수수료 0% → 2,252만 원
- 선취수수료 3% → 2,185만 원
- 선취수수료 5% → 2,140만 원

같은 투자수익률로 1,000만 원을 12년 거치투자한다면 사업비 0%와 사업비 5%의 총 적립금 차이는 112만 원에 불과하다. 이번에는 같은 비용(선취수수료 5% 가정시), 다른 수익률이라고 가정해보자.

- 수익률 5% → 1,706만 원
- 수익률 7% → 2,140만 원
- 수익률 10% → 2,982만 원

같은 비용으로 12년 거치투자시 수익률 5%와 수익률 10%의 적립금 차이는 무려 1,276만 원이다. 결국 '사업비가 저렴한 어느 회사의 어떤 변액유니버셜보험'이냐가 중요한 게 아니라, '성과를 잘 내고 있으며 높은 성과를 올릴 가능성이 높은 좋은 펀드'가 편입되어 있는 변액유니버셜보험을 선택해야 한다는 것이다. 물론 변액보험이 투자하고 있는 펀드가 1,099개(2015년 12월 31일 기준)나 되니 좋은 펀드를 선택하는 것이 그리 쉽지만은 않을 것이다. 1천 개가 넘는 펀드에서 좋은 성과를 내는 펀드가 있는가 하면, 성과가 좋지 않은 펀드도 있다.

우리나라에서 5년 이상 운용된 펀드만 살펴보면 총 678개의 펀드가 있다. 이 중 2015년 12월 31일 기준으로 누적수익률 마이너스 펀드가 51개이고, 플러스 펀드가 607개이다. 5년 이상 운용된 전체 펀드 중 약 92.5%가 플러스 수익을 기록하고 있는 것이다. 5년 누적수익률 최고의 펀드는 사회간접자본에 투자하는 SOC주식형펀드로 105.42%의 수익률을 기록했으며 최악의 펀드는 금에 투자하는 골드펀드로 −56.0%를 기록하였다. 장기간 수익률이 저조한 펀드들을 보면 대부분 변동성이 큰 신흥국시장에 투자하는 EM주식형펀드나 실물자산펀드들이다. 변액유니버셜보험에 투자를 시작한 지 오래되었는데도 해지환급금이 마이너스라며 상품에 대한 불만을 토로하는 사례들이 바로 이런 펀드에 투자하는 경우이다. 결국 변액유니버셜보험이 나쁜 상품이어서가 아니라, 성과가 좋지 않은 펀드에 투자하고 있기 때문이다. 변액유니버셜보험의 성과도 펀드가 낸다는 것을 잊지 말아야 한다.

자, 다시 펀드선택의 문제로 돌아왔다. 일반 소비자는 좋은 펀드를 선택할 수 있는 능력이 부족하니 전문가의 조언을 구하고 싶어진다. 변액유니버셜보험은 생명보험모집인(또는 생명보험대리점) 자격과 변액보험판매자격을 취득한 은행이나 증권사의 PB, WM, 텔러, 그리고 생명보험사의 보험모집인 및 대리점 등이 판매한다. 판매자격을 취득한 금융권의 금융전문가들은 분명 상품에 대한 특징을 정확히 잘 이해하고 있다. 하지만 좋은 펀드를 잘 선택해서 추천하고 그것을 관리할 수 있느냐는 별개의 문제이다.

답은 두 가지다. 우선 첫 번째는 신뢰할만한 능력 있는 전문가를 만나서 상품에 가입하고 펀드관리 서비스를 받는 것이다. 가장 이상적인 방법이다. 최근 들어 초기의 전문성이 떨어지는 업계 종사자들보다는 다양한 금융상품과 세제, 그리고 투자전략 등에 대해 상당한 지식을 보유하고 있으면서 고객의 자산관리를 도와주는 FP나 FC, 또는 PB라고 불리는 실력 있는 금융자산관리 전문가가 늘어나고 있다. 몸이 아플 때 나만의 주치의가 필요하듯, 자산운용에서 신뢰할만한 자산관리 주치의가 옆에 늘 있다면 더할 나위 없겠다.

두 번째 방법은 스스로 펀드선택 및 관리능력을 키우는 것이다. 필자가 앞에서 계속 펀드의 기본적인 내용을 다루고 반복해온 것도 바로 펀드 초보 투자자들의 이러한 능력을 키우는데 도움을 주기 위해서다. 이제 어떤 변액유니버셜보험을, 그리고 어떤 펀드를 선택해야 하는지에 대해 알아보겠다.

## 좋은 변액유니버설보험의 조건

앞서 강조했지만, 성과가 좋은 펀드가 '좋은 펀드'이다. 같은 논리로 좋은 변액유니버설보험은 성과가 좋은 펀드를 구성하고 있는 상품이다. 문제는 과거수익률이 미래수익률을 보증하지 않는다는 데 있다. 하지만 미래수익률이 좋을 가능성이 높은 펀드를 선택하고, 5장에서 설명할 전략적·전술적자산배분을 잘 실행하면 얼마든지 높은 투자성과를 낼 수 있다. 어떤 투자전략을 가져가느냐에 따라 좋은 변액유니버설보험의 기준이 달라질 수 있는데, 일반적으로 좋은 유니버설보험 상품은 다음과 같은 조건을 갖추고 있다.

① 최소 6개 이상의 국내외 펀드 구성
② 국내 주식형펀드 2개 이상 구성, 국내 채권형펀드 1개 이상 구성
③ 국내 주식형펀드에는 가치주식형펀드나 배당주펀드 중 1개 이상의 펀드 구성
④ 선진국 주식형펀드, 개발도상국 주식형펀드 각 1개 이상 구성
⑤ 각 유형별 펀드들이 좋은 펀드 기준에 해당할 것

이 조건들을 갖추고 있다면 5장에서 소개할 다양한 투자전략 실행이 가능해진다. 투자를 함에 있어 한 가지 투자전략만을 구사하는 것이 효과적이므로, 내가 선택한 투자전략에 부합하는 조건 하나만을 갖추고 있어도 좋은 변액유니버설보험이 될 수도 있다. 예를 들면 가치투자를 하기로 했다면 장기간 꾸준히 안정적이며 동일유형 내 평균수익률 이상의 성과를 내고 있는 가치주식형 펀드를 하위펀드로 구성하고 있는 변액유니버

셜보험이 좋은 상품이 되는 식이다. 변액유니버셜보험의 펀드실적은 다음에서 설명하는 대로 하면 확인할 수 있다. 변액연금보험의 펀드실적도 마찬가지다.

① 생명보험협회(www.klia.or.kr) 홈페이지로 들어가 왼쪽에 있는 공시실을 클릭한다.

② 상품비교공시 → 변액보험을 클릭한다.

③ 동일유형 내 펀드를 비교할 수 있도록 펀드현황에서 대유형과 소유형을 선택하고 조회를 클릭한다. 해당 상품을 체크한 후 다운로드를 클릭한다.

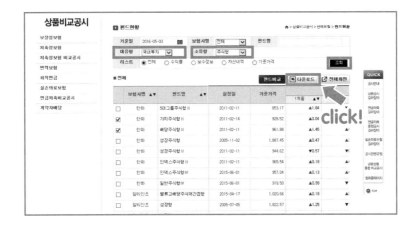

④ 효율적인 비교분석을 위해 다운로드한 엑셀 파일에서 보험사명, 펀
드명, 설정일, 수익률을 제외한 나머지 열들을 삭제한다.

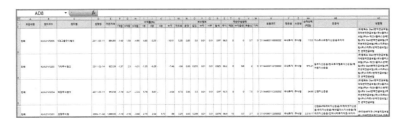

⑤ 5년 이상 운용된 펀드만을 대상(5년 수익률이 표시되어 있는 펀드)으
로 상위부터(또는 하위부터) 정렬하고 1년, 3년, 5년, 순자산 규모 및
수익률 등을 비교분석한다. 파일에서 순자산 규모가 크고 5년간 꾸
준히 안정적인 수익을 기록하고 있는 펀드를 확인한다. 여기에서 확
인한 펀드를 포함하고 있는 변액유니버셜보험을 선택한다.

| 보험사명 | 펀드명 | 설정일 | 기준가격 | 수익률(%) | | | | | | | | 순자산 |
| | | | | 1개월 | 3개월 | 6개월 | 1년 | 3년 | 5년 | 누적 | 연초우 | (억원) |
|---|---|---|---|---|---|---|---|---|---|---|---|---|
| KDB | SOC주식형 | 2008-11-11 | 2,587.72 | 4.3 | 5.24 | 3.75 | 20.26 | 35.31 | 106.16 | 158.77 | 21 | 22.89 |
| 푸르덴셜 | 롱텀밸류주식형 | 2008-09-01 | 2,282.03 | -1.75 | 0.8 | 0 | 6.56 | 19.02 | 63.9 | 128.2 | 6.96 | 1,449.40 |
| PCA | 배당주 | 2008-07-11 | 2,042.02 | -1.23 | 2.6 | -1.65 | 8.01 | 37.11 | 49.41 | 104.2 | 8.95 | 3,313.84 |
| 메트라이프 | 배당주식형 | 2007-04-04 | 1,971.07 | -0.42 | 3.49 | -1.01 | 6.19 | 39.86 | 38.77 | 97.11 | 7.05 | 301.33 |
| 메트라이프 | 배당주식형 | 2005-10-04 | 2,124.34 | -0.47 | 3.5 | -1.08 | 6.17 | 38.96 | 35.91 | 112.43 | 7.05 | 100.87 |
| 메트라이프 | 배당주식형 | 2005-12-01 | 2,053.14 | -0.51 | 3.37 | -1.23 | 5.61 | 36.05 | 33.44 | 105.31 | 6.49 | 781.91 |
| 신한 | 안정성장형 | 2006-04-19 | 1,954.33 | -0.39 | -0.46 | -2.74 | 17.81 | 23.47 | 24.71 | 95.43 | 17.36 | 516.87 |
| ING | 가치주식형 | 2008-06-09 | 1,577.31 | -2.38 | 0.61 | -5.39 | 7.41 | 8.49 | 17.27 | 57.73 | 8.09 | 225.21 |
| ACE | 알파덱스 펀드 I | 2007-10-11 | 1,420.48 | -1.59 | -0.88 | -3.1 | 6.76 | 12.77 | 15.6 | 42.05 | 6.8 | 82.99 |
| PCA | 가치주 | 2010-04-08 | 1,322.59 | -1.49 | -0.97 | -7.14 | 11.08 | 11.08 | 15.47 | 32.26 | 6.97 | 761.82 |
| 현대라이프 | 주식형 | 2007-07-23 | 1,225.92 | -3.86 | -5.29 | -8.55 | 18.43 | 17.19 | 15.14 | 22.59 | 16.3 | 15.14 |
| 메트라이프 | 가치주식형 | 2005-07-04 | 2,184.55 | -0.71 | 2.42 | -2.16 | 2.19 | 14.25 | 13.07 | 118.46 | 3.06 | 15.569.07 |

앞에서 설명한 방식대로 좋은 펀드가 편입되어 있는 상품을 잘 선택하고, 펀드관리를 잘하며, 10년 이상 장기투자하면 가입한 변액유니버셜보험이 황금알을 낳는 거위가 될 것이다. 하지만 펀드선택이나 펀드관리를 소홀히 하고 실패하면 애물단지가 될 수도 있다.

 **[Fund Investment Lesson] – 변액유니버셜보험의 활용**

변액유니버셜보험은 비과세, 펀드변경, 연금전환 기능 외에도 중도인출(부분환매)과 추가납입 기능(가입금액의 2배 한도)이 있다. 추가납입과 중도인출 기능을 잘 활용하면 평생 비과세투자 상품으로 활용할 수 있는 강점이 있는데, 어떻게 활용해야 할까?

예를 들어보자. 저축 가능금액인 월 90만 원을 10년 투자로 종자돈을 만들려고 하는데 90만 원 전액을 변액유니버셜보험에 투자하면 유동성 위험이 발생할 수 있다. 생활을 꾸려나가다 보면 단기적으로 필요한 자금이 있을 수 있는데, 장기상품인 변액유니버셜보험을 조기해지하면 손실 가능성이 크다. 더하여 꾸준히 장기투자 했을 때 발생하는 수익을 포기해야 하는 기회손실도 발생한다. 그렇다면 어느 정도 투자하면 좋을까? 현재 가지고 있는 자산이나 각각의 재무목표 및 목표기간에 따라 다르다. 일반적으로 전문가들은 단기:중기:장기 비율을 5:3:2, 또는 단기:장기 비율을 7:3 정도로 포트폴리오 구성하기를 추천한다.

그렇다면 저축가능금액 월 90만 원 중 30만 원은 변액유니버셜보험에 투자하고, 60만 원은 정기적금이나 채권형펀드와 같은 안전한 금융상품에 1년 단위로 투자하는 것이 좋다. 적금이나 채권형펀드의 만기가 되면 만기원리금을 변액유니버셜보험에 추가납입한다. 추가납 한도초과 금액(가입금액의 2배)은 CMA와 같은 안전한 금융상품에 입금해 운용한다. 그리고 자금이 필요할 경우 CMA에서 인출해서 사용하고, 부족할 경우 변액유니버셜보험의 적립금에서 중도인출을 통해 사용하면 된다. 이때 중도인출 금액은 가능한 추가납입한 추가납입원금을 넘지 않도록 한다. 이렇게 운용하는 경우 저축 및 투자하는 거의 전 금액에 대해 비과세 혜택을 받을 수 있고, 변액유니버셜보험의 실질 투자성과도 훨씬 높아지게 된다. 추가납입할 경우 다음과 같은 조건이 있다.

- 한도 : 가입금액의 2배(누적투자원금의 2배)
- 방식 : 정기추가납, 일시추가납
- 수수료 : 0~2%

중도인출할 경우 다음과 같은 제한이 있다.

- 인출한도 : 해지환급금의 50%(PCA 상품은 60%)
- 인출수수료 : 연간 4회 무료, 4회 초과시 2,000원과 인출금액의 0.2% 중 작은 금액

추가납입금액은 사업비가 거의 부과되지 않으므로 기본가입금액을 최소화하고 추가납입을 2배

| 누적투자금 | ① 월 30만 원 (기본 30만/추가납 0) | | ② 김팔랑 월 30만 원 (기본 10만 + 월 추가납 20만) | | ③ 나현명 월 30만 원 (추가납 1억 4,400만+ 중도인출 1억 4,400만) | |
|---|---|---|---|---|---|---|
| | 적립금 | 적립률 | 적립금 | 적립률 | 적립금 | 적립률 |
| 7,200만 원 | 1억 6,989만 원 | 236% | 1억 8,553만 원 | 258% | 4억 1,260만 원 | 573% |

로 하는 게 좋다는 주장이 있다. 언뜻 논리적으로 들리지만 합리적이지 못하다. ① 총액 1억 원까지 가능한 비과세 통장을 선택하고 싶은가? 아니면 ② 총액 2억 원까지 가능한 비과세 통장을 선택하고 싶은가? ②번을 선택했다면 가입금액을 최소화할게 아니라 최대화하는 게 더 합리적이다. 전체 저축 및 투자가능금액 중 30%를 장기투자하기로 했다면 30% 전체를 가입금액으로 하고, 나머지 70%는 적금, CMA, 일반펀드 등에 투자하면서 만기원리금 중 일부를 변액에 추가납입(전액 비과세 복리수익)하는 방법이 훨씬 효율적이다.

월 90만 원 저축이 가능한 김팔랑과 나현명의 사례를 통해 효율적 투자방법에 대해 알아보도록 하자. 〈도표 4-20〉에서 ②번 김팔랑은 월 60만 원을 적금에 투자하고 30만 원을 종자돈을 만들기 위해 변액유니버셜보험에 투자하고 있다. 변액유니버셜보험에 투자하는 30만 원 중 10만 원을 가입금액으로 하였고, 20만 원은 추가납입을 통한 투자를 하고 있다. 반면에 ③번 나현명은 김팔랑과 같이 60만 원을 정기적금에, 추가납 없이 30만 원을 기본 가입금액으로 변액유니버셜에 투자하고 있다. 그리고 정기적금에 투자하는 60만 원은 1년 단위로 변액유니버셜보험에 추가납입하고, 필요할 때마다 인출하여 사용하고 있다.

①번은 일반적인 방식으로 변액유니버셜보험의 가입금액이 30만 원에 추가납입을 하지 않은 경우로서, 단기 필요자금은 적금 월 60만 원으로 활용하고 있다. ②번은 가입금액이 10만 원에 추가납 20만 원을 한 경우이다. 역시 단기 필요자금은 적금 60만 원을 활용하고 있다. ③번은 변액유니버셜보험 가입금액 30만 원에 정기적금 60만 원의 만기원리금을 1년 단위로 변액유니버셜보험에 추가납입하고 있다. 그리고 10년차와 19년차에 자금이 필요하여 각 7,200만 원씩 2회에 걸쳐 인출한 결과이다.

세 경우 모두 중도인출자금을 반영하면 총 투자원금은 7,200만 원으로 똑같은데, 20년 차 해지환급금은 각각 ① 1억 6,989만 원(236%), ② 1억 8,553만 원(258%), ③ 4억 1,260만 원(573%)으로 큰 격차를 보이고 있다. 주목할 점은 ①번(236%)과 ②번(258%)의 누적적립금 차이는 22%에 불과하다는 점이다. 20년이라는 투자기간을 감안하면 연 0.7%의 성과만 더 내도 극복할 수 있는 차이에 불과하다. 사실상 추가납입을 통한 실질수익률 개선효과는 매우 미미하다고 봐야한다. 반면에 똑같이 추가납입을 활용했지만 가입금액이 작은 ②번 김팔랑의 적립금과 가입금액이 큰 ③번 나현명의 적립률 차이는 무려 315%나 된다.

더하여 김팔랑은 추가납 한도를 최대치로 활용하고 있으므로 적금으로 운용하는 자금이나 향후 소득이 늘어 추가로 저축할 수 있는 자금을 비과세로 운용할 방법이 사라졌다. 생명보험사가 추가납입 기능을 상품에 탑재한 취지는 비과세한도를 늘리기 위함이다. 이를 정확히 이해한다면 변액유니버셜보험의 가입금액은 장기투자를 할 금액의 33%, 즉 최소화가 아니라 최대화가 정석이라는 사실을 알 수 있다. 단, 6년 이내 해지시 해지공제가 있는데 추가납입을 2배로 할 경우 실질 해제공제율이 낮아지는 효과가 있어 해지환급금이 원금을 넘어서는 시기를 1~2년 정도 앞당기는 효과가 있다는 점을 참고하면 될 것 같다.

**Q.** 금리는 갈수록 낮아지는데 노후준비는 어떻게 해야 할지 모르겠습니다. 어떤 상품이 은퇴자금 준비에 좋죠?

**A.** 은퇴자금 목적에 맞는 투자형 연금상품으로는 연금저축펀드와 변액연금보험이 있습니다. 연금저축펀드는 펀드에 투자하는 실적배당형 연금상품입니다. 13.2%의 세액공제 혜택이 있지만 기타소득세, 연금소득세, 또는 종합소득세를 납부해야 하는 단점이 있습니다. 변액연금보험은 다양한 펀드에 분산투자하는 상품입니다. 비과세 혜택이 있고 원금 이상이 보장되는 강점이 있습니다. 하지만 주식형펀드에 투자할 수 있는 최대한도가 제한되어 있어 기대수익률이 상대적으로 낮습니다.

# 은퇴자금, 이렇게 시작하라

## 안전한 상품이 노후계획을 망친다

저축과 투자의 목적 중 하나는 소득이 없을 때를 대비하는 것이다. 소득이 끊기는 순간 평화로운 삶을 사는 건 불가능하기 때문이다. 그렇기 때문에 은퇴준비의 중요성은 아무리 강조해도 지나치지 않다. 그럼에도 불구하고 지금 당장 먹고 살기 힘들다는 이유로 노후준비를 하는 국민들이 많지 않아서, 정부 차원에서 연금을 운용하고 있다. 바로 소득의 일부를 연금으로 납입하는 공적연금인 국민연금이 그렇다. 공적연금에는 국민연금 외에도 공무원연금, 군인연금, 사학연금 등이 있다.

여기에 국민들의 기본생계비를 보장할 수 있도록 회사를 다니는 사람에게는 기업연금을 납부하게 하는데, 이를 우리나라에서는 퇴직연금이라 일컫는다. 마지막으로 공적연금과 퇴직연금만으로 충분한 노후소득보장이 되지 않으니 국민 개개인이 금융사의 연금상품에 가입하여 추가

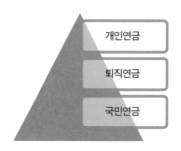

적으로 은퇴준비를 더 할 수도 있다. 이러한 사적연금을 개인연금이라 한다. 국민연금으로 최저생계비를 보장하고, 퇴직연금으로 기본생계비를 보장하고, 개인연금으로 여유로운 생계비를 보장하는 이러한 시스템을 3층 보장 제도라 한다.

하지만 현실에서는 국민연금과 퇴직연금을 더해도 조기퇴직과 수명연장으로 인해 월 연금수령액이 기본생계비에도 미치지 못한다. 그래서 개인연금 투자는 선택이 아닌 필수 사항이 되었다. 연금상품에는 연말정산 시 13.2% 세액공제를 해주는 세제혜택 상품이 있고, 세액공제는 없지만 10년 이상 유지시 비과세 혜택이 있는 세제비적격 상품도 있다. 세제적격상품과 세제비적격상품 모두 금리형 상품도 있고, 펀드에 투자하는 실적배당형상품도 있는데 이에 대해 알아보도록 하자(참고로 연금저축은 과거에는 소득공제를 해주는 세제혜택 금융상품으로, 소득이 많을수록 과세율이 높아 공제율이 높으니 고소득자에게 유리한 구조였다. 하지만 지난 2014년부터 소득 크기에 상관없이 일률적으로 13.2%를 공제해주는 세액공제 상품으로 변경되었다).

납부해야 할 세액을 공제해주는 세제적격상품은 은행상품인 연금저축신탁, 보험사 상품인 연금저축보험, 그리고 증권사 상품인 연금저축펀드

| 구분 | 세제적격 | | | 세제비적격 비과세 | |
|------|---------|---------|---------|---------|---------|
| | 연금저축신탁 | 연금저축보험 | 연금저축펀드 | 연금보험 | 변액연금보험 |
| 운용방식 | 실적배당<br>(채권,<br>유동성자산) | 공시이율 | 실적배당 | 공시이율 | 실적배당 |
| 연금수령 방식 | 확정기간 | 확정기간 or 종신 | 확정기간 | 확정기간 or 종신형 | |
| 세제혜택 | 연말정산시 13.2% 세액공제 | | | | |
| 중도해지시 | 적립금의 16.5% 과세 | | | 10년 이상 유지시 비과세 | |
| 연금소득세 | 55세 5.5%, 70세 4.4%, 80세 3.3% 과세 | | | 비과세 | |

가 있다. 이 중 연금저축신탁은 안정자산에 투자하는 상품이고, 연금저축보험은 금리형 상품이며, 연금저축펀드는 펀드에 투자하는 실적배당형 투자상품이다. 세액공제가 없는 세제비적격 연금상품은 10년 이상 유지시 비과세혜택을 주는데 금리형 상품인 연금보험과 투자형 상품인 변액연금보험이 있다.

은행상품인 연금저축신탁은 90% 이상 채권 또는 유동성자산에 투자하는 실적배당상품이다. 최근엔 연금저축보험, 연금저축펀드, 그리고 변액연금보험에 밀려 가입률이 낮아 유명무실해진 상황이다. 거기다 2016년에는 원리금을 보장해주는 신탁상품이 절판될 예정이라 연금저축신탁이 명맥을 유지할지는 불투명하다. 모든 연금상품을 취급하는 은행에서 가장 많이 권유하는 상품은 세액공제 금리형 상품인 연금저축보험이다. 그래서 연금저축보험은 증권사보다는 은행을 주로 이용하는 보수적 투자성향의 금융소비자들이 가장 많이 제안받고, 가장 많이 가입한다. 증권사에서는 주로 세액공제 투자형인 연금저축펀드를 권유하며, 생명보험사의 FC들은 비과세 투자형인 변액연금보험을 주로 제안한다. 투자성향이 보수적인 고객들에게는 차선으로 비과세 금리형인 연금보험을 제안하는 경향이 있다. 손해보험사에서는 세액공제 금리형인 연금저축보험만을 취급한다. 〈도표 4-22〉를 다음과 같이 정리할 수 있다.

① '저축'이라는 단어가 들어가 있으면 13.2% 세액공제 혜택 상품이다 (나중에 과세).
② '저축'이라는 단어가 없는 상품은 세액공제가 없는 반면, 10년 이상 유지시 비과세이다.
③ '펀드' 또는 '변액'이라는 단어가 있으면 펀드에 투자하는 실적배당형 상품이다.
④ '보험'이라는 단어가 없으면 특정기간만 연금수령할 수 있는 확정연금만 선택할 수 있다.
⑤ '보험'이라는 단어가 있으면 특정기간 또는 종신형 연금을 선택할 수 있다.

이것을 다시 정리하면 다음과 같다.

**연금저축보험** : 13.2% 세액공제, 연금소득세 과세, 금리형, 종신연금으로 가능
**연금저축펀드** : 13.2% 세액공제, 연금소득세 과세, 실적배당형, 종신연금으로 불가
**연금보험** : 10년 비과세, 금리형, 종신연금으로 가능
**변액연금보험** : 10년 비과세, 실적배당형, 종신연금으로 가능

은퇴자금을 준비하기 위해서는 어떤 상품이 최선일까? 은행과 보험사, 증권사 등 각 금융사들의 논리가 있겠지만 철저하게 가입자이자 투자자인 '나'를 중심으로 살펴보자.

대한민국 국민의 약 80%는 안전한 상품을 선호한다. 아마도 이 책을 읽는 독자들도 그러할 것이다. 그러나 이제 '투자란 힘들게 벌어 모은 돈을 화폐가치 하락으로부터 지키는 것'이라는 것을 알게 되었고, '좋은 펀드에 장기투자시 손실 가능성은 거의 없다'는 사실도 알게 되었다. '단기는 안전하게 투자해야 하고 장기는 공격적으로 투자해야 한다'는 논리도 이해했다.

물가상승률과 금리가 정확히 같다면, 은퇴 후 30년간 월 100만 원 이상의 의미 있는 연금을 수령하기 위해서는 은퇴 전 30년간 월 100만 원 이상을 투자해야 한다는 사실도 매우 잘 알고 있다. 하지만 당신은 은퇴 후를 대비해서 월 100만 원이라는 자금을 연금상품에 투자할 여력이 없다. 그러므로 현명한 투자자인 당신은 화폐가치 하락으로부터 내 돈의 가치를 지킬 수 있으며, 상대적으로 소액을 투자해도 더 많은 연금을 수령할 수 있는 실적배당형 상품인 연금저축펀드나 변액연금 중 하나를 선택해야 한다는 사실을 매우 잘 이해하고 있을 것이다. 이제 이 두 상품에 대해 자세히 알아보자.


## 과세를 알아야 연금상품을 이해한다

연금저축은 연말정산을 목전에 둔 11~12월에 은행에서 집중적으로 판매된다. 13.2% 세액공제(2014년 이전에는 소득공제)를 해주는 상품이니 연 400만 원을 투자하면 약 53만 원(400만 원×13.2%)을 돌려받을 수 있다. 연금저축은 은행상품인 연금저축신탁, 보험사 상품인 연금저축보험, 증권사 상품인 연금저축펀드가 있다. 금리형인 연금저축보험과 금리에 어느 정도 연동되는 실적배당상품인 연금저축신탁은 고금리 시기에 유리하고, 연금저축펀드는 펀드에 투자하는 실적배당상품이므로 저금리 시기에 고려할만한 상품이다. 다음의 예를 보자.

25세 사회 초년생 김팔랑은 연말정산 때 환급을 거의 받지 못했지만, 김팔랑의 부장님은 380만 원을 환급받았다. '13월의 보너스가 바로 이런 거구나'라고 생각한 김팔랑은 부장님에게 환급을 많이 받은 비결이 무엇인지 물어본다. 부장님은 연금저축보험에 가입한 이유 때문인 것 같다고 한다. 환급받은 금액을 수익이라 생각하면 이보다 더 높은 수익률이 있나 싶은 김팔랑은 주저 없이 주거래 은행으로 뛰어간다. 그리고 연금저축보험에 월 33만 원을 20년 납, 10년 거치로 약정가입하였다.

30년 후, 김팔랑이 연금저축보험을 통해 만든 연금적립금은 1억 3,774만 원이다. 20년간 8,000만 원을 납입하고 10년을 거치하니 55세 때 1억 3,774만 원이 된 것이다. 종신연금으로 수령한다면 현재가치로 월 24만 원을 받을 수 있는 수준이다. 연금액으로는 턱 없이 부족한 금액이다. 더욱 큰 문제는 납부해야 할 세금이다. 납입기간 중 매년 13.2%를 환급받아서 총 환급받은 금액은 1,056만 원이지만, 연금을 수령할 때 세금으로 납부해야 하는 금액은 무려 2,273만 원이나 된다. 납부해야 할 세금이 이미 환급받은 금액의 2배가 넘는다.

반면에 김팔랑의 친구 나현명은 화폐가치 하락으로부터 저축금액의 실질가치를 지키고자 S증권에서 투자형 연금상품인 연금저축펀드에 월 33만 원을 약정가입하였다. 김팔랑과 똑같이 20년간 8,000만 원을 납입하고 10년 거치·운용하니 복리효과로 55세 때 연금적립금이 4억 3,332만 원이 되었다. 거기다 매년 돌려받은 환급금은 보너스였다. 그런데 나현명 역시 세금을 피하지는 못했다. 연금소득이 김팔랑 대비 3배가 넘으니 세금 역시 3배 수준으로 납부해야 했다. 무려 7,150만 원이다. 하지만 세금공제 후 실질소득을 따지면 나현명이 김팔랑보다 훨씬 많다. 결과적으로는 현명한 선택을 한 것이다.

이 사례에서 알 수 있는 두 가지 사항이 있다. 첫째, 세 가지 연금저축 상품 중 화폐가치 하락을 이겨내기 위한 실질적 대안은 투자형 상품인 연금저축펀드뿐이다. 금리형 상품인 연금저축보험이나 금리에 어느 정도 연동하는 연금저축신탁에 투자하면 실질적으로는 매년 금리에서 물가상승률을 뺀 비율만큼 손해보고 있는 셈이다. 둘째, 연금저축펀드도 과세 문제가 있다. 소득이 있는 곳에 과세가 있으니 소득에 대한 세금을 납부하는 건 당연한 의무이다. 세제에서 소득의 의미는 일반적으로 실소득을 의미하며, 금융소득에서 실소득은 이자차익이다. 그래서 대부분의 금융상품에는 이자차익에 대해 과세하는 이자소득세가 있는 것이다. 그런데 무슨 이유에서인지 연금저축상품에 투자한 사람들이 납부해야 하는 세금은 이자차익에 대해 과세하는 이자소득세가 아니라, 납입원금과 이자를 더한 적립금 전체에 대해 과세하는 기타소득세, 연금소득세 또는 종합소득세이다.

연금저축은 납입기간 중 납입금의 13.2%를 돌려받지만 연금수령 전에 해지하면 기타소득세 16.5%를 납부해야 한다. 이자차익에 대한 과세율이 아니라 원금에 이자를 더한 적립금 전체에 대한 과세율이니 돌려받은 환급금의 최소 2배 이상의 큰 금액을 세금으로 납부해야 하는 것이다. 도대체 세제혜택을 줄 때는 언제이고 어떤 논리로 그 이상의 더 많은 세금을 가져가는 것일까?

이는 국가적 차원에서 보면 '국민연금만으로는 노후소득이 부족하니 국민 개개인이 추가로 은퇴준비를 더 하도록 해라. 그러면 정부의 부담이 한결 가벼워지므로 연금저축에 가입하는 국민들에게는 납입금의 13.2%를 돌려주는 세제혜택을 주겠다. 대신 중간에 해지하면 다시 국가부담이 커지므로 혜택을 준 13.2%를 다시 국가에 돌려줘야 한다. 그런데 투자시기와 해지시기가 다르므로 시간가치를 더해 적립금의 16.5%를 징수하겠다'는 의미이다. 어쨌든 투자자 입장에서 납입금의 13.2%(혜택)와 원금에 이자가 가산된 적립금의 16.5%(페널티)를 생각하면, 절대 해지하면 안 되겠다는 생각을 할 것이다.

연금저축을 끝까지 유지해서 연금으로 수령하는 경우 기타소득세 16.5%가 과세되지 않는다. 대신 정부는 기타소득세보다는 세율이 10% 이상 낮은 연금소득세를 징수한다. 연금소득세의 세율은 수령시기의 나이에 따라 3.3%에서 5.5%인데, 세목(세금의 이름)을 보면 알 수 있듯 이 역시 이자차익에 대한 세금이 아니라 연금소득 전체에 대한 세금이다. 그런데 이보다 더 큰 문제는 공적연금(국민연금, 공무원연금, 사학연금, 군인연금 등)과 퇴직연금, 그리고 연금저축의 연간 연금소득 합이 1,200만 원 초과시 세목이 종합소득세로 변경된다는 것이다. 종합소득세는 1,200만 원 이하는 6.6%이고 초과할 경우 16.5%의 세금을 납부해야 한다.

연금저축보험의 가장 큰 문제는 저금리로 인해 실질수익률이 마이너스라는 점이다. 이는 연금저축펀드에 투자함으로써 해결할 수 있는데, 연금저축펀드도 과세 문제는 피하지 못한다. 앞의 사례에서 보듯 연금저축펀드에 20년간 총 8,000만 원을 투자한 경우 1,056만 원을 환급받는다. 그런데 세금으로 무려 7,150만 원을 납부해야 한다. 환급받은 금액의 약

(단위 : 원)

| 구분 | 납입원금 | 연금수령시<br>적립금 | 세액공제 환급금<br>(13.2%) | 종합소득세<br>(16.5%) |
|---|---|---|---|---|
| 보험(3%) | 8,000만 | 1억 3,774만 | 1,056만 | -2,273만 |
| 펀드(10%) | 8,000만 | 4억 3,332만 | 1,056만 | -7,150만 |

• 월 33만 원, 20년납, 10년 거치 후 연금수령 가정

7배를 세금으로 납부해야 하는 것이다. 이쯤 되면 세제혜택 상품이 아니라 세금폭탄 상품이다. 그렇다면 가입하지 말아야 할 상품일까? 만약 이미 가입했다면 어떻게 해야 할까?

첫째, 이미 연금저축보험에 가입했다면 저금리 문제는 연금저축펀드로 갈아타면 해결된다. 연금저축보험, 연금저축신탁, 연금저축펀드는 상호이전할 수 있도록 제도화되어 있다. 단, 상품변경시 변경시점 연금저축보험의 해지환급금이 연금저축펀드의 적립금으로 이전되는데, 연금저축보험은 6년 차 이전에는 해지공제가 있다는 것을 고려하여 변경시기를 결정해야 한다.

둘째, 해지시 기타소득세 16.5% 징수 문제는 상품을 끝까지 유지해서 연금으로 수령하면 3.3%~5.5%의 연금소득세만 납부하면 된다. 적지 않은 금액이지만 어느 정도 해결된다. 셋째, 연금수령시 연간 연금수령액의 합이 1,200만 원을 초과하면 종합소득세가 부과되는데, 이 문제는 쉽게 해결할 수 있다. 연금저축의 연금을 국민연금 수령 전까지 확정연금으로 집중수령함으로써 연간 연금수령액의 합이 1,200만 원을 넘지 않도록 조정하면 연금소득세 3.3~4.4%만 과세된다. 예컨대, 국민연금은 65세부터 수령할 수 있으니 연금저축의 연금은 55세부터 64세까지 10년간 수령하거나 국민연금 최초 수령시기를 70세로 늦추고 69세까지 연금저축의 연

금을 수령하는 것이다. 만약 이 기간에 경제활동을 하고 있는 등의 이유로 연금이 필요치 않다면, 연금저축의 연금수령액을 비과세 변액연금에 투자하거나 일반펀드에 투자한 후 연금수령을 원하는 시점에 즉시연금 등의 상품에 투자하면 해결된다. 물론 연금저축의 연금액만으로도 종합소득세 부과 세율 구간에 들어간다면 완전한 해결은 어려울 것이다. 하지만 그만큼 연금액이 충분하다는 의미이고, 국민연금 수령시기와 연금저축 수령기간을 15년으로 늘리는 방법 등 기간조정을 통해서 어느 정도는 세금을 줄일 수 있다.

또한 세액공제로 환급받은 금액은 재투자할 필요가 있다. 정부에서 세금을 부과하는 논리는 연금 납부기간 동안 세제혜택을 주는 대신, 향후 연금수령시 연금소득세 또는 종합소득세를 부과한다는 것이다. 이를 납세자 입장에서 해석해보면 세금의 이연효과가 있다. 시간이 흘러감에 따라 화폐가치는 하락한다. 같은 10만 원이라면 현 시점 10만 원보다 30년 후 10만 원이 훨씬 작은 금액이라는 의미이다. 그런데 보통 눈에 보이지 않는 화폐가치 하락이나 이연효과 등은 잘 알지도 못하고 느끼지도 못한다. 이연효과를 체감하는 가장 좋은 방법은 세제혜택으로 환급받은 금액을 재투자하는 것이다. 그렇게 할 경우 해지시 기타소득세 16.5%와 연금수령시 종합소득세 16.5% 또는 연금소득세 3.3~5.5%를 극복할 수 있다.

예를 들어보자. 연금저축에 연간 400만 원을 투자한다고 해보자. 그러면 매년 환급받은 금액 53만 원을 연 복리 3% 금리로 재투자하면 1,914만 원이 되고, 10% 수익률로 재투자하면 7,873만 원이 된다. 그러면 납부해야 하는 종합소득세나 기타소득세 16.5% 또는 연금소득세 3.3~5.5%를 완전히 극복할 수 있게 된다. 그러므로 연금저축은 다음과 같이 이해하고 실행해야 한다.

- 연간 400만 원(월 33만 원) 한도 내에서는 납입금의 13.2%를 환급받는다.

- 중도해지시에는 기타소득세 16.5%가 적립금 전체에 대해 과세된다.

- 연금수령시 연금소득세 3.3~5.5%를 연금수령액 전체에 대해 과세한다.

- 연금저축과 국민연금, 퇴직연금의 연간 연금수령액 합이 1,200만 원을 초과할 경우 종합소득세를 과세한다(누진세로서 1,200만 원 미만은 6.6%, 1,200~4,800만 원은 16.5%, 1,200만 원까지 분리과세 가능).

- 연금저축보험에 가입중인 경우 화폐가치 하락을 이겨내기 어려우므로 기대수익률이 높은 연금저축펀드나 변액연금으로 전환한다.

- 연금저축펀드에 투자할 경우, 종합소득세를 피하기 위해서나 또는 총 세금납부액을 줄이기 위해 국민연금 수령시기(늦추기)와 연금저축펀드의 연금수령기간(국민연금 수령 전으로)을 조정하여 연금을 수령한다.

- 국민연금 수령 전 연금저축펀드의 연금수령액은 이 기간 다른 소득이 있다면 펀드나 비과세 변액연금에 재투자한다.

- 매년 환급받은 금액을 실적배당형 상품에 재투자한다.

- 채권형펀드보다는 주식형펀드에, 중소형펀드보다는 우량주펀드에, 성장형펀드보다는 가치주나 배당주펀드에 투자한다. 예를 들어 'OO가치주연금저축증권투자신탁(주식)' 'OO배당연금저축증권투자신탁(주식혼합)' 같은 상품에 투자하는 것이다.

**[Fund Investment Lesson] – 연금저축의 세제와 연말정산**

▌ 도표 4-24 **종합소득세율**

| 과세표준 | 소득세율 |
|---|---|
| 1,200만 원 이하 | 6.6% |
| 1,200~4,600만 원 | 16.5% |
| 4,600~8,800만 원 | 26.4% |
| 8,800~1억 5,000만 원 | 38.5% |
| 1억 5,000만 원 초과 | 41.8% |

• 2016년 기준, 주민세 포함

① 연금저축의 세제
• 납입기간 중 연간 400만 원 한도 내에서는 13.2% 세액공제
• 중도해지시 16.5%의 기타소득세 과세
• 연금수령시 연금소득세 3.3%(55세), 4.4%(70세), 5.5%(80세)가 과세
• '공적연금+퇴직연금+연금저축연금 〉 연간 1,200만 원'인 경우 종합소득세 과세

② 13월의 보너스 연말정산
연말정산이란 급여나 소득에서 원천과세한 1년 동안의 소득세에 대하여 넘거나 부족한 액수를 정산하는 일이다. 국세청에서 원천징수한 세금이 실제 소득에 대한 세금보다 클 경우 환급해주고, 작을 경우 추가징수하는 작업이다. 여기서 소득에 대한 과세를 한다는 것은 과세표준에 대한 과세를 한다는 뜻이다. 과세표준이란 실제 소득과는 다른 개념으로 세금을 납부하기 위한 일종의 기준소득이다.
김팔랑의 아버지가 운영하던 떡볶이집의 연간 소득(매출)이 1억 원이라고 가정해보자. 만일 국세청이 떡볶이집의 1년간 재료비, 마케팅비, 임대료, 기타 운영비 등의 비용을 4,000만 원으로 인정해준다면 떡볶이집의 과세표준은 1억 원에서 4,000만 원을 제한 6,000만 원이 된다. 그러므로 세금은 6,000만 원에 대해서만 납부하면 되는 것이다.
일반 근로자의 경우엔 이러한 비용이 발생하지 않지만 경기활성화 등의 목적으로 소득공제를 해주는데, 이러한 소득공제 금액을 세금계산에서는 자영업의 비용이라고 생각하면 된다. 소득공제를 해주면 과세표준이 낮아지므로 그만큼 세금을 적게 납부하게 되고, 줄어드는 세금만큼 소비를 더 할 것이라는 기대에서다.
〈도표 4-24〉의 종합소득세율표를 보자. 김팔랑의 연봉이 2,000만 원일 경우 국세청은 2,000만 원 중 1,200만 원에 대해서는 6.6%의 세금을 원천징수하고, 1,200만 원의 초과분인 800만 원에 대해서는 16.5%의 세금을 원천징수한다. 이러한 방식으로 징수하는 세금을 누진세라고 한다. 그런데 만일 정부에서 200만 원의 소득을 공제해주기로 했다면 과세표준에서 200만 원을 깎아주는 것이다. 김팔랑은 1년간 2,000만 원에 대한 세금을 이미 납부했는데, 연말정산시 200만 원의 소득공제를 해주므로 실제로는 1,800만 원에 대한 세금만 납부하면 된다는 뜻이다. 이럴 경우 이미 납부한 세금 200만 원의 16.5%를 정부에서 돌려주는 것이다.
앞의 본문에서 나왔던 김팔랑의 직장상사가 연말정산으로 많은 돈을 환급받은 이유는 무엇 때문일까? 정말 연금저축보험에 가입했기 때문일까? 아니면 연말정산 전략을 잘 세웠기 때문일까? 사실 환급을 많이 받은 이유는 다음과 같다.

- 소득이 높아 과세표준과 소득세율이 높으므로 똑같은 금액을 공제받아도 실질환급액은 훨씬 크다.
- 부양가족이 많다(소득공제 항목 중 가장 큰 공제항목이 인적공제로 인당 150만 원)
- 부모님 경로우대 추가공제를 받았다(만 70세 이상, 인당 100만 원).
- 소득이 많고 부양가족이 많으므로 지출이 많아서 체크카드공제, 신용카드공제 등을 많이 받았다.
- 자녀교육비 공제를 받았다.
- 부모님과 자녀들의 의료비 지출이 많아 의료비 공제를 많이 받았다.
- 연금저축보험에 가입해서 세액공제를 받았다.

첫 번째부터 여섯 번째까지는 전략으로 할 수 있는 사항이 아니다. 개개인의 조건일 뿐이다. 환급을 많이 받기 위해 자녀를 많이 낳고, 지출을 늘리고, 자주 아플 수는 없는 노릇 아닌가? 네 번째도 전략을 잘 세우면 환급을 조금이라도 받겠지만, 카드를 통해 환급받는 전략을 세우고 실행하느니 그 시간에 절약과 저축 및 투자 재테크에 힘쓰는 게 훨씬 효과적일 것이다. 마지막의 연금저축의 경우엔 배보다 배꼽이 더 크다.

## 변액연금보험만의 특징, 스텝업보증

변액연금보험은 10년 비과세 실적배당형 저축성보험으로서 상품 내 다양한 펀드에 분산투자할 수 있다. 변액유니버셜보험과 기본적인 구조가 같다. 차이점은 변액유니버셜보험이 12년 의무납이며 그 이후 자유납인 반면, 변액연금은 연금저축펀드처럼 납입기간이 5년, 10년, 20년 등 확정적으로 정해져 있고 연금수령 이전 일정기간의 거치기간이 필요하다. 변액연금보험 역시 변액유니버셜처럼 일종의 선취수수료인 초기 사업비가 높다. 그래서 단기투자에는 불리하지만 적립금 전체에 대해 공제하는 후취수수료인 운용보수가 저렴하고, 비과세이기 때문에 연금저축펀드 대비 장기투자에 유리하다는 강점도 있다.

변액연금보험은 주식형펀드의 편입비율이 최대 50% 이내로 묶여 있다. 그래서 변액유니버셜보험이나 연금저축펀드와 비교하면 기대수익률

이 상대적으로 낮다. 또한 펀드구성이 변액유니버셜보험과 비교하면 다양하지 못해 투자전략을 실행하는데 한계가 있다. 가입시 이러한 점은 고려해야 한다. 변액연금보험은 다음과 같이 이해하면 된다.

① 10년 이상 유지시 비과세 혜택이 있는 실적배당형 연금보험이다
   (=변액유니버셜보험)
② 5년납, 10년납, 20년납 등 가입시기 납입기간을 확정적으로 정해야
   한다(=연금저축펀드).
③ 여러 개의 펀드에 분산투자할 수 있다(=변액유니버셜보험)
④ 확정연금, 실적연금, 종신연금, 상속연금 등 연금수령 방식이 다양
   하다(=변액유니버셜보험).
⑤ 주식형펀드 최대 편입비율이 제한되어 있어 기대수익률이 낮다.
⑥ 스텝업보증시스템 기능이 탑재되어 있어 안정성이 높다(변액연금
   보험만의 특징). 기대수익률을 높이기 위해 2016년 초 스텝업보증기
   능을 없애고 주식형펀드에 100%를 투자할 수 있는 변액연금보험도
   출시되었다.

변액연금보험은 스텝업보증시스템이 있기 때문에 보수적인 성향의 투자자나 40대 이상 투자자의 은퇴자금 목적으로 운용하기에 적절하다. 스텝업보증은 생명보험사들이 출시하고 있는 대부분의 변액연금보험이 가지고 있는 기능이다. 계단식 보증시스템인 스텝업보증은 상품에 따라 월 단위나 연단위로 해주는 상품도 있고, 3년이나 5년 단위로 해주는 상품도 있다. 스텝업보증시스템이 있는 변액연금보험에 20년납, 5년 거치 후 연금을 수령하는 상품을 예로 들어 설명하겠다.

이 상품은 가입 후 매 5년마다 주가흐름에 따라 달라지는 적립금을 평가한다. 적립금이 납입원금 100%보다 작을 경우 100%를 보증하고, 적립금이 납입원금의 100~120%일 때는 적립금을 보증하고(적립금이 납입원금의 115%라면, 115%를 보증), 120% 이상일 때는 120%를 보증한다. 이런 방식으로 20년 납입기간 동안 보증시스템을 적용하면, 매 5년 적립금이 납입원금의 100%가 안 될 경우 최종적으로 100%를 보증하고, 매 5년 적립금이 납입원금의 120%를 초과할 경우 200%가 보증되는 방식이다. 20년 납입기간 이후 5년 거치기간 동안 보증금액과 상관없이 적립금은 주가흐름에 따라 더 커질 수도 있고 더 작아질 수도 있다. 최종적으로 연금수령 시점에 적립금이 보증금액보다 크면 적립금이 연금액으로 전환되고, 보증금액이 적립금보다 크면 보증금액이 연금액으로 전환되는 식이다.

주가가 오를 때는 주가를 적용하고 주가가 떨어질 때는 최저보증을 적용하는 시스템이라고 이해하면 된다. 최악의 경우에도 최소 납입원금 이상은 보증되며, 주가흐름이 좋다면 몇 배로 불릴 수도 있는 실적배당형 연금상품이다. 사실 투자기간이 10년 이상인 경우 보증시스템이 없더라도 원금에 못 미칠 가능성은 거의 없다고 봐야 한다. 그럼에도 불구하고 원금손실에 대한 심리적 불안감이 있어 투자형 상품을 기피하지만, 금리

이상의 수익을 바라는 보수적인 투자자들에게 적절하다. 만약 자신이 이러한 유형이라고 생각한다면, 은퇴자금 목적으로 스텝업보증시스템이 갖춰진 변액연금보험을 긍정적으로 고려해볼만 하다. 스텝업보증과 같은 최저연금보증 기능이 있는 변액연금보험은 연단위로 0.4~0.9% 수준의 최저연금보증수수료(GMAB)가 차감된다.

## 연금저축펀드 vs 변액연금보험, 투자성향이 포인트다

연금상품을 다루면서 그 범위를 연금저축펀드와 변액연금보험으로 좁혔다. 이 두 가지 중 어떤 상품이 은퇴자금 목적으로 더 좋은 상품일까? 이에 대한 답은 안전성, 비용(수수료와 세금), 수익성 등을 종합적으로 비교분석함으로써 찾을 수 있다. 첫째, 안전성 부분을 살펴보자. 연금저축펀드는 원금보장 등의 기능이 없다. 반면에 변액연금보험은 스텝업보증시스템이 있기 때문에 연금으로 수령시 원금손실에 대한 걱정은 하지 않아도 된다(10년 이상 장기투자시 보증시스템의 유무가 크게 차이나지 않는다고 할지라도). 화폐가치 하락을 반영하면 실질적 원금은 아니지만, 명목적 원금에 대한 심리적 불안감을 극복하기 어려운 투자자들에게는 변액연금보험이 더 적합한 상품이라고 볼 수 있다.

연금저축펀드도 스텝업보증시스템이 아니라도 원금손실 가능성을 낮출 수 있다. 국내 국공채에 투자하는 연금저축국공채투자신탁과 같은 상품에 가입하면 기대수익률은 낮아지지만 적어도 원금손실에 대한 불안감은 어느 정도 사라진다. 하지만 여전히 불안하다면 스텝업보증 시스템이 있는 변액연금보험이 최적 상품이다.

둘째, 비용측면에서 살펴보자면 두 가지를 고려해야 한다. 바로 수수료와 세금이다. 수수료 문제에서 단기투자에는 선취수수료가 저렴하고 후취보수가 비싼 연금저축펀드가 유리하고, 장기투자에는 선취수수료인 사업비가 비싸고 후취보수가 저렴한 변액연금보험이 유리하다. 연금저축펀드나 변액연금보험 모두 장기상품이니 수수료 구조가 장기투자에 유리한 변액연금보험이 유리하다 할 수 있다.

그런데 연금저축펀드 중에는 주식형 인덱스펀드도 있고 채권형펀드도 있으며 온라인으로 가입할 수 있는 펀드도 있다. 같은 주식형펀드라도 투자종목이 정해져 있는 인덱스펀드는 펀드매니저가 운용하는 액티브펀드와 비교하면 운용보수가 저렴하고, 채권형펀드는 주식형펀드와 비교하면 수수료가 저렴하며, 온라인 상품은 오프라인 상품에 비해 수수료가 저렴하다. 즉 연금저축펀드도 수수료가 저렴한 온라인상품, 혹은 오프라인 상품 중에서도 인덱스펀드나 채권형펀드를 선택하면 유리할 수 있다.

장기투자에서 수수료보다 더 중요하게 살펴봐야 할 문제는 세금이다. 돌려주는 세금은 선취수수료를 깎아주는 셈이니 단기투자에 유리하고, 부과하는 세금은 후취비용인 셈이니 장기투자로 적립금이 많이 불어난 경우라면 세금이 낮거나 아예 없어야 훨씬 유리하다. 연금저축펀드는 연 400만 원 한도로 납입원금의 13.2%를 세액공제해준다. 하지만 해지시 16.5%, 연금수령시 3.3~5.5%, 그리고 연금수령액의 합(공적연금+퇴직연금+연금저축)이 1,200만 원을 초과하면 종합소득세(일반적으로 16.5%)를 과세한다. 변액연금보험은 세액공제를 해주지 않는 상품이지만 이자차익에 대해 비과세 혜택이 있는 상품이다. 연금저축펀드와 변액연금보험을 동일한 수익률이라 가정하고 세금 문제만 비교한다면, 장기투자에서는 비과세인 변액연금보험이 돌려받는 환급금보다 납부해야 하는 세금이 훨씬 큰 연금저축펀드보다 유리하다.

셋째, 투자에서 가장 중요한 수익성을 살펴보자. 20년 투자시 투자수익률 연평균 9%와 10%를 비교해보니, 1%의 투자수익률 차이가 종합소득세 16.5%의 2배 이상인 누적수익률 38%의 차이를 낳는다. 역시 장기투자에서는 비용보다는 수익률이 압도적으로 중요하다. 그렇다면 변액연금보험과 연금저축펀드 중 어떤 상품의 수익성이 더 좋을까? 이 부분은 어떤 상품이 더 좋다라고 말할 수 없다. 결국 상품의 수익률은 펀드의 성과에 달려 있기 때문이다. 어떤 펀드가 높은 수익을 낼 수 있을지 미래를 알 수 있는 방법은 없다. 연금저축펀드 중에도 수익률이 좋은 상품이 있고 안 좋은 상품이 있듯이 변액연금 역시 다르지 않다.

연금저축펀드에는 국내주식형, 해외주식형, 채권형, 혼합형펀드 등 다양한 상품이 있다. 변액연금보험은 우선 어느 생명보험사의 어떤 변액연금보험에 가입할지 결정한 후, 가입하는 변액연금보험이 구성하고 있는 펀드 중 투자할 펀드를 선택하게 된다. 그런데 스텝업보증기능이 있는 변액연금보험은 대개 주식형펀드에 50% 이상 투자할 수 없게 되어 있다. 그러므로 주식시장이 좋은 상황이라면 주식형펀드에 100%를 투자할 수 있는 연금저축펀드가 변액연금 대비 수익성이 더 좋다고 할 수 있다. 다만 연금저축펀드는 상품 자체가 하나의 펀드이므로 처음 가입시 상품을 잘못 선택하면 중도해지 후 기타소득세 16.5%를 납부하고 새로운 펀드에 가입하는 것 외에는 방법이 없지만, 변액연금은 가입 후 펀드선택을 잘못했다 하더라도 상품 내 다른 펀드로 변경할 수 있다는 강점이 있다.

〈도표 4-26〉은 구체적 수치를 적용시킨 표이다. 월 33만 원을 20년납, 10년 거치로 가정하였으며, 변액연금보험의 주식 최대 편입비율을 반영하여 수익률을 변액연금보험과 연금저축펀드 모두 6.5%로 가정하였다.

**▌도표 4-26 연금소득세 4.4% 적용**

(단위 : 원)

| 구분 | ①투자원금 | ②적립금 | ③연금소득세 | ④12% 세액공제 | 실소득 (②+④-①-③) |
|---|---|---|---|---|---|
| 연금저축펀드 | 7,992만 | 2억 1,014만 | 925만 | 1,054만 | 1억 3,151만 |
| 변액연금보험 | 7,992만 | 2억 4,196만 | | | 1억 6,204만 |

**▌도표 4-27 기타소득세 또는 종합소득세 16.5% 적용**

(단위 : 원)

| 구분 | ①투자원금 | ②적립금 | ③기타·종합소득세 | ④12% 세액공제 | 실소득 (②+④-①-③) |
|---|---|---|---|---|---|
| 연금저축펀드 | 7,992만 | 2억 1,014만 | 3,467만 | 1,054만 | 1억 609만 |
| 변액연금보험 | 7,992만 | 2억 4,196만 | | | 1억 6,204만 |

변액연금은 투자기간에 따른 사업비를 12%·8%·5%로, 운용보수는 0.5%로 적용하였으며, 연금저축펀드의 경우 선취수수료 1%, 운용보수 1.5%를 적용하였다. 연금소득세 4.4%를 적용했을 때 변액연금이 연금저축펀드보다 약 3,000만원의 초과수익이 있다. 연금수령 기간 동안 추가로 발생하는 이자와 그에 대한 세금까지 계산할 경우 실소득 격차는 더 커지게 된다. 〈도표 4-27〉을 보자. 기타소득세 또는 종합소득세 16.5%를 적용하면 변액연금보험이 연금저축펀드보다 약 6,000만 원의 초과수익이 있다. 이번에도 연금수령 기간 동안 추가로 발생하는 이자와 그에 대한 세금까지 계산할 경우 실소득 격차는 더 커지게 된다.

　연금저축펀드에 가입하여 연금소득세 세율 3.3~5.5%를 적용받기는 쉽지 않다. 공적연금과 퇴직연금, 그리고 연금저축펀드의 연간 연금수령액 합이 1,200만 원 미만이 되어야 하기 때문이다. 앞에서 이를 피하기 위해서는 국민연금 수령 전까지 연금저축펀드의 연금액을 모두 수령하는 해법을 제안했다. 그러나 〈도표 4-27〉의 적립금에서 보면 2억 1,014만 원을 55세부터 10년간 연금수령할 경우 연금 수령기간 중 추가이자를 가산하지 않아도 연간 약 2,000만 원을 연금으로 수령해야 하기 때문에 연금저축펀드만으로도 종합소득세 구간에 들어가게 된다. 세금을 줄이기 위해서는 납입액을 줄이거나 수익률이 형편없어야 하는데, 이 경우 혜택 받는 세금공제액도 줄어들고, 줄어드는 세금부담보다 실수령 연금액이 더 작아지므로 옵션이 될 수 없다. 그러므로 연금수령 기간을 적절히 조정하여 연금액의 일부는 연금소득세 3.3~5.5%의 세율로, 나머지 일부는 종합소득세 16.5%의 세율로 납부하는 것이 적절할 것이다. 어쨌든 6.5% 동일한 수익률 가정시 변액연금보험이 유리하다는 것을 확인할 수 있다.

종합적으로 볼 때 변액연금보험이 더 우수한 결과가 나왔다. 그러나 가입한 연금저축주식형펀드의 성과가 변액연금보험의 투자성과보다 연평균 수익률이 1%만 더 높게 나와도 적립금이 약 4,000만 원 정도 불어나 2억 5,741만 원이 된다. 그러면 두 상품의 실질수익 결과는 뒤집힐 수 있다. 어떤 상품이 더 좋다고 단언적으로 말하기 어려운 수준이다. 물론 금리형인 세제혜택 연금저축보험이나 비과세 연금보험에 투자하고 있다면 실적배당형인 변액연금보험이나 연금저축펀드로 투자상품 변경을 심각히 고민해야 한다.

투자자 본인이 고수익을 추구한다면 배당주나 가치주에 투자하는 연금저축배당주펀드나 연금저축가치주펀드에 투자하기를 제안한다. 혹은 그럼에도 불구하고 여전히 손실에 대한 불안감이 있고 5% 이상의 수익을 원한다면, 스텝업보증시스템이 있는 변액연금보험에 투자하기를 제안한다.

**[Fund Investment Lesson] – 은퇴자금 투자상품 비교**

▌도표 4-28 연금저축펀드, 변액연금보험, 변액유니버셜보험의 비교

| 구분 | 연금저축펀드 | | 변액연금보험 | 변액유니버셜보험 |
|---|---|---|---|---|
| 세제혜택 | 납입금의 13.2% 세액공제 | | X | X |
| 과세 | 연금수령시 | 연금소득세 3.3~5.5% or 종합소득세 16.5% 이상 | 비과세 | 비과세 |
| | 중도해지시 | 기타소득세 16.5% | | |
| 납입기간 | 5년, 10년, 20년 등으로 확정 | | 5년, 10년, 20년 등으로 확정 | 12년 의무납 이후 자유납 |
| 연금수령 | 확정연금(5년, 10년, 20년, 30년 등) | | 확정연금, 종신연금, 실적연금, 상속연금 등 | 연금전환기능 (확정연금, 종신연금 등) |

〈도표 4-28〉을 보자. 변액유니버셜보험은 엄밀히 말하면 연금상품은 아니지만 연금전환 기능이 있으므로 함께 비교분석해 보았다.

세제 부분에서는 연금저축펀드가 세액공제를 받지만 향후 납부해야 하는 세금이 훨씬 크기 때문에 비과세 혜택이 있는 두 변액보험이 연금저축펀드보다 유리하다. 수익성 부분에서는 투자금의 100%를 주식형펀드에 투자할 수 있는 연금저축펀드와 변액유니버셜보험이 최대 50%까지 투자할 수 있는 변액연금보험보다 유리하다. 안정성 부분에서는 스텝업보증기능이 있는 변액연금보험이 가장 유리하다 할 수 있다. 이 중 변액유니버셜보험은 나머지 두 개 상품과 비교하면 다양한 투자전략을 구사할 수 있다는 비교우위가 있다.

연금수령 방식에서는 두 변액보험은 종신연금과 상속연금 수령이 가능하지만 연금저축펀드는 확정연금만 가능하므로, 두 변액보험이 유리하다. 변액유니버셜보험은 가입 5년이 지나고 45세가 넘으면 언제든 연금수령이 가능하지만, 연금저축펀드와 변액연금보험은 연금수령시기를 정해야 하는 단점이 있다. 특히 변액연금보험은 납입기간이 끝난 후 특정 기간을 필히 거치해야 하는 단점도 있다.

앞의 내용을 정리해보면 다음과 같다. 우측으로 갈수록 불리한 것이다.

① 수익성 : 변액유니버셜보험 〉 연금저축펀드 〉 변액연금보험
② 수수료(사업비) : 연금저축펀드 〉 변액연금보험 〉 변액유니버셜보험
③ 보수 : 변액연금보험=변액유니버셜보험 〉 연금저축펀드
④ 세금 : 변액연금보험=변액유니버셜보험 〉 연금저축펀드
⑤ 안정성 : 변액연금보험 〉 변액유니버셜보험=연금저축펀드
⑥ 연금수령 : 변액유니버셜보험 〉 변액연금보험 〉 연금저축펀드

참고로 연금저축펀드는 가입하는 상품 자체에서 이미 어떤 펀드에 투자하느냐가 결정되어 있다. 예를 들어 '연금저축가치주식형증권투자신탁'은 국내 가치주에 투자하는 연금저축펀드이고, '연금저축국공채형증권투자신탁'은 정부가 발행하는 채권에 투자하는 연금저축펀드라고 이해하면 된다. 반면 변액연금과 변액유니버셜보험은 상품 내 구성하고 있는 펀드에 분산투자하거나 펀드변경을 자유롭게 할 수 있는 강점이 있어 투자전략을 구사하기에 유리하다. 단, 연금저축펀드 중에도 엄브렐러형(전환형) 펀드가 있는데, 이 상품은 변액보험처럼 펀드를 변경하면서 투자할 수 있다.

제**5**장

실패 없는
펀드투자 전략

**Q.** 재테크를 할 때 가장 중요한 것은 무엇일까요?

**A.** 첫 번째도, 두 번째도 투자원칙을 세우는 것입니다. 투자원칙 없이 재(財)테 크를 시작하면, 재(災)테크로 끝난다는 말이 있습니다. 재무목표에 따라 몇 년간 어떤 상품에 어떤 방식으로 투자하고, 언제 어떻게 환매하는지 등에 대한 투자원 칙을 반드시 세워야 합니다. 원칙 없이 투자한다면 필연적으로 투자금을 잃기 마 련이고, 그것에 집착하기 시작하면 투자가 아니라 투기가 됩니다.

# 재테크의 시작,
# 투자원칙부터 세우자

## '초심자의 행운'에 속지마라

김팔랑은 은행 텔러의 추천을 받아 A주식형펀드에 1,000만 원을 투자하였다. 처음에는 은행금리보다 수익률이 잘 나오면 좋겠다는 생각이었는데, 3개월 후 3%의 수익이 나고 그 결과 평가금액이 1,030만 원이 되었다. 3개월 만에 은행 예금금리의 1년 수익률을 넘어선 것이다. 경기활황으로 주가가 계속 오를 전망이라는 뉴스 기사를 본 김팔랑은 꾸준히 투자를 지속하였다.

1년이 지났다. 펀드의 누적수익률이 18%가 되면서 평가금액이 1,180만 원이 되었다. 그런데 이번엔 미국에서 촉발된 글로벌 금융위기로 주가가 하락하기 시작한다. 김팔랑이 투자원금 손실이 걱정되어 뉴스를 찾아보니 '펀더멘털이 튼튼한 한국경제에 미치는 영향은 매우 제한적'이라고 한다. 조금은 안심하면서 펀드투자를 계속하였다. 그러다가 가입 후 1년

5개월이 되자 펀드의 평가금액이 920만 원으로 떨어졌다. 불안한 마음에 A주식형펀드에 투자를 권유했던 은행원에게 물어보니 "조금 기다리시면 회복할거에요"라는 말을 한다. 김팔랑은 이제 원금만 회복하면 환매해야 겠다고 생각한다. 가입 후 2년이 지나자 펀드의 평가금액이 700만 원까지 떨어졌다. 도저히 회복할 기미가 보이지 않는다. 결국 300만 원의 손실을 보고 펀드를 환매하였다. 환매 20일 후, 주가는 강하게 반등하기 시작한다.

앞의 김팔랑의 사례는 무엇을 말해줄까? 투자원칙 없이 펀드에 투자한 결과를 보여준다. 물론 김팔랑과 다르게 주식이나 펀드투자로 높은 수익을 올렸다는 사람을 우리는 주위에서 종종 볼 수 있다. 그렇다는 소식도 자주 들려온다. 하지만 대부분은 처음으로 투자를 시작해서 운이 좋아서 좋은 결과가 나오는 경우이다. 카드게임을 처음 하는 사람이 운이 좋아 이기는 경우와 별반 다르지 않다. 바로 '초심자의 행운'이다. 이 '초심자의 행운'은 오랫동안 지속되지 않는다. 결국엔 예외 없이 비극적인 결말로 끝이 난다.

지속적인 투자의 성공은 오직 투자원칙을 세우고 이를 꾸준히 실행했을 때만 이룰 수 있다. 운만으로는 지속적인 성과를 거둘 수 없다. 실제 조사결과에 따르면 꾸준히 시장수익률보다 높은 성과를 올리는 투자자는 2%가 채 되지 않는다. 냉혹한 투자의 세계에 준비 없이 뛰어드는 건 총을 들지 않고 전쟁에 나가는 것과 별반 다르지 않다.

투자원칙이 주식투자처럼 직접투자를 하는 경우에만 필요한 것은 아니다. 저축 및 투자 가능한 금액 중 얼마를 공격적으로 투자하고 얼마를 안전하게 투자하며, 언제 매수하고 언제 매도하고 또는 환매해야 하는지, 그리고 여유자금은 어떤 방식으로 언제 어떻게 투자하고 관리하는지 등을 정해놓는 것이다. 또 저축·투자하는 모든 자산의 이동시기, 방법 등을 원칙으로 정해놓은 것이다. 물론 비금융전문가들이 이해하거나 현실에 적용하기 어려운 투자전략도 있다. 하지만 다음과 같이 쉬우면서도 꼭계획하고 실행해야 하는 투자전략들도 있다.

- 소득의 50%는 저축 및 투자한다.
- '단기 : 장기=7 : 3' 비율로 저축 및 투자한다.
- 여유자금 투자의 50%는 국내 저평가 주식에 투자해 최소 10년 이상 보유한다.
- 여유자금 투자의 50%는 안전한 예적금에 투자한다.
- 직접투자는 절대 하지 않는다.
- 국내 대형배당주펀드나 가치주식형펀드에만 투자한다.
- 지인들이나 SNS에서 떠도는 투자정보에 귀 기울이지 않는다.
- 투자자금의 15%는 개발도상국 펀드에 투자한다.
- 투자자금의 10%는 실물자산 펀드에 투자한다.
- 목표수익률 10% 실현시 환매한다.

## 투자원칙을 세워라, 그리고 지켜라

'소득의 얼마를 어떤 유형의 펀드에 투자한다'거나 단기투자나 장기투자의 비율 같은 투자원칙은 거시적 관점에서 재무관리적 접근이다. 미시적 관점으로 주식투자시 매수매도 전략이나 펀드투자시 환매전략 등의 투자원칙은 재테크적 접근이다. 앞에서도 강조했지만 정보가 넘쳐나는 시대에서 투자원칙을 세우지 않으면 설령 3~4년 투자이론을 공부하고 투자를 시작한다 하더라도 손실을 완전히 피하기는 어렵다. 반면에 초보투자자라도 투자원칙을 세우고 그 원칙을 지켜나간다면, 중장기적으로 실패 없이 합리적인 수익을 실현할 수 있다.

하지만 이 책을 읽는 독자들은 물론이고 많은 투자자 혹은 예비 투자자들 같이 비금융권 종사자들이 딱딱한 이론서를 공부한다는 것이 여간 쉬운 일이 아니다. 이번 5장에서는 거시적 관점과 미시적 관점에서 일반인들이 쉽게 이해하고 적용하고 활용할 수 있는 검증된 몇 가지 투자전략에 대해 소개하겠다. 이 투자전략들을 잘 이해한 후 나의 투자성향, 재무목표, 목표기간에 맞는 투자원칙으로 세워 실행하면 기대 이상의 성과를 낼 수 있다.

투자원칙에는 검증된 투자이론이 근저에 깔려 있어야 한다. 주식에 투자할 때는 언제 매수해야 할지, 언제 매도해야 할지 명확하게 보이지 않는다. 지나고 보면 명확하지만 투자를 진행하는 시점에서는 보이지 않는 문제에 직면하는 것이다. 많은 전문가들이 이러한 문제점을 해결하고자 수만 번의 시뮬레이션을 통해 투자이론을 정립하였다. 그런데도 투자이론을 공부한 금융권 종사자들이나 전업투자자들조차도 손실을 경험하는 경우가 많다. 왜 그럴까? 그것은 투자이론을 원칙으로 하지 않고 투자정보에 의존했거나, 이론을 근거로 한 투자원칙이 있지만 쏟아지는 정보 속에 원칙을 끝까지 지키지 못했기 때문이다.

원칙대로 기계처럼 투자하는 방식을 시스템매매 방식이라 한다. 반면에 다양한 이론과 정보를 바탕으로 그때그때 판단해서 매매하는 방식을 뇌동매매 방식이라 한다. 그런데 시스템매매를 추구하는 사람들조차 결국 본인의 판단에 의존하는 뇌동매매로 결말을 맺는 경우가 대부분이며,

이는 투자실패로 끝을 맺는다. 벤저민 그레이엄은《현명한 투자자(The Intelligent Investor)》에서 투자자를 곤경에 빠뜨리는 가장 무서운 적은 시장실패가 아닌 자기 자신이라고 주장한다. 그는 "수많은 정보 속에서 투자자는 이성을 잃고 시장의 흐름에 휩쓸리기 쉬운데, 이를 극복하는 유일한 방법은 주가의 흐름을 따라가는 것이 아니라 주가흐름을 결정하는 법칙을 이해하고 그 이해를 바탕으로 투자원칙을 세우고 그 원칙을 유지하는 것이다"라고 강조한다.

아마도 이 책을 읽고 펀드투자를 하려는 독자들은 대부분 전업투자자가 아닐 것이다. 직접 주식에 투자하는 것도 아닌데 어려운 투자이론들을 머리 싸매고 밤새워 공부할 필요는 없다. 간접투자인 펀드투자에서 투자원칙은 매우 쉬우면서 실용적인 전략으로 간단히 세울 수 있기 때문이다. 다음 장에서는 누구나 쉽게 실행할 수 있으면서도 매우 효과적인 가치투자 및 장기투자 전략, 펀드환매 전략, 그리고 전략적자산배분과 전술적자산배분에 대해 소개하겠다.

**Q.** '파레토의 법칙'은 무슨 뜻인가요?

**A.** 주식의 가격은 합리적으로 결정되지 않습니다. 합리적이지 않으니 적정가격보다 저렴하게 팔리고 있는 주식도 있고, 비싸게 팔리고 있는 주식도 있습니다. 가치투자란 적정가격보다 저렴하게 팔리고 있는 주식을 싸게 사서 적정가격에 파는 투자전략입니다. 파레토의 법칙은 80%의 결과는 20%의 원인에서 기인한다는 법칙으로, 이것을 주가에 적용하면 20% 종목에서 80% 성과를 올리고, 20%의 기간 동안 80%의 성과를 올린다는 의미입니다.

# 대형가치주·배당주 펀드에 장기투자하라

## 가치투자, 싸게 사서 비싸게 팔아라

벤저민 그레이엄에 의해 세상에 널리 알려진 가치투자는 기업의 내재 가치에 믿음을 둔 투자방법이다. 가치투자에 대해 그레이엄은 "기업의 내재가치에 비해 싸게 거래되는 기업의 주식을 샀다가 가치에 도달하면 파는 것"이라고 설명한다. 예를 들면 이렇다. 가격이 1,000만 원인 승용차를 600만 원에 사서 1,000만 원에 파는 개념이다. 그런데 잠깐, 어떻게 1,000만 원 하는 승용차가 600만 원에 팔릴 수 있을까?

간단하다. 주식의 가격은 합리적으로 결정되지 않기 때문이다. 하지만 시간이 지날수록 왜곡된 가격은 자연스럽게 조정되어 장기적으로는 적정가격에 다다르게 되어 있다. 그렇기 때문에 적정가격보다 낮게 책정되어 있는 주식을 싸게 사서, 적정가격에 도달할 때 팔면 가치투자의 강력한 수익력이 발생하게 된다.

| 구분 | PER ( ) ▶ 10 | PBR ( ) ▶ 1 |
|---|---|---|
| 개념 | 주가를 주당순이익으로 나눈 비율로 주당순이익은 기업이 1회계연도에 발생한 순이익을 총 발행주식수로 나눈 것. 1주가 1년 동안 벌어들인 수익력 | 주가를 주당순자산으로 나눈 비율로 주당순자산은 회사청산시 주주가 배당받을 수 있는 자산의 가치를 의미함. 그러므로 PBR은 기업의 재무내용 면에서 주가를 판단하는 기준 |
| 의미 | • PER이 높으면 영업이익 대비 주가가 높게 평가<br>• PER이 낮으면 영업이익 대비 주가가 낮게 평가 | • PBR이 높으면 자산가치 대비 주가가 높게 평가<br>• PBR이 낮으면 자산가치 대비 주가가 낮게 평가 |
| 기준 | • 10보다 낮으면 과소평가(상승 가능성 높음)<br>• 10보다 높으면 과대평가(하락 가능성 높음) | • 1보다 낮으면 과소평가(상승 가능성 높음)<br>• 1보다 높으면 과대평가(하락 가능성 높음) |

• 저평가 기준은 업종별 차이가 있으며 절대적 기준은 없다.

주가가 적정한지 저평가되어 있는지 또는 고평가되어 있는지 확인할 수 있는 지표로는 PER, PBR 등이 있다. 너무 길게 설명하면 지루하니 쉽게 이해할 수 있도록 간단하게 설명해보겠다. PER(Price Earning Ratio)은 기업이 벌어들이는 수익 대비 주가를 나타내는 지표이고, PBR(Price Book-value Ratio)은 기업의 순자산 대비 주가를 나타내는 지표이다. 지표의 수치가 낮을수록 저평가되어 있다는 의미이며, 적정수치보다 낮은 기업은 장기적으로 상승할 가능성이 높다는 뜻이다. 적정주가의 기준은 명확히 정해져 있는 건 아니지만, 일반적으로 PER은 10, PBR은 1로 보면 된다. 다음의 실습을 통해서 더 잘 이해해보자.

203페이지의 사진을 보자. PER은 일반적으로 10배가 적정주가이다. 그런데 SK하이닉스 PER은 5.08배이므로 영업이익 대비 주가가 약 50% 수준으로 저평가되어 있다. 즉 SK하이닉스가 많은 영업이익을 올렸음에도 불구하고 환율, 금리, 대외시장 여건, 유동성 등의 이유로 영업이익이 주

① 포털사이트에서 '증권'을 클릭한다.

② 검색하고자 하는 기업명을 입력한다.

③ PER과 PBR을 확인한다.

| 회계년월 | | 2014년 12월 |
|---|---|---|
| PER | EPS ? | **5.08**배 | **5,842**원 |
| PBR | BPS ? | 1.20배 | 24,775원 |
| 추정PER | EPS ? | 5.01배 | 5,932원 |
| 부채비율 | | 49.05% |
| 동일업종 PER ▶ | | **7.51**배 |

가에 충분히 반영이 되어 있지 않아 영업이익 대비 주가가 낮다는 것이다. 2016년 1월 8일 기준으로 29,700원인 주가가 장기적 관점에서는 오를 가능성이 높다는 것이다. SK하이닉스의 적정주가는 PER 기준으로 보면 59,000원 수준이다.

다음은 SK하이닉스의 PBR이다. PBR은 1배가 적정주가를 의미한다. 해당 기업의 PBR은 1.20배이므로 순자산 대비 주가가 미미한 수준으로 고평가되어 있다는 의미이다. 이는 향후 주가가 하락할 가능성이 다소 높다는 뜻이다. PBR 기준 적정 주가는 약 25,000원 수준이다.

참고로 동일업종 PER 7.51배의 의미는 해당 기업이 속해 있는 반도체업종의 평균 PER이 7.51배라는 뜻이다. 이는 반도체업종의 주가가 전반적으로 영업이익 대비 75% 수준으로 저평가되어 있음을 가리킨다. SK하이닉스의 PER은 5.08배이므로 SK하이닉스의 영업이익 대비 주가는 반도체업종 평균(7.51배) 주가에 대비해서도 저평가되어 있다는 의미이다.

이쯤에서 의문이 생길 것이다. 단순히 PER과 PBR을 기준지표로 저평가 종목에 투자해서 기다리면 가치투자에 성공할 수 있을까? 가치투자의 대가로 알려진 워런 버핏은 1988년 다우지수가 하루에 20%나 폭락한 블랙먼데이 직후 코카콜라 주식을 대량으로 매입하였다. 당시 코카콜라의 주가는 PER 기준으로 고평가되어 있었음에도 불구하고, 버핏은 코카콜라 기업분석 결과 주가가 저평가되어 있다고 판단하고 과감히 투자하였던 것이다. 결과는 어땠을까? 그 투자는 역사상 가장 성공적인 가치투자로 인정받고 있다. 하지만 워런 버핏이 코카콜라에 투자할 당시에는 고평가 논란이 있었다. 이러한 사례들을 봤을 때 PER과 같은 지표에도 의구심이 들 수밖에 없다.

영업이익이나 순자산을 주가에 대비시킨 지표만을 가지고 적정주가를 판단한다면 주가 결정 원리를 너무 단순하게 접근한 것이다. 수많은 인터넷 주요 기업들의 PER이 20배를 넘게 기록하고 있었음에도 불구하고, 인터넷 산업 발전에 대한 기대로 주가가 폭등했던 2000년대의 사례를 PER 적정주가 원리로는 설명하지 못한다. 버핏의 기업분석 방법에는 PER, PBR 외에도 '꾸준한 주당순이익, 꾸준한 자기자본수익률, 동종업계 1위' 등의 다양한 정량적 지표들이 포함되어 있다. CEO와의 면담이나 회사의 복리후생 수준에서 파생될 수 있는 사원들의 회사에 대한 충성도, 기업의 미래가치 전망 등의 정성적 지표들을 가치투자 기준 지표로 활용하는 투자전문가들도 있다.

가치투자란 기업의 내재가치 대비 가격이 저평가되어 있어 낮은 가격으로 거래되는 주식을 저렴하게 사서 적정가격에 이르면 파는 투자방식이다. 주식의 적정가격을 PER과 PBR 만으로는 충분히 설명할 수 없다. 기업의 내재가치는 자산(PBR), 수익(PER) 외에도 시장점유율, 기술력, 자기자본수익률(ROE), CEO와 조직원들의 역량 및 회사에 대한 충성도, 업종전망 등 수많은 지표들을 종합적으로 고려해 판단해야 한다. 그런데 전업투자자도 아닌 일반 직장인들이 이러한 조사와 분석을 수행할 수 없는 법이다. 버핏처럼 저평가 종목을 찾기 위해 업종전망을 분석하고, 기업의 재무제표와 현금흐름표를 분석하고, 기업 방문조사를 하는 등 시장분석 및 기업분석에 많은 시간을 할애할 수는 없다. 할 수 있다 하더라도 기관투자자의 네트워크 등을 통한 정보수집력 및 컴퓨터 프로그램으로 무장한 분석력을 따라갈 수는 없다. 이것이 직접투자가 아닌 간접투자를 권하는 이유이다.

다시 이 책의 목적을 되돌아보자. 우리는 주식이나 채권을 직접 사고 파는 직접투자를 하는 것이 아닌, 투자전문가들이 운용하는 펀드에 투자하는 간접투자를 하고자 한다. 간접투자를 하는 경우 가치투자는 더 쉽게 실행할 수 있다. 어떤 주식의 가격이 저평가되어 있는지 알아내기 위해서는 수많은 지표들을 분석하는 시간과 노력이 많이 필요하지만, 투자전문가들이 이미 기업분석을 실행해서 저평가되어 있는 주식들에 투자하는 펀드, 즉 가치투자를 하는 펀드를 찾기는 어렵지 않기 때문이다. 가치투자 펀드란 펀드매니저가 기업분석을 수행해서 저평가 주식을 선별하고 투자함으로써, 장기적으로 안정적인 수익률을 올리는 것을 목표로 하는 펀드이다. 그렇기 때문에 시장지배적인 우량주 중 저평가되어 있는 주식에 투자하는 가치투자펀드를 찾아 장기투자를 실행하면, 자연스레 가치투자를 하게 되는 셈이다.

가치투자펀드는 일반적으로 상품명에 이미 "저는 가치투자 펀드입니다"라고 친절히 알려주고 있다. 이름을 알면 쉽게 확인할 수 있다. 펀드 이름 중 소유형(투자전략)이 위치하는 부분에 '가치' 또는 '밸류' 혹은 'value'라는 단어가 있으면 이러한 펀드를 가치주식형펀드라고 한다. 장기적 관점에서 투자운용하는 펀드이므로 종종 '장기' 또는 '롱텀'이라는 단어가 이름에 들어가 있기도 하다. 예를 들면 다음과 같다.

- 미래에셋 **'가치주'**포커스증권자투자신탁1호(주식) : 미래에셋자산운용이 운용하는 가치주식형 펀드이다.
- 신영 **'마라톤'**증권자투자신탁1호(주식) : 신영자산운용이 운용하는 가치주식형 펀드이다.

앞의 '신영 마라톤증권자투자신탁1호(주식)'을 보자. 이름에 예외적으로 '가치' 또는 '밸류'가 포함되어 있지 않지만 '마라톤'이라는 단어에서 장기적 관점으로 운용하는 펀드라는 사실을 유추할 수 있다. 이러한 펀드는 상품설명서에 기재되어 있는 운용전략을 통해 가치주식형펀드인지 확인해야 한다.

- 한국투자 중소형 '밸류'증권자투자신탁1호(주식) : 한국투자신탁운용이 운용하며 중소형가치주에 투자하는 중소형가치주식형펀드이다.
- 한국투자 '롱텀밸류'증권자투자신탁1호(주식) : 한국투자신탁이 운용하며 내재가치 대비 저평가된 종목에 장기적 관점으로 투자하는 가치주식형펀드이다.
- 키움 '장기코어밸류'증권자투자신탁제1호(주식) : 키움투자신탁운용이 운용하는 가치주식형펀드이다.

## 가치주·배당주는 왜 장기투자하는가?

2장 '성장의 열매를 나눠갖는 좋은 펀드'에서 펀드의 유형에 대해 살펴보았지만, 주식형펀드에 대해 다시 한 번 간략히 정리해보자.

- **우량주·대형주펀드** : 대형 회사의 주식인 우량주에 투자하는 주식형펀드
- **중소형펀드** : 중소형 회사에 투자하는 펀드
- **가치주식형펀드** : 주식의 가격이 내재가치 대비 저평가되어 있는 주식에 투자하는 펀드
- **성장형펀드** : 현재 기업의 실적과 주당순이익(EPS)이 시장평균 대비

높으며, 향후에도 성장 가능성이 높을 것으로 기대되는 회사의 주식에 투자하는 주식형펀드

- **배당주펀드** : 시장 평균배당률 이상으로 배당을 해주는 회사의 주식에 투자하는 주식형펀드

앞의 주식형펀드들은 상호 중복될 수 있다. 예를 들어 우량주 중 저평가 주식에 집중투자하는 펀드는 대형가치주식형펀드이고, 중소형 기업의 저평가 주식에 투자하는 펀드는 중소형가치주식형펀드이다. 배당주역시 대형배당주펀드가 있고 중소형배당주펀드도 있다. 가치주식형펀드나 배당주펀드 모두 '중소형'이라는 단어가 별도로 기입되어 있지 않다면 일반적으로 대형가치주 또는 대형배당주펀드라고 생각하면 된다. 필자는 이 중 대형가치주 또는 대형배당주 펀드에 장기투자할 것을 제안한다. 이유는 다음과 같다.

첫째, 가치주식형펀드의 경우 가치투자의 원칙에 가장 충실한 펀드인데, 가치주식형펀드에 단기투자를 한다면 가치투자의 효과가 절감된다. 왜냐하면 저평가되어 있는 주식들로 이루어져 있는 펀드에 투자하고 있는데, 단기로 투자하게 될 경우 적정가격에 도달하기도 전에 환매하는 경우가 빈번히 발생하게 되기 때문이다.

둘째, 배당주펀드의 경우 배당소득을 펀드에 재투자하므로 장기투자시 복리효과가 극대화된다. 뒤에 설명할 파레토의 법칙과 배당주의 배당소득을 재투자하는 복리효과가 결합되면 기대 이상의 높은 수익실현이 가능해진다. 벤저민 그레이엄은 재무구조가 건전한 대형 우량주를 선택하고, 20년 이상 배당을 계속 지급한 기업을 선택하라고 했다.

셋째, 가치주에 상반되는 주식이 성장주인데 성장주는 투기성이 높다.

성장주는 영업이익이 시장평균보다 훨씬 높고 고성장이 기대되는 종목을 말한다. 그래서 보통 성장주에 집중투자해야 할 것으로 생각하기 쉽지만, 성장주에 투자하는 경우 두 가지 함정에 빠질 수 있다. 첫 번째 함정은 비싼 가격이다. 성장주는 가격이 과대평가(고PER)되어 있는 경향이 매우 강하다. 그러므로 미래 어느 시점, 성장세가 한풀 꺾이게 되면 급락할 위험이 도사리고 있다. 주가하락기에 성장주들의 급락도가 가치주 대비 훨씬 높다는 사실을 알아야 한다. 투자의 대가들은 항상 매매타이밍보다는 가격에 집중한다는 사실도 잊지 말아야 한다. 두 번째 함정은 투기로 인한 손실위험이다. 성장세가 꺾이기 전에 매도를 하면 된다는 생각으로 단기 타이밍 매매를 할 수 있는데, 이는 단기간에 주식투자로 큰돈을 벌려는 투기꾼의 투자방식이다. 이런 방식은 늘 실패로 끝을 맺는다.

결국 수익을 내는 방법은 단 두 가지다. 주가가 낮은 시점에 사서 높은 시점에 파는 마켓타이밍, 즉 시점선택과 낮은 가격에 사서 높은 가격에 파는 가격선택 방법이다. 벤저민 그레이엄이나 워런 버핏과 같은 투자의 대가들이 타이밍이 아닌 가격에 집중하였다는 사실을 상기해보면 우리가 왜 가격이 저평가되어 있는 가치주에 장기투자해야 하는지 이해할 수 있다.


## 가치투자와 장기투자, 파레토의 법칙을 기억하라

2016년 3월 3일 기준으로 직전 3년 동안의 코스피지수는 지지부진한 등락을 거듭하면서 -0.9%의 수익률을 기록하는데 그쳤다. 이 기간 동안 다양한 유형의 국내 주식형펀드 수익률을 분석해봤다. 그 결과 주목할만한 사실이 발견되었다. 3년 동안 미래에셋 가치주식형펀드가 50.01%, 신영 배당주펀드가 32.14%, 미래에셋 배당주펀드가 29.97%, 한국투자 배당주펀드가 28.64%를 기록한 것이다. 수익률 상위를 가치주식형펀드 및 배당주펀드가 휩쓸고 있으며, 코스피지수 대비 매우 의미 있는 초과수익을 기록하였다. 변액보험이 투자하고 있는 국내 주식형펀드의 직전 5년 수익률 순위 역시 비슷한 결과가 확인되었다. 푸르덴셜 가치주식형펀드가 59.02%, PCA 배당주펀드가 55.63%, 메트라이프 배당주펀드가 46%를 기록하는 등 상위 10개 펀드 중 8개가 가치주식형펀드 및 배당주펀드라는 결과가 나왔다.

앞에서 대형주, 가치주, 배당주 펀드에 장기투자를 제안하는 이유에 대해서 말했다. 다음 네 번째 이유는 '파레토의 법칙' 때문이다.

이탈리아의 경제학자인 빌프레도 파레토(Vilfredo Pareto)는 이탈리아 토지의 80%를 20%의 국민이 가지고 있다는 소득분포의 불평등도를 발표했다. 이것이 어떤 결과물의 80%는 20%에서 발생한다는 '파레토의 법칙'이다. 세계 자원의 80%는 20%의 부유국가가 사용하고, 세계 자원의 20%는 가난한 80%의 국가가 사용한다는 원리가 그것이다. 또 승용차 판매량의 80%는 상위 20%의 딜러가 달성하고, 판매량의 20%는 하위 80%가 달성한다는 원리가 그것이다.

마찬가지로 주가에도 파레토의 법칙이 적용된다. 코스피 지수의 경우 20%의 종목에서 80%의 수익을 내고, 다른 20%의 종목에서 80%의 손실을 낸다는 논리이다. 이 논리를 대입시켜보면 강세장에서 80% 종목에서 수익이 났지만, 종목선택을 잘 못하면 내가 투자한 기업들이 큰 손실이 나는 20%의 종목이 주를 이루게 되어 결국 수익을 내기 어려워져 버릴 수도 있다는 이야기다. 그런데 강세장에서도 손실이 날 가능성이 높은 주식은 어떤 주식일까?

소위 잡주라고 하는 중소형 기업들의 주식이다. 기업의 수명은 생각보다 그리 길지 않다. 몇 년 만에 문을 닫는 회사들이 수두룩하다. 5년도 되지 않아서 파산하는 회사들은 우량기업들이 아니라 시가총액 100위 밖의 중소기업들이다. 외국인들이 투자하는 종목들은 대부분 우량기업들이고 개미투자자들이 투자하는 종목들은 단기폭등이 가능한, 하지만 단기폭락도 빈번한 소위 중소형 부실주라는 사실이 무얼 의미하는지 생각해보자. 증권시장에서 누가 돈을 벌고, 누가 잃고 있는지 살펴보면 대형주에 투자해야 하는 이유를 쉽게 확인할 수 있다.

파레토의 법칙은 투자기간에도 똑같이 적용된다. 20%의 기간 동안 80%의 수익을 낸다. 그리고 그 20%의 기간이 언제 올지는 어느 누구도 알 수 없다. 많은 사람들이 장기투자를 어려워하는 이유는 단기성과에 일희일비하며 주가하락기에 추가손실을 두려워하여 환매하기 때문이다. 이러한 투자실패의 경험이 장기투자를 어려워하게 한다. 하지만 기억해야 한다. 우량주에 10년 이상 투자하면 20%의 강세장을 경험할 수 있다. 20%의 기간에도 손실 나는 종목이 있을 수 있기 때문에 적절히 분산이 잘 되어 있는 대형주펀드, 그중에서도 가치주식형펀드나 배당주펀드에 투자하기를 제안하는 것이다. 대형가치주 또는 대형배당주 펀드 중 펀드평가사들에게서 높은 성과등급을 받고 있는 상품을 잘 선택해서 장기투자하자. 그렇다면 합리적 수준의 투자성과를 경험하게 되며, 복리효과로 인해 기대 이상의 수익을 실현할 수 있게 될 것이다.

〈도표 5-2〉와 〈도표 5-3〉은 2006년부터 2015년까지 신영자산운용이 운용하는 가치주식형펀드에 1,000만 원을 10년 동안 거치투자한 결과이다. 10년의 기간 동안 코스피지수는 1389.27pt에서 1961.31pt로 상승

┃ 도표 5-2 가치주식형펀드와 코스피지수 비교

(지수)

코스피 ── 가치주식형펀드

2,626
2,415
1,993
1,782
1,571
1,360
1,149
938

2006  2007  2008  2009  2010  2011  2012  2013  2014  2015

• 2006~2015년

┃ 도표 5-3 가치주식형펀드와 코스피지수 누적수익률 및 평가액 비교

| 구분 | 누적수익률 | 평가액 |
|---|---|---|
| 코스피지수 | 41.2% | 1,412만 |
| 가치주식형펀드 | 73.0% | 1,730만 |

• 1,000만 원 투자시

하여 41.2%의 누적수익률을 기록하였다. 코스피지수에 1,000만 원을 10년 동안 투자했다면 평가액이 1,412만 원이 되어 412만 원의 수익을 올린 셈이다. 반면 같은 기간 동안 신영자산운용의 가치주식형펀드에 투자했다면 가치투자의 위력이 발휘되어 누적수익률 73.0%의 수익률을 기록해, 730만 원의 수익을 올릴 수 있었다. 시장수익률인 코스피지수 대비 31.8%의 초과수익을 올린 것이다.

파레토의 법칙을 앞에서 언급한 펀드에 적용시켜 보면 약 20% 기간의 수익률이 전체 수익률인 73.0%의 수익률에 80% 수준의 영향을 미쳐야 한다. 이 법칙이 실제로 적용되는지 기간별 수익률을 분석해보니 놀라운 결과가 확인되었다. 10년 중 강세장으로 분류되는 2년 4개월의 기간 동안 112.2%의 누적수익률을 기록하였고(〈도표 5-4〉), 약세장으로 분류되는 1년 5개월 동안에는 -36.7%의 수익률을 기록하였다(〈도표 5-5〉).

• 기간 : 2년 4개월

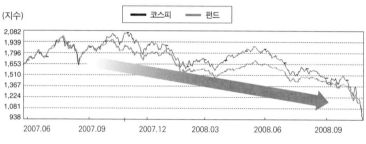

• 기간 : 1년 5개월

　강세장 23%의 기간 동안 112.2%의 수익을 기록하고, 약세장 14%의 기간 동안 -36.7%의 수익을 기록하며 강세장과 약세장의 총 37%의 기간 동안 수익률 단순 합으로 보면 75.5%를 기록한 셈이다. 투자기간 10년 동안 기록한 73%의 수익률과 거의 같은 수준의 수익률을 강세장과 약세장 37%의 기간에 기록했으며, 나머지 63%의 보합장 기간동안 발생한 수익률이 전체 수익률에 미치는 영향은 미미하였다. 다시 한 번 파레토의 법칙을 증명하는 것이다. 이것이 대형가치주펀드나 대형배당주펀드에 장기투자하기를 제안하는 이유이다.

**[Fund Investment Lesson] — 얀 펜의 난쟁이 행렬**

파레토의 법칙과 비슷한 법칙이 있다. 바로 얀 펜(Jan Pen)의 난쟁이 행렬이다. 네덜란드 경제학자인 얀 펜은 그의 저서《소득분배(Income Distribution)》에서 소득불균형 구조를 다음과 같이 설명하였다.

영국에서 소득이 있는 모든 사람을 거리에 나오게 해서 한 시간 동안 가장행렬을 하게 했다. 소득에 따라 키를 정해서(소득이 적을수록 키가 작다) 행렬을 하게 한 것이다. 처음에는 거의 땅바닥에 붙어서 가는 수많은 키 작은(소득이 적은) 사람들의 행렬이 지나가다가, 30분이 지나서는 1m가 조금 넘는 사람이 간간히 등장하게 되고, 40분이 넘어서는 2m가 넘는 사람이 등장하게 되고, 50분이 지나서는 15m가 넘는 사람이 등장하게 되고, 끝나기 직전에는 수십 미터에 이르는 거인이 등장하였다.이것을 전체적으로 보면 대부분은 아주 작은 사람들이어서 '난쟁이 행렬'이라는 이름이 붙여진 것이다.

예컨대 영국 모든 사람들의 월평균소득은 300만 원이다. 하지만 대부분의 사람들은 평균소득에 한참 못 미치는 소득이며, 중위소득(100명 중에 50등)조차도 평균에 많이 못 미치는 215만 원이라는 원리다. 소수의 거인들이 평균 키를, 즉 소수의 고소득자들이 평균소득을 한참 높여놓은 것이다.

**Q.** 펀드는 어떻게 환매해야 할까요?

**A.** 펀드도 때로는 주식처럼 손절매를 할 필요가 있습니다. 적립식투자는 평균 매입단가를 낮추는 효과로 거치식투자 대비 손실가능성이 매우 낮습니다. 하지만 그렇다 하더라도 환매시점이 폭락장이라면 손실을 피할 수 없습니다. 그러므로 투자기간(목표시점)의 70%에 다다르면 수익률 점검을 시작하여 환매타이밍을 잡는 전략이 필요합니다. 여유자금 투자라도 성과가 좋지 않은 펀드에 투자하고 있다면 손절매를 고려해야 합니다.

# 손익을 가르는 환매,
# 언제 할 것인가

## 수익을 내는 합리적인 환매법칙

김팔랑은 5년 후 사용할 계획으로 결혼자금을 만들기 위해 월 50만 원씩 성장형 주식형펀드에 적립식으로 투자하고 있다. 투자성향은 보수적이지만 주식형펀드는 주식에 직접투자하는 것보다 훨씬 안전한데다, 적립식으로 투자하니 평균매입단가를 낮추는 효과가 있기 때문이다. 김팔랑은 5년 정도 투자한다면 손실가능성이 거의 없다고 생각했다. 실제로 5년의 투자 기간 동안 경기가 좋지 않아 주가가 하락하던 시기에도 낮은 가격에 더 많은 주식을 살 수 있었다. 이러한 사실을 배운 김팔랑은 꾸준히 투자를 지속하였다. 그리고 투자를 시작한 지 4년차가 되자 투자원금 2,400만 원이 2,800만 원으로 불어났다. 이에 김팔랑은 '역시 난 똑똑해. 이런 저금리 시대엔 주식형펀드가 정답이야'라는 생각으로 계속 투자를 하였다.

그러다가 결혼자금이 필요한 투자 5년차가 되었다. 갑자기 경기가 악화되면서 주가가 폭락하기 시작한다. 시점선택보다는 가격선택을 해야 하며, 무엇보다도 적립식투자의 경우엔 거치식투자 대비 타이밍 선택이 훨씬 덜 중요하다는 사실을 알고 있던 김팔랑은 나름 이 원칙에 충실한 투자를 하였다. 그럼에도 불구하고 그는 결국 8.3%의 손실을 보고 말았다. 도대체 무엇이 문제였을까?

김팔랑은 월 50만 원씩 5년간, 총 3,000만 원을 주식형펀드에 투자하여 결혼자금을 만들고자 하였다. 주가는 상승과 하락을 반복하며 장기적으로 상승한다. 10년간 적립식으로 국내 주식형펀드에 투자한다면 손실을 볼 가능성이 거의 없었지만, 5년이라면 얘기는 달라진다. 만일 그 5년 중 어떤 시기가 강세장이고 어떤 시기가 약세장인지 알고 있다면, 강세장 때는 주식형펀드에 투자하고 약세장 때는 채권형펀드에 투자하면 좋다. 하지만 투자의 대가들조차도 단기매매 타이밍 예측은 불가능하다고 단언하였다. 하물며 김팔랑처럼 비전문 개인투자자들에게는 거의 불가능한 문제이다.

적립식투자는 평균매입단가를 낮추는 효과가 있다. 그 효과로 인해 거치식투자 대비 시점선택, 즉 환매타이밍의 중요성이 줄어드는 건 사실이다. 하지만 5년차 목표시점이 2008년과 같은 금융위기로 인한 폭락시점이면 어느 정도의 손실은 피하기 어렵다. 그렇기 때문에 적립식펀드도 적절한 환매전략이 필요하다. 환매전략 없이 투자하면 5년을 투자해도 김팔랑처럼 손실을 볼 가능성이 있는 것이다. 그렇다면 적립식투자를 할 때 환매는 언제 해야 하는 걸까?

우선 우량기업에 투자하는 대형주식형펀드 중 펀드평가사로부터 우수등급을 받은 펀드를 선택하고, 적립식으로 투자를 시작한다. 특정 산업

(단위 : 원)

| 구분 | 누적투자원금 | 연평균 수익률에 따른 적립금 | | |
| --- | --- | --- | --- | --- |
| | | 7% | 10% | 12% |
| 1년 | 600만 | 620만 | 628만 | 634만 |
| 2년 | 1,200만 | 1,284만 | 1,322만 | 1,349만 |
| 3년 | 1,800만 | 1,997만 | 2,089만 | 2,154만 |
| 4년 | 2,400만 | 2,760만 | 2,936만 | 3,061만 |
| 5년 | 3,000만 | 3,580만 | 3,872만 | 4,083만 |

• 월 50만 원 투자

에 투자하는 섹터펀드보다는 시장 전체에 분산투자하는 효과가 있는 지수형펀드인 인덱스펀드나 가치주식형펀드, 배당주펀드에 투자하기를 추천한다. 투자시작 후 목표시점의 70% 정도의 기간에 다다르면 수익률 점검을 해야 한다. 목표기간이 5년이라면 약 3년 6개월 차부터, 목표시점이 3년이라면 2년차부터 시작하면 된다. 점검시점에 목표수익률 범위에 다다르면, 남은 기간을 포기하고 환매 후 안전한 채권형펀드에 투자하거나 CMA로 운용한다. 남아 있는 30%의 기간 중에 주가하락으로 수익률이 악화될 수 있기 때문이다. 목표수익률은 너무 과하게 잡지 말고 시장수익률 수준인 연평균 7~12% 수준으로 하고, 〈도표 5-6〉을 참고하여 환매타이밍을 잡으면 된다.

반면에 수익률 점검기간에 목표수익률에 많이 못 미친다면 남아 있는 기간 동안 기다리면 된다. 3~5년의 적립식 기간 중 전기 70% 시점에 수익률이 좋지 않다면. 후기 30%의 기간 중에 좋아질 가능성이 매우 높기 때문이다. 만일 목표시점이 3년도 채 되지 않는데 필요자금을 만드는 거라면, 이자수익 목표보다는 안전하게 모은다는 생각으로 채권형펀드나 적금에 투자하는 방식이 더 합리적이다.

적립식펀드의 환매전략은 다음과 같다.

- 3년 이상의 기간을 두는 목적자금은 주식형펀드 투자를 제안한다.
- 국내 주식형펀드 중 대형주펀드와 배당주펀드를 추천한다.
- 대형배당주펀드 중 좋은 펀드 선택 기준에 따라 펀드를 선택하여 투자를 시작한다.
- 목표수익률을 10% 내외로 설정한다.
- 매분기 자산운용보고서를 통해 수익률을 점검한다.
- 수익률이 동일유형 대비 많이 떨어지는 경우 펀드변경을 고려한다.
- 목표기간의 70%에 다다르면 매월 수익률 점검을 시작한다.
- 목표수익률에 근접하면 환매 후 안전한 채권형펀드 혹은 예금에 투자하거나 CMA로 운용한다.
- 목표수익률에 많이 못 미치면 투자를 지속한다.
- 남은 30%의 기간 중 목표수익률에 다다를 경우 환매하고, 채권형펀드 혹은 예금에 투자하거나 CMA로 운용한다.
- 투자기간 중 펀드매니저가 변경되면 더욱 주의 깊게 수익률 점검을 한다.

## 손익을 결정하는 손절매 타이밍의 중요성

김팔랑은 목표수익률을 20%로 잡고 여유자금 1,000만 원을 국내 주식형펀드인 A펀드에 투자하고 있다. 1,200만 원이 되면 환매하겠다는 생각이다. 경기변동에 따라 주가는 상승과 하락을 반복하지만, 장기적으로 상승하니 1년이건 5년이건 언젠가는 1,200만 원이 될 거라는 확고한 믿음이 김팔랑에게 있었다. 1년 후, 코스피지수가 2% 상승했지만 A펀드의 평가금액은 5%가 하락한 950만 원이 되었다. 2년 후, 코스피지수는 2년 전 대비 13% 상승했음에도 불구하고 A펀드의 평가금액은 고작 0.3%가 오른 1,003만 원밖에 되지 않았다. 3년 후, 펀드평가금액은 투자원금에서 12%나 하락하여 880만 원이 되었다. 반면에 코스피지수는 3년 전 대비 5%가 상승했다.

이쯤 되니 김팔랑은 A펀드를 환매해야 할지 유지해야 할지 고민하기 시작한다. 펀드의 3년 누적수익률은 -12%이고 코스피지수 대비 수익률은 -17%이다. '많이 떨어졌으니 오를 여력도 더 많지는 않을까?'라는 생각도 하고, '더 떨어지면 어떡하지?'라는 생각도 한다. 하지만 '지금 팔면 손해인데 언젠가는 오르겠지. 원금이 되면 팔아야 겠다'는 생각이 지배적이다. 투자를 시작한 지 8년 차가 되어서야 펀드의 평가금액이 손실을 회복하여 투자원금인 1,000만 원이 되었고, 결국 김팔랑은 펀드를 환매하였다. 이 8년의 기간 동안 코스피지수는 48% 상승하였고, 김팔랑이 최초 환매를 고민했던 5년 전 대비해서도 40% 이상 상승하였다.

여기서 질문을 하겠다. 만약 김팔랑이 환매를 고민했던 5년 전에 A펀드를 환매하고, 다른 펀드에 투자했다면 300만 원 이상의 수익을 올릴 수 있지 않았을까?

앞에서 예시를 든 김팔랑의 사례처럼 여유자금으로 수년째 투자하고 있는 펀드의 수익률이 형편없다고 해보자. 또는 목적자금을 만들기 위해 적립식으로 투자하고 있는 경우 펀드의 수익률이 시장수익률이나 동일 유형 펀드의 평균수익률에 많이 미치지 못한다고 해보자. 이럴 때는 도대체 어떻게 해야 할까? 유지해야 할지 환매해야 할지 많이 고민스러울 것이다. 보통 투자자들은 더 유지할 경우 회복에 대한 확신도 없고, 손실을 보며 환매하기는 싫은 두 개의 마음 사이에서 갈등한다. 이런 경우 유지를 선택하는 경우와 손절매를 선택하는 경우 무엇을 얻을 수 있고, 무엇을 잃을 수 있는지 득실을 계산할 수 있어야 한다. 그리고 그 결과에 근거한 합리적 판단을 할 수 있어야 한다. 하지만 다수의 사람들은 단순히 손실이 아까워 유지하는 경향이 있다. 그에 반해 투자전문가들은 계산기를 두드려보고 유지시 이익이 손실보다 크면 유지하고, 환매시 손실이 줄어들거나 미래이익이 커진다면 과감히 손절매를 한다.

한자어인 손절매(損切賣)는 영어로 Loss-cut이다. 한자어나 영어나 손실을 잘라낸다는 뜻이다. 다시 말해 계속 가지고 있을 경우 손실이 더 커진다는 뜻이다. 그런데도 왜 사람들은 손절매를 하지 못하는 것일까?

인간의 본능 때문이다. 원시시대에 인간은 하루 종일 사냥해 겨우 하루를 먹고 살았다. 여러 마리를 사냥하는 모험을 하느니 이미 잡은 한 마리의 사냥감을 지키는 것이 생존에 유리했다. 이미 소유한 것을 잃을지도 모른다는 공포본능이 생긴 것이다. 마찬가지로 원금손실이 두려워 펀드투자를 두려워하는 것이나, 손절매를 두려워하는 것이나 모두 인간의 DNA에 깊이 심어져 있는 '손실공포본능'에서 비롯된 것이니 어쩔 수 없는 측면이 있다. 하지만 이러한 '손실공포본능'을 극복하지 못하면 실질손실은 더욱 커진다는 사실을 잊지 말아야 한다. 손절매는 장기적으로 합리적 성과를 거두기 위한 필수 투자전략이다.

손절매에 대해 쉽게 예를 들어보겠다. 미국 프로야구 메이저리그 구단중 뉴욕양키스와 LA다저스라는 팀이 있다. 뉴욕양키스는 국내 프로야구구단인 두산베어스로부터 A선수를 800만 달러에 사들인다. 그 선수와 계약금 500만 달러, 연봉 800만 달러의 계약을 체결한다. 그런데 안타깝게도 A선수의 3개월간 성적이 형편없다. 결국 뉴욕양키스는 고민 끝에 A선수를 타 구단에 팔기로 한다. 여러 구단과 협상이 시작되었고 마침내 A선수의 잔여연봉을 지급하는 조건으로 LA다저스가 200만 달러에 A선수를 샀다. 결과적으로 뉴욕양키스는 두산베어스에 지급한 800만 달러, A선수에게 지급한 계약금 500만 달러와 이미 지급한 연봉 200만 달러(총 1,500만 달러)를 날리고 LA다저스로부터 200만달러를 벌었다. 총 1,300만 달러(-800만-500만-200만+200만)를 손해보았다.

뉴욕양키스는 왜 이런 손해 보는 장사를 했을까? 첫째, A선수를 과대평가하였다. 그래, 여기까지는 이미 벌어진 일이니 어쩔 수 없다. 그렇다면 이제 뉴욕양키스는 어떻게 해야 할까? 어차피 A선수는 벤치에 앉아있으니 1,300만 달러와 이미 지급한 연봉은 날린 셈이고, 향후 추가로 지급할 연봉 600만 달러도 날아갈 예정이다. 뉴욕양키스는 계산기를 두드리기 시작한다. 둘째, LA다저스에게 A선수를 팔면 200만 달러의 수익이 발생할 것이다. 셋째, 200만 달러로 유망한 선수를 사서 뛰게 한다. 결국 뉴욕양키스는 1,300만 달러를 손해 보는 장사를 하였다.

만약 A선수를 LA다저스에 팔지 않았다면 어떻게 됐을까? 뉴욕양키스는 이미 두산베어스와 A선수에게 지급한 계약금과 연봉 1,500만 달러를 날렸고, 향후 지급할 연봉 600만 달러도 고스란히 추가로 날릴 수순을 밟게 된다. 그러나 LA다저스에 A선수를 판 결과 이미 지급한 돈은 손실을 보았지만 추가로 지급할 연봉 600만 달러의 손실을 막을 수 있었고(손절매), 200만 달러를 벌어서 더 수익성이 좋은 선수를 살 수 있게 되었다. 물론 이러한 판단을 내린 이유는 A선수에 대한 향후 기대치가 200만 달러의 가치 또는 200만 달러로 사들일 새로운 선수의 가치에 못 미치기 때문이었다. 결과적으로 뉴욕양키스는 A선수를 손절매함으로써 예상되는 미래의 추가손실을 줄일 수 있었으며, 경우에 따라 더 높은 수익도 기대할 수 있게 되었다. 현명한 투자자는 주식이나 상품을 팔고자 할 때, 그 상품을 살 때 지불했던 과거가격과 현재가격을 비교하지 않는다. 오직 현재가격과 미래가격만을 비교해서 매도여부를 판단한다. 그러므로 "A선수를 손절매 하느냐 마느냐'에 대한 판단은 다음과 같이 하면 된다.

- A선수의 미래가치 > 200만 달러 : 보유
- A선수의 미래가치 < 200만 달러 : 손절매

다시 김팔랑의 사례로 돌아가보자. A주식형펀드에 투자를 시작한 지 3년이 지나자 펀드의 수익률이 코스피지수 대비 −17%가 되었다. 손절매를 하느냐 유지하느냐를 두고 고민하기 시작한다. 어떻게 해야 할까? 이는 3장에서 설명한 '좋은 펀드를 선택하는 기준'에 따라 판단하면 된다. A펀드를 분석한 결과 좋은 펀드라면 유지하고, 나쁜 펀드라면 손절매를 하는 것이다. 그런데 손실이 두려워 손절매를 두려워하는 사람들이 많다. 기다리면 회복할 거라는 막연한 기대감은 손절매를 더욱 주저하게 만든다. 그럴수록 득실을 잘 따져보아야 한다.

언제 하든 손절매를 실행하는 순간 직접적인 손실이 발생한다. 하지만 하지 않으면 기회손실이 발생할 수 있다는 사실을 알아야 한다. 설령 A펀드를 환매하지 않고 유지하다가 수년 후에 원금을 회복한다고 하더라도, 손절매 후 더 좋은 펀드에 투자한다면 손절매하지 않았을 경우보다 더 이른 시간에 손실을 만회하고 거기다 훨씬 더 높은 수익을 올릴 수도 있는 것이다. 더 좋은 수익창출 기회를 포기하고 펀드를 유지한다면, 당장의 직접손실이 발생하지 않더라도 그보다 더 큰 기회손실이 발생하는 것이다.

그럼에도 불구하고 당장 눈에 보이는 직접손실과 눈에 보이지 않는 미래에 대한 기회손실을 냉철하게 비교할 수 있는 사람들은 많지 않다. 대부분의 사람들은 '손실공포본능'과 함께 '직접손실회피'라는 심리문제로 인해 '나쁜 펀드'라고 판단한 펀드조차도 유지를 결정하곤 한다. 누누이 강조하지만 이러한 지점을 이겨내야 한다. 그래도 만일 당신이 이와 같은 상황에 놓여 손절매 여부를 결정을 하기가 어렵다면 행동경제학의 대가 크리스토퍼 시(Chirstopher K. Hess)가 그의 저서《결정적 순간에 써먹는 선택의 기술》에서 소개한 환위법을 적용해보자. 그러면 손쉽게 합리적 판단을 내릴 수 있다.


## 손절매 전략 : 크리스토퍼 시의 환위법

크리스토퍼 시의 환위법은 다음과 같다.

친구 정대리가 최근 중국 면세점 진출설로 엔티피아 주식이 뜨고 있다며 김팔랑에게 투자하기를 강력하게 추천한다. 여전히 귀가 얇은 김팔랑은 2015년 12월 말, 주저 없이 2,000만 원을 투자하여 당시 주가가 급등하여 개인투자자들에게 가장 핫한 종목이 된 엔티피아 주식을 1주당 4,600원에 대량매입하였다. 이번에는 펀드가 아닌 고수익이 기대되는 중소형성장주에 직접 투자한 것이다. 그런데 안타깝게도 2016년 3월 29일 기준, 정대리가 투자를 시작한 지 3개월 만에 엔티피아 주가는 1,955원까지 떨어지면서 투자금의 약 60%를 날리고 있다. 아직은 미실현수익률이지만 김팔랑이 지금 매도하면 1,150만 원을 고스란히 날리게 된다. 만약 당신이 김팔랑이라면 어떻게 하겠는가? 다음 두 가지 옵션 중 하나를 선택해보자.

1. 50% 이상 손실을 보고 있는 엔티피아 주식을 보유하겠는가, 매도하겠는가?
   ① 보유한다.
   ② 매도한다.

다른 가정을 해보자. 김팔랑이 친구 나현명과 커피전문점에서 엔티피아에 대한 향후 전망에 대한 의견을 나누며 보유 또는 매도에 대한 결정을 하려고 한다. 김팔랑은 평창동계올림픽 발주, 정부의 경기부양책 등의 이유로 엔티피아 주력 사업분야인 인테리어디자인이 호조를 보일 것이며, 엔티피아의 또 다른 사업분야인 나노섬유기술개발에서 강세를 보일 것이고, 중국 면세점 진출설이 있으니 주가가 반등할거라고 주장한다. 계속 주식을 보유하겠다는 것이다.

반면에 나현명은 엔티피아의 EPS가 좋지 않고 PER도 동일업종 PER 대비 고평가되어 있는데다가 부채비율도 177%나 되며, 12월 중순 4거래일만에 120%나 주가가 상승하고 이후 3거래일만에 58%나 하락하는 비정상적인 단기급등과 급락의 원인이 작전세력 때문일 것이라고 주장한다. 그래서 손절매를 적극적으로 제안한다.

김팔랑은 스마트폰으로 엔티피아 매도 주문 화면을 열어놓은 채 고민에 빠졌다. 그러다가 잠깐 자리를 비운 사이, 나현명이 김팔랑의 스마트폰을 만지다가 실수로 '매도'를 클릭하였다. 그 결과 직접손실이 발생하였다. 이제 김팔랑은 어떻게 해야 할까? 당신이라면 어떻게 하겠는가? 다음 중 하나를 선택해보자.

2. 이미 매도한 엔티피아 주식을 다시 사겠는가, 사지 않겠는가?

　① 엔티피아를 다시 매수한다.

　② 엔티피아를 다시 매수하지 않는다.


이런 류의 질문을 설문으로 조사해보니 1번 질문에 대해서는 '① 보유한다'가 많았고, 2번 질문에 대해서는 '② 다시 매수하지 않는다'가 많았다. 전통경제학적으로 보면 2,000만 원을 투자하여 1,150만 원을 손실보고 있는 1번과 2번의 상황은 별반 다르지 않다. 그럼에도 왜 사람들은 다른 선택을 하는 것일까?

그것은 ①번의 경우 아직 실현되지 않은 손실이므로 직접손실을 피하기 위해 대부분의 사람들이 보유하겠다는 결론을 내린 것이다. ②번의 경우 이미 실현된 직접손실이니 어쩔 수 없다고 생각하고, 투자매력이 없는 종목이므로 다시 매수하지 않겠다는 것이다. 여기에서 다시 매수하지 않겠다는 이유는 엔티피아의 미래전망에 대해 부정적 판단을 하고 있기 때문이라고 답한다. 그렇다면 사실 1번의 질문에 대한 답도 '매도한다'가 되어야 한다.

앞의 설문조사 결과에 따르면 대부분의 사람들은 '보유한다'와 '다시 매수하지 않는다'는 비합리적인 불일치 결정을 내린다. 합리적인 판단은 이러한 직접손실에 대한 공포본능의 심리상태에서 벗어남으로써 이루어질 수 있다. 오로지 경제적으로만 생각해야 한다는 것이다. 1번 질문에서 보유하겠다고 생각하는 사람은 직접손실이 두려워서가 아니라, 향후 엔티피아 전망이 좋다고 생각하기 때문에 보유하겠다는 결론을 내려야 한다. 매도하겠다고 결론을 내린 사람은 향후 엔티피아 전망이 좋지 않다고 생각하기 때문이어야 한다. 2번 질문 역시 향후 엔티피아에 대한 긍정적 전망을 할 때 다시 매수하는 선택을 해야 하고, 부정적 전망을 할 때는 매수하지 않는 선택을 해야 하는 것이다. 즉 1번과 2번 모두 엔티피아에 대한 긍정적 전망을 하는 경우 선택은 ①번 '보유한다'와 '재매수한다'이고, 부정적 전망을 하는 경우 선택은 ②번 '매도한다'와 '다시 매수하지 않는다'이다.

어떻게 하면 이러한 심리적 불합리성에서 벗어날 수 있을까? 이에 대해 크리스토퍼 시는 환위법을 적용함으로써 해결할 수 있다고 말한다. 손실이 나고 있는 주식의 손절매를 결정할 때 "만일 이 종목을 가지고 있지 않다면 이 종목을 매수할 것인가 하지 않을 것인가?"라는 질문을 스스로에게 던지는 것이다. 질문에 대한 답으로 매수할거라는 선택을 하면 보유하고, 매수하지 않는다는 결론을 내리면 손절매를 하라는 것이다. 펀드 역시 이 방식을 적용하면 보다 합리적으로 판단을 할 수 있다.

다시 김팔랑의 펀드투자로 돌아가보자. 김팔랑이 투자하고 있던 펀드의 3년차 수익률은 -12%이고, 같은 기간 코스피지수의 수익률은 +5%이다. 이 경우 김팔랑은 자신이 현재 A펀드에 투자하고 있지 않다고 가정하고 지금 이 시점에 해당 펀드에 투자를 할 것인지, 아니면 다른 펀드에 투자할 것인지, 또는 아예 펀드에 투자를 하지 않을 것인지 판단하면 된다. 만일 A펀드에 투자결정을 한다면 A펀드에 대한 긍정적 판단을 하는 것이므로, 현재 투자하고 있는 A펀드를 유지해야 한다. 만일 다른 펀드를 선택하거나 펀드시장에서 발을 빼는 걸로 결정한다면, A펀드에 대한 부정적 판단을 하는 것이므로 손절매해야 하는 것이다.

A펀드에 투자하고 있지 않다고 가정하고 A펀드에 가입할지 하지 않을

지에 대한 결정, 즉 A펀드에 대한 향후 전망에 대한 판단은 3장에서 설명한 '좋은 펀드'를 선택하는 방법을 따르면 된다. 즉 자산규모, 펀드설정일, 펀드성과, 동일유형 평균수익률 대비 수익률, BM 대비 수익률, 펀드평가사들의 평가결과 등을 확인하자. 그 후 좋은 펀드로 판단되면 유지하고, 나쁜 펀드라면 손절매 후 좋은 펀드로 갈아타는 것이다. 이렇게 환위법과 좋은 펀드 선택방법에 따라 손절매와 펀드변경을 결정한다면 손실을 회복하는 시기를 앞당길 수 있다. 또한 장기적으로 더 좋은 성과를 낼 수 있을 확률이 높아지게 된다. 현명한 투자자는 과거가격과 현재가격을 비교하지 않고 현재가격과 미래가격을 비교한다는 사실을 다시 한 번 기억하자. 펀드 손절매 결정의 기준은 다음과 같다.

- 주식시장이 좋음에도 불구하고 내 펀드가 손실이 날 때
- 시장수익률 또는 동일유형 펀드와 비교했을 때 내 펀드의 수익률이 형편없을 때
- 투자하고 있지 않다고 가정하고 시장수익률 대비 수익률, 동일유형 대비 수익률, 펀드평가사들의 평가를 확인한 후 '이 펀드에 투자하고 싶다면 보유하고', '이 펀드에 투자하고 싶지 않다면 손절매'

물론 여전히 문제는 남아 있다. 좋은 펀드임에도 불구하고 시장 전체가 좋지 않은 경우 상대적 손실이 작을 뿐, 손실을 피할 수 없기 때문이다. 이에 대한 문제는 다음 장에서 소개하는 전략적자산배분과 전술적자산배분으로 해결할 수 있다.

**[Fund Investment Lesson] – 펀드환매수수료**

▌ 도표 5-7 **거치식 투자시 환매수수료**

▌ 도표 5-8 **적립식 투자시 환매수수료**

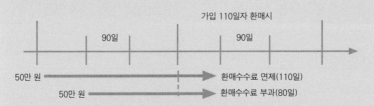

펀드는 매입시점을 기준으로 통상 90일 내 환매하면 매매차익의 70% 수준의 환매수수료가 부과된다. 적립식의 경우 매월 자동이체일에 펀드에 투자되는 금액이 이체일 기준으로 매입하는 것으로 계산되며, 환매시점 기준 90일 이내 펀드에 투자한 자금의 매매차익에 대해서만 수수료가 부과된다. 예를 들어 펀드에 월 50만 원을 적립식으로 가입 후 110일차에 환매하였다고 해보자. 그러면 가입시 투자한 50만 원은 환매시점까지 110일이 지났으므로 환매수수료가 부과되지 않지만, 2개월 차에 투자한 50만 원은 환매시점까지 80일밖에 지나지 않아 90일이 되지 않았으므로 2개월차 투자한 금액으로 발생한 수익에 대해서는 환매수수료가 부과되는 식이다.

**Q.** 전략적자산배분 전략은 무엇인가요?

**A.** 흔히 개인투자자들은 매매타이밍이나 투자종목 선택이 투자수익률을 결정하는 가장 중요한 요인이라고 생각합니다. 하지만 어떤 자산에 투자하느냐가 훨씬 중요합니다. 어떤 종목의 주식을, 또는 어떤 주식형펀드를 언제 사고 언제 파느냐보다 '어떤 자산에 투자하느냐'라는 자산배분 전략이 투자수익률을 결정하는 핵심 요인이라는 뜻입니다. 자산배분 전략에는 전략적자산배분 전략과 전술적자산배분 전략이 있습니다. 이 중 전략적자산배분 전략은 본인의 투자성향, 나이, 투자기간, 시장상황에 맞게 주식, 채권, 부동산, 실물자산 등에 적절히 포트폴리오하여 투자하는 것입니다.

# 04

# 전략적자산배분,
# 핵심은 자산배분이다

## 왜 자산배분 전략을 해야 하는가?

앞장에서 김팔랑의 엔티피아 주식투자 손절매 고민 사례를 다뤘다. 사실 이 사례는 엔티피아 주식매입 후 폭락하고 있는 주가를 보면서 "팀장님, 어떻게 해야 하죠? 지금이라도 팔까요?"라는 질문을 몇 개월째 하고 있는 필자 동료(이하 고과장)의 사례다.

고과장은 2016년 1월 말 지인의 추천을 받아 1주에 2,900원인 엔티피아 주식을 대량매입하였다. 2015년 12월 21일 기준으로 상한가 5,140원을 찍었던 종목으로 상한가 직전 4개월 만에 7.8배, 직전 20일 만에 3.6배로 주가가 뛰었다. 개인투자자들에게 최고 인기 종목이었다. 고과장은 주식투자 관련 수많은 인터넷 카페에서 엔티피아 주식을 여전히 추천하고 있으며, '5,140원을 찍었던 종목이 2,900원까지 떨어졌으니 설마 더 떨어질까? 이제 오를 일만 남았겠지'라는 기대로 투자를 결심했다고 한다.

그런데 엔티피아 주식을 사들인 후 불과 2개월 만에 주가가 30%나 추가로 폭락하여 2016년 3월 29일 기준으로 주당 1,955원이 되었고, 고과장은 손절매를 심각히 고민하기 시작했다. 엔티피아는 2016년 3월 30일에 상호를 케이엔씨글로벌로 변경한다고 공시하였다. 엔티피아의 상호변경 공시 직후, 한국거래소는 엔티피아의 '채권자의 파산신청설, 신주발행 및 주권교부금지가처분 피소설 등' 풍문이 발생하자, 4월 5일 주가가 주당 1,650원인 상태에서 거래를 정지 시켰다. 풍문사유가 해소된 5월 27일 케이엔씨글로벌의 주식매매가 재개되었는데, 주가는 이후에도 계속 떨어져 6월 5일 기준으로 주당 920원이 되었다. 물론 원금만 회복하면 팔겠다던 고과장은 직접손실이 두려워 주저하다 손절매에 실패하였다. "시장에 휩쓸리면 거의 예외 없이 망한다는 사실을 명심하라"는 워런 버핏의 격언을 다시 한 번 상기시키는 사례이다.

보통 주식에 직접 투자하는 개인투자자들은 일반적으로 투자종목과 매매타이밍을 가장 중요하게 생각한다. 하지만 이를 뒤집는 통계가 있다. 〈도표 5-9〉를 보자. 투자수익률이 결정되는데 매매타이밍은 1.7%, 종목선정은 4.6% 밖에 영향을 미치지 않는다. 그에 반해 자산배분이 미치는 영향력은 무려 91.5%이다. 즉 언제 사고파느냐 또는 어떤 주식에 투자하느냐 보다는 '주식자산에 투자하느냐, 채권자산에 투자하느냐, 또는 금이나 부동산자산에 투자하느냐' 같은 투자자산 선택이 훨씬 더 중요하다는 의미이다.

앞에서 사례를 들어 계속 설명하였지만 결론은 간단하다. 투자의 성패에서 가장 중요한 것은 자산배분 전략이다. 자산배분 전략이란 주식자산, 채권자산, 부동산자산, 또는 금이나 오일 같은 실물자산 등 위험수준이 다양한 여러 자산집단을 대상으로 투자하고자 하는 자금을 적절히 배분

자산배분 91.5%

기타 2.2%
매매타이밍 1.7%
종목선정 4.6%

• 자료 : 〈Financial Analysts Journal(1991년 5~6월호)〉

하여 포트폴리오를 구성하는 투자과정이다. 거시적인 관점으로 보면 장기적으로 재무목표를 달성하기 위해 자산을 적절히 배분(전략)하는 것이며, 미시적인 관점으로 보면 금융시장의 변화에 적절히 대응하고자 자산을 적극적으로 변경(전술)해 가는 것을 의미한다. 자산배분 전략에는 거시적 전략인 전략적자산배분과 미시적 전략인 전술적자산배분이 있다. 펀드투자에서 전략적자산배분과 전술적자산배분을 적절히 잘 실행한다면 훌륭한 성과를 이룰 수 있다.


## 진짜 전략적자산배분을 해야 한다

우선 거시적 전략인 전략적자산배분에 대해 알아보겠다.

주식형펀드에 8년이나 투자했음에도 겨우 원금을 건진 보수적 투자성향의 김팔랑은 1개 펀드에 '올인(All in)'하는 투자가 실패의 원인이라고 생각했다. 그래서 이번엔 성과등급이 좋은 3개의 펀드에 분산투자하기로 결심한다. 김팔랑은 공신력 있는 펀드평가사인 모닝스타코리아를 통해

배당주펀드 중 성과등급이 가장 높은 신영밸류고배당증권자투자신탁(주식), 신영프라임배당증권투자신탁(주식), 미래에셋고배당포커스증권투자신탁(주식)에 1,000만 원을 분산투자하였다.

1년 후, 시장수익률인 코스피지수가 15% 하락하였는데 김팔랑이 투자한 3개 펀드의 평균수익률은 -9%로 80만 원 손실을 볼 뿐이었다. 시장수익률 대비 6%의 손실을 덜 봤으니 김팔랑은 '분산투자 효과를 톡톡히 봤군'이라며 펀드투자에 대해 자신감을 찾는다. 하지만 90만 원 손실은 쓰라렸다. 이렇게 손실이 났지만 비교지수 대비 성과가 좋으니 이번엔 김팔랑이 멋지게 펀드 분산투자에 성공한 것일까?

아니다. 김팔랑의 이번 투자는 명백히 실패했다. 이유는 두 가지다. 첫째, 분산투자를 했지만 다양한 자산이나 다양한 유형에 분산하지 않고 같은 자산인 주식, 그중에서도 동일유형인 대형배당주펀드에 올인투자를 했다. 사실 펀드 하나에 투자해도 60개 정도의 종목에 분산투자하는 효과가 있다. 그렇게 따지면 김팔랑이 3개의 펀드에 나누어 투자한 이유도 60개 종목보다는 180개 종목에 분산투자할 때 위험이 더 많이 줄어든다고 생각했기 때문일 것이다.

하지만 안타깝게도 김팔랑의 투자사례에서는 분산투자 효과가 거의 없었다. 동일유형 내 분산투자라면 종목 수 1개와 60개의 분산투자 효과차이는 매우 크지만, 60개와 180개의 분산투자 효과는 거의 비슷하기 때문이다. 한 개 펀드가 아닌 여러 개의 펀드에 분산투자해야 하는 이유는 다양한 자산분산과 유형분산이 필요하기 때문이다. 그런데 김팔랑처럼 동일자산 동일유형 펀드 3개에 분산투자하는 경우는 1개의 펀드에 올인투자하는 경우의 위험지수와 거의 비슷하다.

**[Fund Investment Lesson] – 분산투자와 상관계수**

김팔랑은 A펀드와 B펀드에 분산투자하였고, 나현명은 C펀드와 D펀드에 분산투자하였다. 그런데 김팔랑은 분산투자 효과가 미미하였고, 나현명은 분산투자 효과가 매우 좋았다. 똑같이 두 개의 펀드에 분산투자하였는데 어떤 이유에서 다른 결과가 나온 걸까?

나현명처럼 분산투자를 잘하기 위해서는 상관계수라는 개념에 대해 어느 정도 이해할 필요가 있다. 금융시장에서 말하는 상관계수란 투자하는 두 시장이나 자산 또는 종목의 상관관계를 수치화한 것이다. 상관계수는 항상 −1에서 +1까지의 범위 안에 들어 있다. 이를 수식화하면 다음과 같다.

$$-1 \langle \text{상관계수} \langle +1$$

상관계수가 −1에 가까울수록 두 자산 또는 두 종목의 수익률이 반대방향으로 움직인다는 의미다. +1에 가까울수록 같은 방향으로 움직이며, 상관계수가 0이라면 두 자산 또는 두 종목의 수익률 방향성이 전혀 상관없이 움직인다는 의미이다.

예를 들어 A와 B의 상관계수가 +1이라면 두 자산 또는 종목은 항상 같은 방향으로 움직인다. 이를 동조화 또는 커플링(coupling) 현상이라고 하는데, 금융시장으로 보면 중국 주식시장과 우리나라 주식시장은 +1에 가깝다. 즉 상승과 하락의 정도의 차이는 있지만, 상해종합지수가 상승하면 코스피지수도 상승하고, 상해종합지수가 하락하면 코스피지수도 하락한다는 뜻이다. 자산으로 본다면 같은 주식자산 또는 같은 채권자산끼리의 상관계수는 +1에 가깝다. 주식자산 내에서도 동일업종이라면 더욱 +1에 근접하게 된다. 물론 +1에 가까울수록 분산투자 효과는 줄어들게 된다. 김팔랑이 투자한 A펀드와 B펀드의 분산투자 효과가 미미한 이유는 두 펀드의 상관계수가 분산투자 효과가 거의 없는 +1에 가깝기 때문이다.

반대로 C와 D의 상관계수가 −1이라면 이 두 자산 또는 종목은 항상 반대 방향으로 움직인다. 나현명이 투자한 C펀드와 D펀드의 분산투자 효과가 좋았던 이유는 C와 D의 상관계수가 −1에 가깝기 때문이다. 예컨대 미국국채와 금의 상관계수는 −1에 가깝다. 즉 금자산과 미국국채에 분산투자를 하면 위험을 줄이는 효과가 극대화되는 것이다. 참고로 금에 직접 투자하는 경우는 비용이 많이 발생하지만, 최근엔 금이나 금과 관련된 산업에 투자하는 펀드나 금 상장지수펀드(ETF)도 있으니 적은 비용으로도 금에 투자할 수 있다.

코스피지수와 상관계수가 +1에 가장 가까운 지수는 코스피200지수이고, 코스피200지수와 +1에 가장 가까운 펀드는 '전술적자산배분'에서 다룰 상장지수연계펀드(ETF)인 KODEX200이다. 즉 코스피지수가 상승하면 코스피200지수도 상승하기 마련이고, 이런 시장에서 KODEX200에 투자하면 수익을 낼 수 있다. 반면에 코스피지수 및 코스피200지수와 거의 정반대로 움직이는 KODEX인버스라는 ETF도 있다. 그러므로 코스피지수 및 코스피200지수와 KODEX인버스의 상관계수는 −1에 가깝다.

다시 말하면 우리가 실제 투자할 수 있는 ETF인 KODEX200과 KODEX인버스의 상관계수가 거의 −1인 것이다. 그러므로 KODEX200과 KODEX인버스에 정확히 5:5로 분산투자한다면 거의 수익도 나지 않고 손실도 나지 않을 것이다. 여기에서 투자성향이나 시장상황에 따른 적절한 전략적자산배분 전략과 시장변화에 적극적으로 대응하는 전술적자산배분 전략의 미학이 필요하다. 정리하면 다음과 같다.

- 코스피200지수와 KODEX200은 상관계수가 서로 +1에 매우 가까워 상승과 하락의 방향성이 거의 같다.
- 코스피200지수 및 KODEX200과 KODEX인버스의 상관계수는 거의 −1로, 방향성이 정반대이다.

## 투자자별 특수상황을 고려하는 전략적자산배분

　김팔랑의 분산투자를 실패한 사례로 보는 두 번째 이유는 투자성향에 맞지 않게 투자했다는 점이다. 김팔랑은 보수적인 성향의 투자자이다. 그런데 투자 포트폴리오를 살펴보면 3개의 펀드 모두 공격적인 투자자에게 적합한 고위험 펀드이다. 3개의 배당주식형펀드는 사실은 김팔랑의 입맛에 맞지 않는 펀드였다. 아무리 여유자금 투자라고 하더라도 적립식으로 목표자금을 만드는 것이 아닌 이상, 투자재테크적 관점에서 투자할 때는 본인의 투자성향이 포트폴리오에 충분히 반영되어야 한다.

　그렇다면 김팔랑은 어떤 방식으로 투자하면 가장 좋을까? 구체적으로 김팔랑에게 물어보니 은행금리보다 3~4% 높은 수익률을 원하지만, 원금손실은 싫다고 한다. 이럴 경우 90% 정도를 채권형펀드에 투자하고, 10%를 국내 주식형펀드에 투자하는 전략적자산배분을 실행하는 것이 가장 좋다.

　김팔랑과 투자성향이 비슷한 나현명의 사례도 살펴보자. 나현명 역시 1,000만 원을 펀드에 투자하였다. 나현명은 자신의 투자성향을 반영하여 총 투자금 중 10%는 국내 주식형펀드에 투자하고, 90%는 안전한 채권형펀드에 투자하였다. 어떤 결과가 나왔을까? 총 투자금의 10%인 100만 원을 투자한 주식형펀드에서는 –9% 수익률을 기록하여 평가금액이 91만 원이 되었다. 투자자산의 90%인 900만 원을 투자한 채권형펀드에서는 4% 수익률이 나와서 평가금액이 936만 원이 되었다. 합산 결과는 1,027만 원(91만 원 + 936만 원)이 되었다. 주식형펀드에서 9%의 손실을 보았음에도 총 수익률(가중평균수익률)은 2.7%를 기록하게 된 셈이다

　이 사례에서 보듯 투자자의 특수한 상황 등을 반영하여 전략적자산배

● 주식형펀드 올인(All in)투자

| 구분 | | 수익률 | 적립금 |
|---|---|---|---|
| 주식형펀드 | 1,000만 | -9.0% | 910만 원 |

● 전략적자산배분

| 구분 | | 수익률 | 적립금 |
|---|---|---|---|
| 주식형펀드(10%) | 100만 | -9.0% | 91만 원 |
| 채권형펀드(90%) | 900만 | 4.0% | 936만 원 |
| 합 | 1,000만 | 2.7% | 1,027만 원 |

분을 실행하면 보다 나은 투자성과를 거둘 수 있다. '펀드투자에서의 전략적자산배분'을 개념적으로 정리하자면 다음과 같다. 한 개의 펀드에 100% '올인'투자를 하지 않고 다양한 시장과 자산에 분산투자하고, 그럼으로써 특정 자산이나 특정 시장의 변동성 위험을 줄이는 것이다. 보다 안정적으로 투자할 수 있는 투자전략이다.

그런데 나현명처럼 전략적자산배분을 실행하는 경우 주식형펀드와 채권형펀드의 각 자산별 가치가 1년간 수익률에 따른 평가금액이 달라진다. 그 결과 투자비중이 최초 주식형펀드 10% 채권형펀드 90%에서, 주식형펀드 8.9% 채권형펀드 91.1%가 되었다. 이렇게 분산투자한 각 펀드의 실적에 따라 자산의 가격이 변동하여 포트폴리오의 구성 비율이 달라지기도 한다. 이럴 경우 포트폴리오를 최초 투자전략에 맞게 재배분할 필요가 있다. 최초 투자전략대로 다시 배분하는 것을 '포트폴리오 재배분'이라 한다. 금융환경의 변화로 기대수익률이나 위험의 변수 등이 달라지는 경우에도 새로운 환경에 맞게 포트폴리오를 다시 조정할 필요가 있는

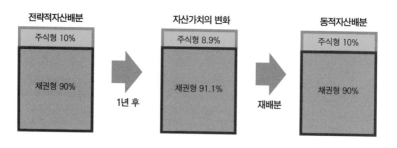

데, 이를 '포트폴리오 재조정'이라고 한다. 포트폴리오 재배분 및 포트폴리오 재조정 하는 것을 동적자산배분 전략이라고 한다. 평가금액의 변동으로 인한 포트폴리오 재배분은 1년 단위로 하는 걸 추천한다. 금융환경의 변화 등으로 인한 포트폴리오 재조정은 전문가와 상의 후 결정하는 것이 좋다.

그렇다면 강세장에서도 전략적자산배분이 유효할까? 강세장 1년 동안 주식형펀드의 수익률이 30%이고, 채권형펀드 수익률이 3.5%라고 가정해보자. 주식형펀드에 100만 원을 투자한 결과 30%의 수익이 나서 적립금이 130만 원이 되고, 채권형펀드에 900만 원을 투자한 결과 3.5%의 수익이 나서 적립금이 932만 원이 되어, 전체 적립금은 1,062만 원이 된다. 총 수익금이 62만 원으로 가중평균수익률, 즉 총 수익률은 6.2%를 기록한 것이다. 주식형펀드에 100%를 투자했다면 총 30%의 수익이 나니 후회스러울지도 모르겠다. 하지만 미래주가가 강세장일지 약세장일지, 또는 보합장일지 미리 알 수는 없는 법이다. 김팔랑과 나현명은 은행금리보다 3~4%의 초과수익을 바라며 원금손실을 매우 싫어하는 투자자이다. 이러한 투자성향을 반영하면 위와 같은 자산배분 전략은 상당히 합리적이다.

90% 채권형펀드에서 3.5%의 수익률을 기록한다고 가정하고 계산해 보면 주식형펀드에서 55%의 수익이 나는 경우 가중평균수익률은 8.7% 가 된다. 주식형펀드에서 -50%의 수익이 나는 경우 가중평균수익률은 -1.8%가 된다. 즉 주식형펀드의 1년 변동성을 -50~55%로 본다면 주식 : 채권의 투자비중을 9 : 1로 가져가는 전략적자산배분의 1년 수익률 변동 성은 -1.8~8.7%가 되는 것이다.

전략적자산배분에는 나현명의 경우처럼 투자자의 위험성향 등을 고려 하여 자산배분하는 '투자자별 특수상황을 고려하는 전략적자산배분' 외 에도 '기관투자자(연기금, 생명보험, 투자신탁 등)의 자산배분을 모방하는 방법'이나 여러 가지 각 자산이 시장에서 차지하는 '시가총액의 비율과 동일하게 포트폴리오를 구성하는 방법' 등이 있다. 투자전문가들은 '기관 투자자의 자산배분을 모방하는 방법'을 많이 실행하고 있는데, 이 방법은 일반적인 금융소비자들이 하기에는 정보취득의 어려움 등이 있다. 그러 므로 투자자의 투자성향, 여유자금의 수준, 나이 등을 반영한 '투자자별 특수상황을 고려하는 전략적자산배분'을 실행하는 방법을 추천한다. 투 자성향에 따른 거치식투자 전략적자산배분 전략을 다음처럼 제안한다.

- 안정형 : MMF 또는 국공채펀드 70%, 회사채펀드 30%
- 안정추구형 : 국공채펀드 80%, 배당주펀드 20%
- 위험중립형 : 회사채펀드 70%, 배당주펀드 30%
- 적극투자형 : 배당주펀드 100% / 배당주펀드 70%, 성장형펀드 30% / 배당주펀드 80%, EM펀드 20%
- 공격투자형 : 배당주펀드 40%, EM펀드 60% / 성장형펀드 60%, EM 펀드 40%

| 구분 | | 수익률 | 적립금 |
|---|---|---|---|
| 주식형펀드(10%) | 100만 원 | 55.0% | 155만 원 |
| 채권형펀드(90%) | 900만 원 | 3.5% | 932만 원 |
| 합 | 1,000만 원 | 8.7% | 1,087만 원 |

• 코스피 1년 투자시 수익률 변동성(1996~2015년). 거치투자 -50~55%, 적립식투자 -39~35%

■ 도표 5-13 **약세장의 전략적자산배분**

| 구분 | | 수익률 | 적립금 |
|---|---|---|---|
| 주식형펀드(10%) | 100만 원 | -50.0% | 50만 원 |
| 채권형펀드(90%) | 900만 원 | 3.5% | 932만 원 |
| 합 | 1,000만 원 | -1.8% | 982만 원 |

## 100-나이법칙에 따른 전략적자산배분

30세인 나현명은 투자성향을 진단해보니 '안정형'으로 나오지만, 더이상 공격적인 펀드투자를 피할 수 없다고 생각한다. 결국 어느 정도는 주식형펀드에 투자하기로 결심하였는데, 금융시장에 대한 이해도가 부족하니 어떻게 포트폴리오를 구성해야 할지 모르겠다. 바로 이럴 때 유용한 전략적자산배분이 '100-나이법칙'이다.

100-나이법칙은 100에서 나이를 뺀 비율만큼 공격적인 자산에 투자하고, 나머지는 안정자산에 투자하는 전략이다. 나현명의 나이가 30세이니 100에서 30을 뺀 70, 70%는 공격적인 주식형펀드에 투자하고 나머지 30%는 안정자산인 채권형펀드에 투자한다는 전략이다. 주가는 단기적으

로는 경기변동이나 내외 변수에 따라 불규칙적으로 움직이지만, 상승과 하락을 반복하면서 장기적으로 상승한다는 대명제는 100-나이법칙의 실효성을 강하게 뒷받침해준다.

나이가 30세라면 1~2년 손실을 보더라도 앞으로 회복할 수 있는 기간이 많이 남아 있다. 결과적으로 그 기간 동안 손실을 회복하고 수익실현을 할 수 있기 때문에 70%를 공격적인 주식형펀드에 투자하라는 논리이다. 반면에 나이가 70세라면 남아있는 인생, 즉 투자할 수 있는 기간이 얼마 없다. 그렇기 때문에 안정자산에 투자하여 자산을 지키자는 것이다. 다음 사례를 한번 보자.

30세 나현명은 1,000만 원의 여유자금이 있다. 이 중 70%인 700만 원은 주식형펀드에 투자하고, 30%는 안정자산인 채권형펀드에 투자한다. 그런데 어느 정도의 시간이 지나자 투자수익률에 따라 각 투자자산의 평가금액이 달라졌고, 그 결과 보유자산 비중이 달라진다. 1년이 지난 시점에 주식형펀드에서 10% 수익이 났다면 주식형펀드의 평가금액은 770만 원이 되고, 채권형펀드에서 3% 수익이 났다면 채권형펀드의 평가금액은 309만 원이 된다. 그래서 나현명의 총 투자자산은 1,079만 원이 된다.

이제 1,079만 원을 최초 자산별 투자비중으로 포트폴리오를 재배분한다. 1,079만 원의 70%인 755만 원을 주식형펀드에, 30%인 324만 원을 채권형펀드에 투자한다. 이렇게 자산가치의 변화로 인한 투자비중 재배분을 1년 단위로 시행하자. 동시에 5년 단위로 나이에 따른 투자비중을 재배분하면 어렵지 않게 100-나이법칙 전략적자산배분을 실행하는 것이 된다.

투자성향과 재무목표 기간에 맞게 주식형펀드와 채권형펀드(또는 예적금이나 MMF)에 투자하는 방법이 일반 금융소비자들에게 가장 적합한 전

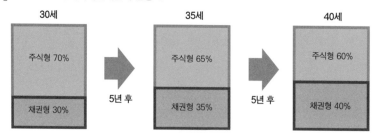

▎도표 5-14 **전략적자산배분의 실행 Ⅱ**

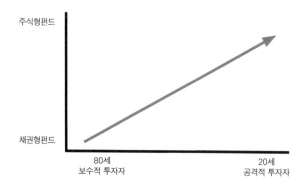

▎도표 5-15 **일반적인 전략적자산배분**

략적자산배분 방식이다. 나이가 적을수록 주식형펀드 투자비중을 늘리고, 많을수록 주식형펀드 투자비중을 줄인다. 투자기간이 길수록 주식형펀드 투자비중을 늘리고, 짧을수록 주식형펀드 투자비중을 줄인다. 투자성향이 공격적일수록 주식형펀드의 투자비중을 늘리고, 보수적일수록 주식형펀드 투자비중을 줄인다. 이러한 방향으로 포트폴리오를 구성해 투자하면 '전략적자산배분' 투자가 되는 것이다.

전략적자산배분은 투자성향, 나이, 재무목표, 투자기간 등 투자자의 특수한 상황이나 거시적인 금융시장의 변화 등을 고려해서 시장과 자산을 적절히 배분해서 투자하는 전략이다. 그런데 금융시장은 끊임없이 변하고, 그로 인한 기대수익률 및 위험이 변동한다. 그렇기 때문에 1~2년

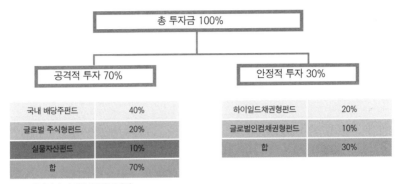

• 투자자의 나이를 30세로 가정

에 한 번은 포트폴리오 재조정이 필요하다. 하지만 비전문 금융소비자들이 시장을 분석하고 시장변화를 예측하는 게 쉽지 않으므로 전문가와 상의 후 결정해야 한다. 만약 신뢰할만한 전문가와 상의하기 어려운 상황이라면 100-나이법칙 방식으로 포트폴리오를 한 후 꾸준히 투자하자. 그리고 1년 단위로 수익률에 따라 변하는 투자자산별 비중을 재배분하고, 5년 단위로 나이의 변화에 따라 투자자산 비중을 재배분하는 동적자산배분을 실행할 것을 권한다.

〈도표 5-16〉의 포트폴리오는 투자자의 나이를 30세라고 가정해서 100-나이법칙을 적용한 결과이다. 30세이므로 70%는 공격적인 주식형펀드 및 실물자산펀드에, 30%는 안전한 채권형펀드에 투자하는 방향으로 포트폴리오하였다. 만일 투자성향이 매우 공격적이라면 공격적 투자자산 비중 70%를 75%나 80%로 조금 더 높이는 방식이나, 공격적 투자자산 비중 중 전 세계에 분산투자하는 글로벌 주식형펀드 20%를 신흥국 시장에 주로 투자하는 EM펀드에 투자하는 방식으로 변경하면 된다.

같은 논리로 보수적인 투자자라면 공격적 투자비중에 있어 글로벌주식형펀드를 그보다 변동성이 작은 미국 주식형펀드나 유럽 주식형펀드로 변경하고, 안정적 투자에서는 하이일드채권형펀드를 그보다 더 안전한 일반 우량회사채채권형펀드나 국공채펀드로 변경하면 된다.

## 📈 [Fund Investment Lesson] – 100- 나이 법칙(ETF)

▎도표 5-17 100% 투자 VS 전략적자산배분 투자

| 구분 | A유형 | B유형 | 비고 |
|------|-------|-------|------|
| 6년 투자시 | 10.2% | 13.2% | 전략적자산배분 유리 |
| 7년 투자시 | 56.6% | 49.4% | 100% 공격적 투자 유리 |

• A유형 : KODEX200 100%
• B유형 : KODEX200 75%, 채권형펀드 25%

2008년 전 세계 금융위기 이후 코스피지수는 2009년 2월부터 강한 반등을 시작했다. 그리고 2010년부터 2016년 3월 현재까지 박스권에 머무르고 있다. 그러므로 거치식으로 코스피지수나 이와 비슷하게 움직이는 코스피200지수에 박스권에 갇혀 있는 최근 6년간 투자했다면 높은 수익을 올리기 어렵다. 하지만 강한 상승장이었던 2009년을 포함한 최근 7년간 투자했다면 상당히 높은 수익 실현이 가능해진다. 이 기간 동안 코스피200지수에 투자하는 상장지수펀드 KODEX200에 투자해보았다. 다음은 KODEX200지수에 투자한 결과 나온 누적수익률이다(기준일 2016년 3월 29일).

• 6년 투자시(2010년 3월~2016년 3월) : 10.2%
• 7년 투자시(2009년 3월~2016년 3월) : 56.6%

1,000만 원을 KODEX200에 2010년 3월부터 6년 투자했다면 평가액이 1,102만 원이 되고, 2009년 3월부터 7년 투자했다면 1,566만 원이 된다. 1년 투자와 6년 투자의 결과 차이는 크지 않지만, 6년 투자와 7년 투자의 결과 차이는 상당히 크다는 것이다. 20%의 기간 동안 80%의 수익을 올린다는 파레토의 법칙을 생각해보면 이유를 알 수 있다. 즉 최근 7년 중 80%의 수익을 올리는 20%의 기간이 2009년이라는 것이다. 그래서 2009년을 포함하지 않은 6년 투자 결과와 포함한 7년 투자 결과의 차이가 큰 것이다.
여기서 25세인 나현명이 같은 기간 동안 100-나이법칙을 적용하여 75%는 공격적인 KODEX200에 투자하고, 25%는 안전한 채권형펀드에 투자했다면 어떤 결과가 나올까? 다음은 전략적자산배분 전략을 실행한 결과의 누적수익률이다(기준일 2016년 3월 29일).

• 2010년 3월부터 6년 투자시 : 13.2%
• 2009년 3월부터 7년 투자시 : 49.4%

강세장이 없었던 최근 6년 투자를 보자. 안전한 채권형펀드에 25%를 투자한 전략적자산배

분을 실행하자 100% 공격적으로 KODEX200에 투자한 결과보다 3% 초과수익률(13.2%-10.2%)을 달성하였다. 강세장 2009년을 포함한 최근 7년 투자를 보자. 전략적자산배분을 실행하지 않고 100% 공격적으로 투자할 때 약 7.2%의 초과수익(56.6%-49.4%)을 실현하게 된다. 그 결과가 〈도표 5-17〉이다. 〈도표 5-17〉은 투자기간이 길어질수록 공격적으로 투자할 필요가 있다는 사실을 보여준다.

**Q.** 전술적자산배분 전략은 무엇인가요?

**A.** 21세기 정보화의 시대, 지금 이 순간 유럽이나 중남미에서 발생한 사건이 실시간으로 우리나라의 금융시장에 영향을 미치기도 합니다. 이렇게 실시간으로 발생하는 금융시장의 변화에 적극적으로 대응해나가는 전략이 전술적자산배분 입니다. 간단하게 말하면 상승장 예상시 공격적 투자자산인 주식형펀드에 투자하고, 하락장 예상시 안전한 투자자산인 채권형펀드에 투자하는 전략입니다.

# 전술적자산배분,
# 시장변화에 적극 대응하라

## 공격적인 투자전략, 전술적자산배분

현실에서 완벽한 이론이란 존재하지 않는다. 이미 입증된 자연과학의 이론조차도 지속적으로 이루어지는 검증과정에서 오류가 발견되고, 새로운 이론이 탄생한다. 하물며 자연과학 분야도 아닌 금융시장의 주가결정 이론은 어떻겠는가? 수만 번의 시뮬레이션을 통해 법칙을 발견하였다 하더라도, 새로운 충격에 의해 얼마든지 뒤집힐 수 있다. 그것이 투자의 세계다.

주식 또는 펀드 관련 이론서들에 정리되어 있는 투자이론들은 외부의 충격이 없다면 대부분 시장이 균형을 이룬다는 '효율적 시장가설'을 근거로 한다. 이에 대해 조지 소로스는 미국 연방준비위원회 위원장의 인터뷰 내용이나 애널리스트 또는 이코노미스트들의 금융시장 전망에 의해 시장이 왜곡되고, 그 왜곡된 정보를 믿고 투자결정을 하는 사람들로 인해 과거 이론들이 뒤집힐 수 있다고 주장한다. 설령 효율적 시장가설에 오류가 없다 하더라도, 외부에서 큰 충격을 받은 경우에는 균형을 벗어나게 되므로 이론서들이 소개하는 수많은 기본적 · 기술적 분석 기법들이 무용지물이 될 수도 있다. 더욱 큰 문제는 투자이론이 너무 복잡하고 어려워서 금융에 대한 해박한 지식이 없다면 이해하기도 어렵고, 더군다나 이해하지 못한 채 실행했으므로 성공적인 투자성과를 기대하기 어렵다는 것이다.

왜곡되는 주식시장과 어려운 투자이론들의 문제를 어떻게 극복할 수 있을까? 첫째, 간접투자이다. 이 책의 주제인 펀드는 직접투자가 아닌 간접투자이므로, '경제분석 → 산업분석 → 기업분석'의 단계를 거치는 기본적 분석은 각 펀드자산별 투자전문가가 대신 해주고 있다. 그러므로 우리의 문제가 아니다.

둘째, 단순한 투자기법을 활용하는 것이다. 극단적으로 복잡한 금융환경과 투자이론들을 비전문 금융소비자들이 이해하기 어렵다. 그러므로 단순한 투자기법을 활용하는 것이 보다 효율적이다.

셋째, 추세전략 기법이다. 이용가능한 정보가 이미 주가에 충분히 반영되었다는 '효율적 시장가설'은 이론에 오류가 있을 수 있고 새로운 외부의 충격에 의해 뒤집힐 수도 있다. 그러므로 '효율적 시장가설' 이론의 가정에서 배제되어 있는 추세적략 기법이 필요하다.

이번 장에서는 때론 왜곡되는 주가흐름까지도 반영하며, 비전문 금융소비자들이 쉽게 실행할 수 있는 유용한 펀드투자 추세전략인 전술적자산배분에 대해 설명하겠다. 벤저민 그레이엄이 말했듯, 투자원칙은 단순할수록 좋은 법이다.

전술적자산배분은 시장변화에 적극적으로 대응해나가는 투자전략이

주가상승기

주가하락기

다. 주가가 오를 것으로 예상이 되면 공격적인 주식형펀드 투자비중을 높이고, 주가가 하락할 것으로 예상이 되면 안전한 채권형펀드 투자비중을 높이는 단순한 전략이다. 하지만 매우 효과적이다. 이를 잘 실행하면 주가하락 기간 동안의 손실에 대한 심리적 불안상태에서 벗어날 수 있다. 그래서 성공적인 장기투자는 물론 시장수익률보다 더 높은 초과수익을 실현할 수 있다.

물론 전술적자산배분은 전략적자산배분에 비하면 상대적으로 매우 공격적인 투자전략이다. 주가가 합리적으로 결정되지 않으므로 미래주가의 방향성을 정확히 예측할 수 있는 방법이 없기 때문이다. 하지만 지금부터 소개할 ① 투자전략의 내용을 이해하고 ② 내게 맞는 투자원칙을 선택하고 ③ 선택한 원칙대로 꾸준히 투자를 실행하자. 그러면 주가가 발목 또는 무릎일 때 주식시장에 들어가고, 주가가 어깨일 때 주식시장에서 나와 채권형펀드와 같은 안전자산에 투자하게 되어 합리적 성과를 기대할 수 있다. 이제 전술적자산배분 투자원칙을 세우고, 그 원칙을 지키는 나만의 시스템매매 방식을 만들어보자.

## 전술적자산배분_경기선행지수 활용

예를 들어보자. ○○전자가 'ABC'라는 노트북을 출시했다. 13인치와 14인치 크기에 최고급 사양을 탑재했는데도 무게가 980g에 불과하다. 획기적인 경량화로 이 상품이 노트북 시장을 석권했다고 가정해보자. ○○전자는 예상보다 훨씬 많은 매출을 올리게 되고, 그로 인해 발생한 예상을 넘어선 영업이익으로 주주들에게 배당도 해주고, 재투자도 하며 신규 공개 채용도 전년 대비 많이 하고 있다. 그럼 이때 ○○전자의 주가는 어떻게 될까?

이럴 경우 주가는 가파르게 상승할 가능성이 매우 높다. ○○전자의 경기는 매우 좋은 상황이고 그러면 주가는 상승하기 마련이다. 하지만 반대로 ○○전자가 'ABC'라는 노트북을 출시하기 위해 엄청난 자금을 투자했음에도 불구하고 판매실적이 저조하다면 아마 ○○전자의 주가는 하락할 테고, 경기는 좋지 않다고 말할 수 있다. 이렇듯 주가와 경기는 정비례한다는 논리가 경기선행지수 활용법의 기본 원리이다.

우리나라 시장 전체에도 같은 논리가 성립한다. 대한민국 경기가 좋을 때 코스피지수는 상승하고, 좋지 않을 때 코스피지수는 하락하기 마련이다. 경기를 나타내는 지수로는 크게 경기선행지수, 동행지수, 후행지수가 있다. 선행지수는 실제 경기보다 3~6개월 앞서가는 지수이고, 동행지수는 실제 경기와 함께 가는 지수이며, 후행지수는 3~6개월 뒤따라가는 지수이다. 코스피지수는 10여 개의 경기선행지수 중 하나이다. 코스피지수가 경기선행지수이기 때문에 코스피지수가 상승하면 3~6개월 후 경기가 좋아질 것으로 예상할 수 있다. 경기선행지수 중에는 기업경기실사지수(Business Survey Index, 이하 BSI)도 있다. '주가는 기업의 내재가치를 반영'

하므로 BSI로 전술적자산배분을 실행해보자.

BSI를 통한 전술적자산배분을 실행하기 위해서는 경기의 흐름을 알려주는 '경기순환시계'를 활용하는 방식이 좋다. 국가통계포털(http://kosis.kr) 사이트에서 '경기순환시계'를 살펴보자. 경기순환시계에서 BSI가 하강국면에서 회복국면으로 이동하면 강세장이 시작된다는 신호이니 주식형펀드에 투자하고, 상승국면에서 둔화국면으로 이동하면 약세장이 시작된다는 신호이니 채권형펀드에 투자하면 된다.

BSI의 신호와 실제 주가 방향은 얼마나 일치할까? 월 단위로 분석한 결과 거의 절반에 가까운 기간은 일치하지 않는 걸로 나왔다. 두 가지 이유로 추정할 수 있는데 첫째는 경기순환시계가 2개월 늦게 발표·공시된다는 점 때문이고, 둘째는 주가가 단기적으로는 합리적으로 결정되지 않기 때문이다.

그럼에도 불구하고 이 방식을 소개하는 이유는 주가는 20%의 강세 기간 동안 전체 수익 중 80%의 수익을 내고, 20%의 약세 기간 동안 전체 손실 중 80%의 손실을 낸다는 '파레토의 법칙' 때문이다. 파레토의 법칙에 따르면 20%의 강세기간과 20%의 약세기간을 제외한 60%의 기간은 총 기간 수익률에 미치는 영향이 매우 미미하기 때문에, 장기적으로 약 40%의 강약세 기간만을 맞히는 전략이 충분히 유효할 수 있다. BSI의 방향성과 코스피의 방향성이 약 60%의 보합장에서는 일치성을 보이지 않지만, 약 40%의 강약세 기간 중에는 대부분 일치하기 때문이다. 그러므로 경기선행지수를 활용하는 것이 장기투자시 활용할만한 투자법이라 할 수 있다.

**[Fund Investment Lesson] – 코스피지수와 BSI 의 상관관계**

▌도표 5-19 **코스피지수와 BSI**

(지수)

| | ① | ② | ③ | ④ | ⑤ | ⑥ | ⑦ | ⑧ |
|---|---|---|---|---|---|---|---|---|
| BSI | 수축 | 확장 | 수축 | 확장 | 수축 | 확장 | 수축 | 확장 |
| 투자 자산 | 채권 | 주식 | 채권 | 주식 | 채권 | 주식 | 채권 | 주식 |
| 주가 | 보합 | 상승 | 하락 | 상승 | 보합 | 보합 | 보합 | 보합 |

〈도표 5-19〉는 2006~2015년, 10년간 코스피지수와 BSI와의 상관관계를 보여준다. 그래프를 보면 코스피지수와 BSI의 방향성은 상당히 불일치하는 것을 확인할 수 있다. 특히 박스권에 갇힌 2010년 이후는 BSI가 코스피지수의 미래주가 방향성을 예측하는데 있어, 신뢰성에 의문이 생길 정도로 일치하지 않는다.

그러나 파레토의 법칙에 주목해서 다시 한 번 살펴보자. 20%의 수익이 나는 강세장은 ②번과 ④번, 그리고 ⑤번의 일부 기간이다. 이 기간의 대부분은 BSI 기준 경기확장 국면으로 주식시장에 머물러 있음을 확인할 수 있다. 20%의 손실이 나는 약세장은 ③번의 전 기간과 ⑤번의 약 2개월의 기간이다. 이 기간은 거의 경기수축 국면으로 채권형펀드에 머물러 있음을 확인할 수 있다.

요약하면 BSI는 코스피지수와 단기적으로, 특히 보합장에서는 상관관계가 없다. 하지만 장기적으로 볼 때 강세장과 약세장에서는 코스피지수와 함께 움직인다. 단기간 이 법칙대로 투자했다면 특정기간을 제외하면 투자원칙, 즉 BSI의 방향성에 맞춰 펀드투자하는 방식에 대해 큰 실망을 할 수도 있다. 하지만 기간을 늘려 10년 이상 이 법칙대로 투자한다면 시장수익률 대비 유의미한 초과성과를 거둘 수 있을 것이다. 자산배분 전략의 성과는 전략적이건 전술적이건 역시 장기투자에서 얻을 수 있다는 것을 기억해야 한다.

## 전술적자산배분_골든크로스&데드크로스 전략

경기선행지수 활용법보다 더 적극적이고, 단기간에도 어느 정도 일치성을 보이는 투자전략이 있다. 바로 골든크로스&데드크로스 투자법과 밴드설정투자법이다. 먼저 골든크로스&데드크로스 전략에 대해 알아보도록 하자.

골든크로스&데드크로스 전략은 실행하기 쉬우면서도 신뢰성이 높아서 주식이나 상장지수펀드(ETF)에 직접 투자하는 많은 개인투자자들이 선호하는 투자전략이다. 이 투자법칙을 이해하고 실행하기 위해서는 먼저 이동평균선의 개념에 대해 알 필요가 있다.

이동평균선이란 특정 기간 동안의 평균주가를 선으로 표시한 것이다. 5일 이동평균선(단기, 이하 5일선)은 5일간의 평균주가, 20일 이동평균선(중기, 이하 20일선)은 20일간의 평균주가, 60일 이동평균선(장기, 이하 60일선)은 60일간의 평균주가, 그리고 120일 이동평균선(장기, 이하 120일선)은 120일간의 평균주가이다. 이동평균선은 증권사별 온라인 트레이딩시스템(HTS)에서 특정 지수나 종목을 클릭하면 쉽게 확인할 수 있다. 만약 증권계좌가 없다면 포털사이트에서도 찾아볼 수 있다. 포털사이트의 증권 메뉴에서 코스피지수를 클릭하거나 특정 종목의 주가를 클릭해보면 〈도표 5-20〉과 같은 형태의 그래프가 나온다. 그래프 상단의 색상 범례로 5일, 20일, 60일, 120일 이동평균선을 구분하면 된다.

'골든크로스&데드크로스'에서 골든크로스는 투자기회가 오는 시점을 뜻한다. 이는 단기이동평균선(이하 단기선)이 장기이동평균선(이하 장기선)을 아래에서 위로 뚫고 올라가는 형태로, 강세장으로의 시세전환을 의미한다. 5일선과 20일선 기준으로 본다면 골든크로스는 최근 20일 평균

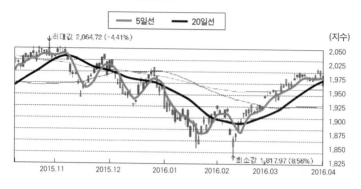

주가보다 5일 평균주가가 높아졌으니, 최근 5일 동안의 매수가 20일간의 매수보다 많아졌다는 의미이다. 이는 주식시장이 강세장으로 전환될 것으로 예상할 수 있다는 뜻이다. 그러므로 골든크로스는 강력한 매수신호이다. 데드크로스는 반대로 단기선이 장기선을 위에서 아래로 뚫고 내려가는 형태로, 약세장으로의 시세전환을 의미한다. 5일선이 20일선을 하향돌파하면 대세하락이 시작되었다는 의미로서 강력한 매도신호이다.

주식이 아닌 펀드투자에서 골든크로스, 즉 매수신호는 주식형펀드에 투자를 시작하라는 의미이다. 반면에 데드크로스, 즉 매도신호는 주식형펀드를 환매하고 환매자금을 CMA나, MMF, 또는 채권형펀드와 같은 안전자산에 투자하라는 의미이다.

5일선이 20일선을 돌파하는 단기 크로스보다, 20일선이 60일선을 돌파하는 중기 크로스의 신뢰도가 더 높은 것으로 알려져 있다. 물론 중기 크로스의 경우 단기간의 보합장에서는 역방향으로 진행될 수도 있으므로, 중기 크로스를 활용하는 경우에는 장기투자가 필수이다. 단기선이 장기선을 상승 또는 하향 돌파하였다고 하더라도 장기선이 단기선과 진행방향이 같지 않으면 거짓신호일 수도 있다는 점을 잊어서는 안 된다. 예

--- 5일선 --- 20일선

- 골든크로스 : 5일선이 20일선을 상승돌파 → 매수신호

- 데드크로스 : 5일선이 20일선을 하향돌파 → 매도신호

- 가짜 골든크로스 : 5일선이 20일선을 상승돌파했으나 20일선이 하
  향추세→거짓신호

를 들어 5일선이 20일선을 상향돌파하였다고 하더라도 20일선이 하향추세라면, 거짓신호(주가가 상승하는 듯하다 다시 하락할 가능성이 있다는 뜻)로서 아직 매수신호가 아니라는 뜻이다. 그러므로 매수하지 않아야 한다. 이 거짓신호에 대해서는 논란이 있다. 하지만 필자는 ETF 거치투자시 이러한 신호를 거짓신호로 인식하고 매수 및 매도 결정을 하고 있다.

골든크로스&데드크로스 전략을 이용한 투자사례를 보겠다. 김팔랑은 시장분산이 잘 되어 있으면서도 비용이 적게 드는 주식형인덱스펀드에 투자를 원한다. 그래서 코스피200지수에 투자하는 KODEX200에 투자를 시작하였다. 2013년 9월에 1,000만 원을 투자하였는데 매수 직후부터 주가가 하락하기 시작한다. KODEX200은 주식처럼 매매가 자유로운 펀드지만, 수차례 타이밍 투자 실패경험이 있던 김팔랑은 자금이 필요한 2016년 연초까지 투자를 지속하기로 결정한다. 더구나 4년째 박스권에 갇혀 있는 코스피지수나 코스피200지수가 박스권 상단을 뚫고 올라갈 시기가 2~3년 안에 오지 않을까 하는 기대심리도 있다. 하지만 안타깝게도 2년 4개월간 1,000만 원을 투자한 결과는 32만 원의 손실이었다.

반면에 같은 기간 똑같은 KODEX200에 1,000만 원을 투자한 나현명은 신기하게도 82만 원의 수익을 올린다. 전술적자산배분 전략의 결과이다. 변동폭이 엄청나게 큰 소위 특정 잡주에 투자한 것은 아니지만, 상대적으로 매우 안전한 지수 역시 단기 매매타이밍 예측은 거의 불가능에 가까운데 어떻게 이런 결과가 나올 수 있었을까? 바로 어떠한 뉴스나 기사, 혹은 주가변동에도 흔들리지 않고 골든크로스&데드크로스 전략을 세운 후 흔들리지 않고 꾸준히 이 투자원칙을 지켰기 때문이다.

〈도표 5-22〉는 김팔랑과 나현명이 투자한 KODEX200의 2013년부터 2015년까지 약 2년간의 주가 그래프이다. 5일선과 20일선만으로 과거 지

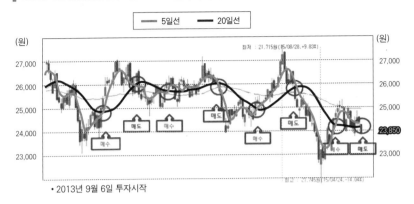

• 2013년 9월 6일 투자시작

| 골든크로스(매수) | 25,060 | 26,070 | 25,220 | 24,620 | 누적수익률 |
|---|---|---|---|---|---|
| 데드크로스(매도) | 26,645 | 26,160 | 25,970 | 24,265 | |
| 기간수익률 | 6.32% | 0.30% | 3.0% | -1.4% | 8.20% |

수에 골든크로스&데드크로스 투자를 해보자. 빨간색의 5일선이 검은색의 20일선을 상향돌파한 시점이 골든크로스로 매수타이밍이고, 5일선이 20일선을 하향돌파한 시점이 데드크로스로 매도타이밍이다.

김팔랑은 2013년 9월 6일 KODEX200의 기준가가 25,060원일 때 매수하고 2016년 1월 4일 기준가가 24,265원에 매도하였다. 25,060원에 매수하여 24,265원에 매도하였으므로 3.17%의 손실이 발생하게 된 것이다. 반면에 나현명은 골든크로스&데드크로스 원칙대로 투자를 한 결과 8.2%라는 성과를 올릴 수 있었다. 환매 후 다음 매수시까지 비투자기간인 관망기간 동안 CMA에서 연 1.6% 정도의 추가수익률은 덤이다. 투자전략 없이 꾸준히 투자하는 것보다 11.4%의 초과수익을 올린 것이다. 길게 보는 안목으로 10년 이상 장기투자한다면, 20일선을 단기선으로 하고 60일선을 장기선으로 해서 투자를 실행하면 좀 더 효과적일 수 있다.

골든크로스&데드크로스 전략은 목적자금을 만들어나가는 적립식투자보다 여유자금으로 거치식으로 투자하는 경우에 효과적이다. 이러한 전략을 실행하기에 가장 효과적인 상품은 나현명이 투자한 KODEX200과 같은 ETF이다. 왜냐하면 특정 주식의 경우 ① 변동성이 너무 커서 초보 투자자가 실행하기에는 위험성이 크며, 무엇보다도 ② 작전세력이 들어올 경우 작동하지 않는 투자법이고, ③ 일반펀드는 통상 90일 이내 환매시 환매수수료가 발생하고, ④ 환매시 이틀 후 종가가 적용되어 작은 강세장 및 약세장에서는 효과가 미미할 수 있기 때문이다. 하지만 상장지수펀드인 KODEX200은 ① 대한민국 전체 시장에 분산투자하는 효과가 있어 변동성이 작고, ② 작전세력이 들어올 가능성이 없으며, ③ 환매수수료가 없고, ④ 실시간 매매가 가능하기 때문이다. 다음은 필자가 제안하는 공격적 투자자를 위한 골든크로스&데드크로스 전략이다. 다시 한번 강조하지만 이 투자전략은 여유자금을 투자할 때 적합하다.

- 공격적 투자자 : KODEX200 ↔ CMA
  → 골든크로스 때는 KODEX200 투자
  → 데드크로스 때는 KODEX200 매도 후 CMA로 운용

- 매우 공격적인 투자자 : KODEX레버리지 ↔ KODEX인버스
  → 골든크로스 때는 KODEX인버스 매도 후 KODEX레버리지 매수
  → 데드크로스 때는 KODEX레버리지 매도 후 KODEX인버스 매수

**[Fund Investment Lesson]** – ETF 와 전술적자산배분 전략

① ETF(상장지수펀드)란?

ETF(Exchange Traded Funds)는 특정 지수와 동일하게 움직이도록 만든 지수형펀드를 거래소에 상장하여 주식처럼 매매가 가능하게 한 상장지수펀드이다. 펀드매니저가 적극적으로 종목을 선택하고 매매하면서 운용하는 펀드를 액티브펀드라 하고, KODEX200과 같이 투자종목이 이미 정해져 있어 펀드매니저의 역량이 수익률에 영향을 미치지 않는 지수형펀드를 패시브펀드 또는 인덱스펀드라 한다. ETF는 지수에 투자하는 인덱스펀드이다.

ETF 역시 펀드이므로 주식과 달리 증권거래세(매도시 코스피 0.15%, 코스닥 0.3%)도 부과되지 않고, 인덱스펀드이므로 액티브펀드보다 비용이 적게 든다. 일반 인덱스펀드와 다른 점은 지수를 증권시장에 상장했기 때문에 주식처럼 사고팔며 거래할 수 있다는 점이다. 주식처럼 매매가 가능하다는 의미는 환매수수료도 발생하지 않으며, 실시간으로 매매가 가능하다는 뜻이다. 즉 간접투자 중에서도 분산투자의 효과로 위험을 줄이며 시장수익률을 추구하는 인덱스펀드의 강점과 주식처럼 비용이 저렴하고 실시간 사고팔 수 있는 직접투자의 강점이 적절히 조화된 펀드라고 생각하면 된다. 우리나라는 2002년 10월 14일에 도입되었다.

② ETF의 종류

대표적인 ETF로는 우리나라 대표지수인 코스피200지수를 기초지수로 투자하는 KODEX200(삼성자산운용), KOSEF200(우리자산운용), TIGER200(미래에셋맵스자산)이 있다. 금이나 구리 같은 특정 상품을 기초지수로 투자하는 KODEX골드선물, 채권을 기초지수로 하는 KODEX국고채, 자동차나 반도체 같은 특정 섹터에 투자하는 KODEX자동차, KODEX반도체 등이 있다. 이 중 KODEX200, KOSEF200, TIGER200은 대한민국의 200개 대표기업의 지수에 투자하는 펀드로서 코스피지수와 가장 비슷하게 움직이며 분산효과가 가장 큰 지수형펀드라고 이해하면 된다.

그 외 코스피200지수의 수익이나 손실의 약 2배의 효과를 내는 KODEX레버리지와 코스피200지수와 반대 방향으로 움직이는 KODEX인버스도 있다. '지렛대'라는 뜻의 레버리지(leverage)는 금융시장에서는 차입(빚)을 지렛대 삼아 수익률을 극대화하는 것을 뜻한다. 즉 KODEX레버리지는 상대적으로 낮은 비용(차입금리)으로 자금을 끌어와 수익성이 높은 곳에 투자해서, 비용을 조달하고도 수익이 많이 남게 되는 효과를 낼 수 있는 ETF인 것이다. 경기가 호황일 때 약 2배의 수익을 올릴 수 있지만, 경기가 불황일 때는 코스피200지수 대비 약 2배 정도의 손실이 발생할 수도 있다.

인버스(inverse)는 '양 위치가 정반대'라는 뜻이다. KODEX인버스는 코스피200지수와 정반대방향으로 움직이는 ETF이다. 앞에서 설명한 상관계수로 해석하면 코스피200지수와 KODEX인버스의 상관계수는 −1이다. 그러므로 전략적자산배분 전략을 실행함에 있어 코스피200지수에 투자하는 KODEX200과 KODEX인버스의 상관계수 역시 −1이다. 코스피200지수가 5% 상승하면 KODEX200도 약 5% 정도 상승하고 KODEX인버스는 5% 정도 하락한다고 생각하면 된다. 그렇기 때문에 KODEX인버스는 경기가 불황일 때 유리한 ETF이다.

③ 전술적자산배분 실행에 적합한 대표적인 ETF

- KODEX200 : 대한민국의 대표적인 200개 기업에 분산투자하는 ETF(KOSPI200지수 1% 상승 → KODEX200 1% 상승)
- KODEX레버리지 : 코스피200지수 손익의 2배 효과를 내는 ETF(KOSPI200지수 1% 상승 → KODEX레버리지 2% 상승)
- KODEX인버스 : 코스피200지수와 정반대 방향으로 움직이는 ETF(KOSPI200지수 1% 상승 → KODEX인버스 1% 하락)

ETF는 주식(실시간 자유로운 매매, 저비용)의 특징과 펀드(분산투자)의 특징을 모두 가지고 있기 때문에, 펀드와 주식의 강점을 모두 살리는 방향으로 투자하기에 가장 적절한 상품이다. 여유자금을 KODEX200에 투자한다면 우리나라 대표 200개 기업에 분산투자하는 효과가 있어서 종목위험을 최소화하며, 시장수익률 수준의 수익을 기대할 수 있다. 시장변화에 적극적으로 대응해나가는 전술적자산배분전략을 실행한다면 매우 의미 있는 초과수익을 기대할 수 있다. ETF에 처음 투자한다면 가까운 증권사에 방문하여 CMA 계좌를 개설한 후 증권매매시스템인 HTS에서 KODEX200과 같은 ETF를 검색 후 투자를 실행하면 된다.

골든크로스&데드크로스 전략이나 뒤에서 소개할 밴드설정투자법이나 모두 강세장에서는 공격적인 주식형펀드에, 약세장에서는 안전한 CMA나 채권형펀드에 투자하는 전략이다. 확신이 선다면 강세장에서는 KODEX레버리지에, 약세장에서는 KODEX인버스에 투자하는 방법이 가장 효과적이다. 왜냐하면 강세장에서 코스피200지수 수익률 대비 약 2배의 효과가 있는 KODEX레버리지에 투자해서 시장수익의 2배를 올리고, 약세장에는 코스피200지수와 반대방향으로 움직이는 KODEX인버스에 투자하여 하락장에서도 높은 수익을 올리게 되어 결과적으로 강세장에서는 2배의 수익을, 약세장에서도 코스피200지수가 하락하는 만큼의 수익을 올릴 수 있기 때문이다. KODEX레버리지와 KODEX인버스를 활용하는 전술적자산배분 전략은 최근 6~7년(2010~2016년)처럼 박스권에 머물러 있어 수익을 내기 어려운 시장에서도 매우 효과적인 투자전략이다. 종목위험을 ETF의 분산투자 효과로 차단하며 시장흐름에 적극적으로 대응하여 고수익을 낼 수 있기 때문이다.

## 전술적자산배분_밴드설정투자법

밴드설정투자법은 골든크로스&데드크로스 전략처럼 금융시장의 변화에 적극적으로 대응해나가는 추세전략이다. 주식투자로 본다면 매수타이밍과 매도타이밍을 기계적으로 하는 일종의 단순한 로직(Logic)을 정해놓은 개념이다. 강세장인 주식형펀드 투자타이밍과 약세장인 채권형펀드 투자타이밍을 앞서 다룬 경기지수나 골든크로스&데드크로스가 아닌 전월 대비 수익률 차를 캡(cap)과 플로어(floor) 밴드로 설정해놓고, 그에 따라 단순하게 펀드를 변경해가는 방법이다.

예를 들어 전월 말일의 코스피지수 종가 대비 2%(cap) 이상 상승하면 주식형펀드에 투자를 시작하고, 전월 말일 코스피지수 종가 대비 1%(floor) 이상 하락하면 채권형펀드로 변경해서 투자하는 방법이다. 이

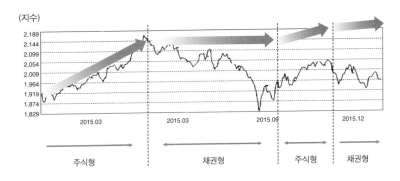

밴드는 [-1% / +2%] [-2% / +2%] [-3% / +3%] 등으로 다양하게 설정할 수 있는데, 이 밴드의 상하 폭이 작을수록 변경 빈도수가 많고, 클수록 변경 빈도수가 적다.

밴드를 [-1% / +2%]로 설정한 투자자는 주가가 전월 종가 대비 1% 이상 하락하면 약세장이 시작됐다는 신호이니 안전한 채권형펀드에 투자해야 한다. 또 전월 종가 대비 2% 이상 상승하면 강세장이 시작됐다는 신호이니 주식형펀드에 투자해야 한다. 밴드를 설정해서 투자하는 투자자는 과거 주가에 몇 가지 밴드를 적용시켜 시뮬레이션을 실행해 가장 효과적인 밴드를 찾은 다음에 투자를 시작해야 한다. 다만 한 가지 알아야 할 사실은 일반펀드는 일반적으로 3개월 이내면 환매수수료가 있기 때문에 일반펀드보다는 환매수수료 없이 펀드변경이 자유로운 변액유니버셜보험이나 주식처럼 실시간 저비용으로 매매가 자유로운 ETF 투자시 더 효과적인 투자법이라는 것이다.

다음의 예를 보자. 김팔랑은 2015년, 1년간 투자전략 없이 1,000만 원을 코스피지수에 꾸준히 투자하였다. 반면에 나현명은 1,000만 원을 투자전문가의 도움을 받아 [-1% / +2%] 밴드를 적용하여 '주식형펀드 ↔

| 구분 | 코스피지수 | 상승률/<br>전월 말일 | 펀드신호 | 수익률 |
|---|---|---|---|---|
| 12월 말일 | 1915.59 | | | |
| 1월 초일 | 1926.44 | | 투자시작 | |
| 1월 말일 | 1949.26 | 1.8% | 주식형 | 1.2% |
| 2월 말일 | 1985.80 | 1.9% | 주식형 | 1.9% |
| 3월 말일 | 2041.03 | 2.8% | 주식형 | 2.8% |
| 4월 말일 | 2127.17 | 4.2% | 주식형 | 4.2% |
| 5월 07일 | 2091.00 | -1.7% | 채권형 | -1.7% |
| 5월 말일 | 2114.80 | -0.6% | 채권형 | 0.2% |
| 6월 말일 | 2074.20 | -0.8% | 채권형 | 0.3% |
| 7월 말일 | 2030.16 | -4.0% | 채권형 | 0.3% |
| 8월 말일 | 1941.49 | -6.4% | 채권형 | 0.3% |
| 9월 18일 | 1995.95 | 2.8% | 주식형 | 0.2% |
| 9월 말일 | 1962.81 | 1.1% | 주식형 | -1.7% |
| 10월 말일 | 2029.47 | 3.4% | 주식형 | 3.4% |
| 11월 10일 | 1996.59 | -1.6% | 채권형 | -1.6% |
| 11월 말일 | 1991.97 | -0.2% | 채권형 | 0.3% |
| 12월 말일 | 1961.31 | -1.5% | 채권형 | 0.3% |
| 누적수익률 | | 1.8% | | 10.2% |

채권형펀드' 식으로 변경해가는 전술적자산배분을 실행하였다. 어떤 결과가 나왔을까?

김팔랑은 1월 2일 1,000만 원을 코스피지수에 투자하는 K인덱스펀드에 투자하였는데 투자 당시 코스피지수가 1926.44pt였다. 그리고 12월 말일에 환매하였는데 환매시점 코스피지수가 1961.31pt로 소폭상승하여 1.8%(18만 원)의 수익을 실현하였다. 반면에 나현명은 전월 말일 종가 대비 코스피지수가 2% 이상 상승하면 김팔랑이 투자한 펀드와 같은 K인덱스펀드에 투자하고, 1% 이상 하락하면 채권형펀드에 투자하는 밴드설정투자법으로 투자하였다. 그 결과 누적수익률이 10.2%로 대폭 상승하였다. 나현명은 단순히 밴드를 하나 설정했을 뿐인데 시장 수익 대비 8.4%의 초과수익을 올려 100만 원의 이자소득을 만든 셈이다.

이렇듯 밴드설정투자법은 개인투자자들이 가장 쉽게 실행할 수 있으면서도 매우 효과적인 투자전략이다. 물론 다른 수많은 투자법칙처럼 밴드설정투자법 역시 완벽한 투자법은 아니다. 〈도표 5-24〉를 보면 9월 18일 코스피지수는 전월 말일 대비 2.0% 이상인 2.8% 상승하였다. 밴드설정투자법에서는 이를 '주식시장이 약세장에서 강세장으로 추세전환이 시작되었다'는 신호로 받아들인다. 실제 코스피지수의 주가는 그 후 약 2개월 가량 강세장을 이어나갔다. 그러나 만일 주식형펀드로 전환한 직후인 9월 25일경 신흥국시장의 국가부도 위기나 대지진과 같은 자연재해 또는 전쟁위험 등의 예기치 못한 외부충격이 발생함으로써 다시 주가가 하락하기 시작했다면, 밴드설정투자법 효과는 약해질 수 있다. 다시 말하지만 현실세계에서 완벽한 투자이론은 존재하지 않는다.

하지만 투자전략으로 효과가 약해질 뿐 의미가 없는 것은 아니다. 왜냐하면 앞의 예에서 만일 외부충격의 효과가 약하다면 다시 상승반전하게 되므로 여전히 유효하다. 만일 외부충격의 효과가 강해서 익월 주가가 1.5% 이상 추가 하락한다면 다시 채권형펀드로 변경하니 최소한 소나기는 피할 수 있게 된다. 즉 중장기적으로 매우 효과적인 투자전략이 될 수 있는 것이다. 실제 섹터펀드를 제외한 6년 이상 운용된 국내 주식형펀드들에 [-1% / +2%] 밴드로 펀드변경 투자를 한 결과, 변경 없이 꾸준히 주식형펀드에만 투자한 것보다 누적수익률이 4~20%나 높았다.

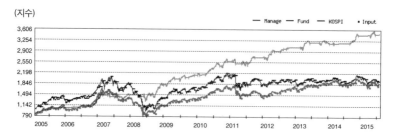

밴드설정투자법 역시 장기투자를 할 때 활용하기에 매우 유용한 전략이다. 종자돈이나 은퇴자금 마련을 위해 적립식으로 7~10년 이상 장기투자하는 경우 변액유니버셜보험으로, 여유자금을 거치식으로 2년 이상투자하는 경우엔 ETF로, 거치식으로 10년 이상 투자하는 경우엔 변액유니버셜보험으로 밴드설정투자법을 실행하면 기대 이상의 성과를 경험할수 있다. 변액유니버셜보험은 다양한 펀드를 구성하고 있기 때문에 상품하나만으로도 전략적자산배분을 실행할 수 있는 강점이 있다. 여기에 환매수수료 없이 상품 내 펀드변경이 자유롭기 때문에 시장변화에 적극적으로 대응해나가는 전술적자산배분을 실행하기에 최적의 상품이다. 여유자금을 거치식으로 투자하는 경우, 종목위험을 최소화하면서 실시간매매가 가능하며 매매비용이 저렴한 ETF가 적극적으로 시장변화에 대응해가는 전술적자산배분 전략에 가장 적합하다 할 수 있다.

이제 밴드를 설정해서 투자하는 전술적자산배분을 변액유니버셜보험에 적용하여 실행해 어떤 성과가 나오는지 실제 과거의 지수를 적용해확인해보자.

〈도표 5-25〉를 보자. 검정색 선이 코스피 지수이고, 회색선이 메트라이프 변액유니버셜보험의 가치주식형펀드이며, 빨간색선이 메트라이프

| 구분 | 복리적금<br>(1.5%) | 코스피지수 | Met 변액유니버설<br>가치주식형펀드 | Met 변액유니버설<br>밴드설정 펀드관리 |
|---|---|---|---|---|
| 평가액 | 1억 4,167만 원 | 1억 5,179만 원 | 1억 5,052만 원 | 2억 706만 원 |
| 수익금 | 1,367만 원 | 2,379만 원 | 2,252만 원 | 7,906만 원 |
| 누적수익률 | 10.7% | 18.6% | 17.6% | 61.8% |

- 총 1억 2,800만 원, 변액유니버설 사업비 15%, 펀드변경 지연일은 2일로 가정, 기준일 2016년 3월 18일
- 전략적자산배분 실행시 주식형펀드의 경우 대형배당주펀드·대형가치주식형펀드를, 두 펀드가 없다면 대형 주식형펀드 중에서 선택하는 것을 제안한다. 하지만 전술적자산배분을 실행하는 경우엔 주식형펀드 중 섹터펀드를 제외하면 어떤 주식형펀드에 투자하느냐는 상대적으로 덜 중요하다.

변액유니버셜보험의 가치주식형펀드와 채권형펀드를 [-1% / +2%] 밴드 룰을 적용하여 펀드변경을 해온 펀드관리 결과이다.

〈도표 5-26〉을 보자. 2005년 7월 4일부터 2016년 3월 18일까지 약 10년 8개월간 적립식으로 월 100만 원씩 총 1억 2,800만 원을 투자해보았다. 만일 금리 1.5% 비과세 복리적금에 투자하였다면 1,367만 원의 이자가 발생하고, 코스피지수에 투자했다면 2,379만 원의 이자가 발생한다. 또 메트라이프 변액유니버셜보험의 가치주식형펀드에 100% 투자했다면 2,252만 원의 이자가 발생한다. 반면 마지막으로 메트라이프 변액유니버셜보험의 가치주식형펀드와 채권형펀드에 [-1.0% / +2.0%] 룰로 밴드를 설정해서 펀드변경(전술적자산배분) 투자를 했다면 7,906만 원의 이자가 발생하는 결과가 나온다.

투자기간 10년 8개월 중 최근 6년은 박스권에 갇혀 있는 시장이므로 적립식투자의 경우 코스피지수나 그와 비슷한 방향성을 보이는 펀드들의 수익률이 높게 나오기 힘든 상황이다. 그러나 이런 시장에서조차 밴드설정투자법 성과가 상당히 높게 나온다는 사실을 확인할 수 있다.

## [Fund Investment Lesson] – 변액유니버셜보험의 밴드설정투자법 실행

전술적자산배분 전략 중 밴드설정투자법의 효과를 검증하기 위해 표본을 늘려서 살펴보자. 변액보험이 투자하고 있는 6년 이상 운용된 국내 주식형펀드 중 보험사별로 1개씩 20개를 무작위로 선택하여 최근 6년 적립식 순수 누적 투자수익률을 비교해보았다. 결과는 〈도표 5-27〉과 같다. 이러한 결과는 다음과 같은 사항을 알려준다.

- 국내 주식형펀드에 적립식으로 6년 투자할 경우 환매시점에 따라 손실 가능성이 있다(조사대상 20개 펀드 중 45%인 9개 펀드가 마이너스 수익).
- 국내 주식형펀드 중 55%는 시장수익률(2.4%)에도 미치지 못했다.
- 6년 투자시 가치주식형펀드(12~30.7%)와 배당주펀드(6.4~33.3%)의 성과가 성장형펀드나 다른 모든 주식형펀드의 평균성과(4.3%)보다 압도적으로 좋았다.
- 밴드설정투자법으로 펀드관리시 20개 펀드 전부가 플러스 수익률을 기록함과 동시에 비 관리 펀드보다 의미 있는 초과수익(평균 10.7%, 3.9~19.0%)을 기록하였다.

참고로 투자기간을 2009년을 포함한 7년으로 설정할 경우 6년 투자 대비 전반적인 수익률이 개선되지만, 펀드설정일이 7년이 안 된 펀드들이 있어서 6년으로 설정하였다.

### ▍도표 5-27 코스피, 주식형펀드, 밴드설정투자법 투자수익률 비교

| 구분 | 펀드명 | 수익률 | | | |
|------|--------|--------|--------|--------|--------|
| | | 코스피지수 | (1)펀드수익률 | (2)밴드설정 수익률 | (2)-(1) |
| ACE생명 | Pro-Active 주식형 | 2.4% | -12.0% | 7.0% | 19.0% |
| AIA생명 | 주식형 | 2.4% | -5.3% | 8.1% | 13.4% |
| ING생명 | 가치주식형 | 2.4% | 12.3% | 21.6% | 9.3% |
| KB생명 | 파워주식 집중형 | 2.4% | -2.2% | 12.4% | 14.6% |
| KDB생명 | 코리아주식형 | 2.4% | -0.6% | 9.2% | 9.8% |
| PCA생명 | 배당주펀드 | 2.4% | 33.3% | 38.0% | 4.7% |
| 교보생명 | 교보VUL 주식성장형 | 2.4% | 1.6% | 9.9% | 8.3% |
| 동부생명 | 주식형 | 2.4% | -4.0% | 9.3% | 13.3% |
| 동양생명 | 주식성장형 | 2.4% | 0.9% | 12.1% | 11.2% |
| 라이나생명 | 주식형 | 2.4% | 4.3% | 14.6% | 10.3% |
| 메트라이프 | 가치주식형 | 2.4% | 15.1% | 25.6% | 10.5% |
| 미래에셋생명 | 주식성장형 | 2.4% | -2.2% | 11.2% | 13.4% |
| 삼성생명 | 배당주식형 | 2.4% | 6.4% | 16.7% | 10.3% |
| 신한생명 | Tops프리미엄 주식형 | 2.4% | -0.5% | 9.2% | 9.7% |

| | | | | | |
|---|---|---|---|---|---|
| 알리안츠생명 | 성장형 | 2.4% | -3.9% | 13.4% | 17.3% |
| 카디프생명 | 베스트주식형 | 2.4% | -3.5% | 7.7% | 11.2% |
| 푸르덴셜생명 | 롱텀밸류<br>주식형 | 2.4% | 30.7% | 34.6% | 3.9% |
| 하나생명 | 인덱스성장형 | 2.4% | 4.6% | 9.7% | 5.1% |
| 한화생명 | 성장주식형 | 2.4% | 5.8% | 15.5% | 9.7% |
| 흥국생명 | 주식형 | 2.4% | 4.3% | 13.4% | 9.1% |
| 평균 | | 2.4% | 4.3% | 15.0% | 10.7% |

• 기준일 2016년 3월 18일, 펀드변경 지연일 2일 적용

# 전술적자산배분_거치식 밴드설정투자법

상장지수펀드 ETF는 매매 등에 수반되는 투자비용이 저렴하고 분산투자의 효과가 크다는 강점이 있다. ETF 투자에서 전술적자산배분 전략이 가장 활용도가 높은 이유는 무엇보다도 실시간 매매가 가능하기 때문이다. 코스피지수가 전월 종가 대비 2% 이상 상승하면 KODEX200을 매수하고, 전월 종가 대비 1% 이상 하락하면 매도 후 CMA에 묻어놓으면 된다. 물론 코스피지수의 상승과 하락이 아닌 KODEX200의 기준가를 대입해도 결과는 크게 다르지 않다. 매수 후 보유하고 있다가 전월 종가 대비 1% 이상 하락하면 매도하면 되는데, 매도하면 수익실현자금은 CMA로 자동으로 이동되어 연 1.6% 수준으로 안전하게 운용된다.

다음 나현명의 사례를 보자. 나현명은 2014년 7월 10일 KODEX200이 1좌에 25,835원일 때 100만 원을 투자하였는데, 같은 달 말일 종가는 26,990원이 되었다. 아직 팔지 않았으니 미실현수익이다. 밴드설정투자법은 '전월 종가' 대비 1% 이상 하락시 매도하는 투자법이므로 이제 8월

기준, 전월 말일 종가인 26,990원 대비 1% 이상 하락하면 팔아야 한다. 26,990원에서 1% 하락한 가격은 26,720원이니 26,720원 아래로 기준가가 떨어지면 매도해야 하는 것이다.

8월 5일 기준가가 26,685원으로 하락함으로써 매도신호가 발생하여 나현명은 투자금 전액을 매도한다. 1좌에 25,835원일 때 매수하여 26,685원에 매도하였으니, 3.3%의 수익이 발생하여 투자원금 100만원이 103만 원으로 불어났다. 이제 103만 원은 CMA에서 연 1.6%의 수익으로 운용되고 있다. KODEX200의 8월 말일 종가를 확인해보니 26,480원이다. 이제 KODEX200의 기준가가 8월 말일 종가인 26,480원에서 2% 상승하는 27,010원 이상이 되면 매수신호가 발생한 것으로, CMA에서 운용되고 있는 '103만 원+CMA이자'를 KODEX200에 투자해야 한다. 이렇게 꾸준히 투자한 결과 나현명은 코스피지수 대비 9.8%의 초과수익을, KODEX200 대비 19.5%의 초과수익을 올릴 수 있었다.

〈도표 5-28〉은 전월 종가대비 2% 이상 상승하면 KODEX200에 투자하고 1% 이상 하락하면 매도하는 전략으로 투자한 결과이다. 그런데 KODEX레버리지가 코스피200지수의 수익 및 손실의 약 2배 수준의 효과가 있으니 전월 종가 대비 2% 이상 상승해서 강세장이 기대되는 시점에는 KODEX200이 아닌 KODEX레버리지에 투자하면 어떨까?

이번엔 KODEX레버리지와 KODEX인버스를 활용하여 밴드설정투자법으로 투자를 해보았다(〈도표 5-29〉). 2012년부터 말부터 3년간 거치 투자한 결과, 코스피지수가 -1.8%, KODEX레버리지가 -23.9%, KODEX인버스가 11.7%의 수익률을 기록했다. 반면에 KODEX레버리지와 KODEX인버스를 활용한 밴드설정투자법으로 투자한 결과 38%의 누적수익률을 기록하였다. 시장수익률인 코스피지수 대비 무려 39.8%의 초과수익을

**▌도표 5-28 KODEX200 & CMA 밴드설정투자법의 효과**

| 구분 | 코스피지수 | KODEX200 | 밴드설정투자법 | 초과수익 |
|---|---|---|---|---|
| 누적수익률 | -0.5% | -10.2% | 9.3% | 9.8% |

• 기간 : 2013. 3. 29 ~ 2016. 3. 29


**▌도표 5-29 KODEX레버리지 & KODEX인버스 밴드설정투자법의 효과**

| 구분 | 코스피지수 | KODEX레버리지 | KODEX인버스 | 밴드설정투자법 |
|---|---|---|---|---|
| 누적수익률 | -1.8% | -23.9% | 11.7% | 38.0% |

• 기간 : 2012. 12. 28 ~ 2015. 12. 30


**▌도표 5-30 전술적자산배분_밴드설정투자법 제안**

| 구분 | 금융상품 | 코스피지수 전월 말일 대비 | |
|---|---|---|---|
| | | 2% 이상 상승 | 1% 이상 하락 |
| 거치식 투자시 | 상장지수펀드 ETF | KODEX레버리지 ↔ KODEX인버스 | |
| 적립식 장기투자시 | 변액유니버셜보험 | 국내 주식형펀드 ↔ 국내 채권형펀드 | |


기록한 것이다.

이렇듯 밴드설정투자법은 조금만 시간을 투자하면 누구나 쉽게 할 수 있으면서도 시장수익 대비 상당히 높은 초과수익을 실현할 수 있다. 적립식이면 장기투자시 활용해야 하는 투자전략이고, 거치식의 경우에는 단기투자에도 어느 정도 효과를 발휘하지만 신뢰도가 다소 약하며, 장기투자시 높은 신뢰도로 강력한 힘을 발휘한다. 적립식투자로 장기투자를 할 때는 변액유니버셜보험에 코스피지수를 기준으로 주식형펀드와 채권형펀드를 변경해가는 밴드설정투자법을, 거치식투자의 경우 2년 이상 투자시 코스피지수를 기준으로 KODEX레버리지와 KODEX인버스를 변경해 가는 밴드설정투자법을 실행하기를 제안한다. 이는 실제로 필자가 실행하고 있는 전략이기도 하다.

골든크로스&데드크로스 전략이나 밴드설정투자법과 같은 전술적자산배분 투자법으로 펀드투자를 시작하고 싶지만, 엑셀 프로그램을 잘 활용하지 못하거나 주가 그래프를 이해하기 어려워 투자를 망설일 수 있다. 이럴 경우 자산관리사들이 활용하고 있는 PRO FP(http://www.profp.co.kr)와 같은 금융상품관리시스템 프로그램을 활용하면 보다 쉽게 전술적자산배분을 실행할 수 있다.

 이 책을 쓰기 시작한 때가 2015년이었다. 우리나라가 광복 70주년을 맞는 해이다. 해방 이후 불과 5년 만에 일어난 전쟁으로 인해 우리나라는 전 국토가 폐허로 변했고, 국민들은 먹을 것이 없고 입을 것이 없었다. 찢어지게 가난했던, 그래서 국제사회의 구원의 손길을 기다리던 세계 최빈국이었던 나라가 어느새 광복 70주년이 되었고, 10위권의 경제대국으로 성장하였다. 세계에서 가장 가난한 나라였던 대한민국이 상위 5% 수준의 매우 잘사는 나라로 발전한 것이다.

 우리나라는 전 세계 몇 안 되는 자동차 생산국이자 수출국이며, 세계에서 가장 성장속도가 빠른 나라 중에 하나다. 이렇게 세계 최상위권의 잘사는 나라임에도 불구하고 전체 빈곤율이 16.5%이며, 무엇보다도 노후 빈곤층이 OECD 평균의 4배 수준인 48.5%이다. 숨기고 싶은 어두운 그림자이다. 2가구 중 1가구는 은퇴 후 빈곤층이라는 이야기이다. 중산층으로 살았던 60% 중 절반 이상이 은퇴 후에는 빈곤층으로 전락한다는 통계도 있다.

 보건복지부는 2016년 국민기초생활보장법에 따라 급여의 기준 등에 활용하는 '기준 중위소득'을 2인 가구 월 277만 원, 3인 가구 월 358만 원으로 정하였다. 3인 가구 중위소득인 358만 원으로 어느 정도 삶의 질을 영위하며 국민연금, 퇴직연금, 개인연금, 정기적금 등에 열심히 저축도 하면서 살았음에도 불구하고, 나이 60이 넘어서자 소득이 115만 원도 되지 않는 빈곤층이 될 수 있다는 것이다. 세계 10위권의 경제부국에 살면서 중위소득 수준을 유지하며 열심히 저축하며 살아도 은퇴 후 빈곤층이 될 수 있다는 암울한 현실이다. 이제는 현실을 직시해야 한다.

소비자 물가상승률이 금리보다 높은 실질금리 마이너스 시대에 접어든지 이미 9년이 지났다. 물가상승을 반영한 평생 예상지출이 이자소득을 반영한 평생소득보다 많은 비정상적인 시대다. 금리형 저축만으로는 도시 근로자가 주택자금, 자녀교육자금, 은퇴자금 등에 필요한 최소한의 필요자금도 만들 수 없는 시대에 접어든 것이다.

이 책을 읽는 독자들 중 근로자들도 많을 것이다. 근로자라면 소득의 10%를 퇴직연금에 불입하고 있을 것이다. 미국은 기업에서 근무하는 근로자가 가입하는 401K라는 기업연금이 있다. 소득의 10% 이상을 불입하는데, 주식이나 채권, 보험상품 등에 투자하는 실적배당형 간접투자 연금상품이다. 미국도 최장기 연금상품이 금리형이 아닌 투자형 상품이다. 이는 우리가 투자를 더 이상 외면해서는 안 된다는 것을 말해준다.

보통 투자라 하면 '주식투자=실패'라고 생각한다. 하지만 우리가 주변에서 흔히 듣는 주식투자 실패의 원인은 필자가 보기에 '투자'가 아닌 '투기'를 했기 때문이다. 우리나라의 코스피지수 35년 연평균 수익률이 9% 수준인데도 단기간에 20%, 30%, 또는 50% 이상의 수익을 기대하고 투자하는 방식은 결코 합리적 투자방식이라 볼 수 없다. 좀 더 나은 삶을 위해 투자를 하는 것이지 투기를 해서는 안 된다.

이 책을 통해 필자가 전하고자 하는 가치는 간단하다. 위험관리를 통해 꾸준하고 안정적인 수익률을 올리며, 장기복리투자로 자산을 불려나가는 합리적인 투자전략이다. 그에 대한 해법으로 간접투자를 제안하며, 성공적인 간접투자를 위해 알아야 할 펀드의 개념, 펀드의 다양한 유형, 좋은 펀드 선택방법, 그리고 투자방법 등에 대해 설명했다.

최대한 쉽게 설명하고자 노력했으나 투자를 처음 접하는 독자라면 이해하기 어려운 부분도 있었을 것이다. 그래도 이 책을 처음부터 끝까지 다시 한 번 읽기를 권한다. 그러면 펀드투자자가 알아야 할 핵심 내용에 대해서 이해할 수 있을 것이며, 합리적인 펀드투자를 위한 준비가 되었음을 알 수 있을 것이다.

광화문 교보생명 건물에 매 시기마다 아름다운 글귀가 걸린다. 많은 글귀가 인상적이었지만, 그중 나태주 시인의 〈풀꽃〉에서 "자세히 보아야 예쁘다. 오래 보아야 사랑스럽다. 너도 그렇다"라는 구절이 있다. 펀드투자식으로 바꾸면 "자세히 보아야 알게 된다. 시간을 두고 투자해야 수익이 난다. 펀드도 그렇다"일 것이다.

투자에 대한 막연한 불안감이 펀드투자를 주저하게 만든다. 모르니 불안할 수밖에 없는 것 같다. 그러나 두렵다고 외면하면 버나드 쇼의 묘비명처럼 "우물쭈물 하다가 내 이럴 줄 알았다"가 될 것임은 자명하다. 철학가 존 스튜어트 밀은 "신념을 가진 한 사람의 힘은 관심뿐인 아흔 아홉 명의 힘과 같다"고 했다. 이 책을 읽는 투자자가 가장 적합한 투자원칙을 선택하고 선택한 투자원칙에 대한 확고한 신념을 가지고 투자를 실행한다면, 원하는 목표자금을 만들 수 있을 것이다. 관심만 가지고 우물쭈물하다 실행하지 않는다면 "내 이럴 줄 알았다"며 후회하게 될 것이다. 투자원칙에 대한 확고한 신념으로 투자의 문을 열어보기를 바란다.

이 부록은 앞에서 다뤘던 필자가 제안하는 투자방식들을 정리한 것이다. 물론 꼭 제안대로 할 필요는 없지만, 내 돈의 가치를 지키는 안전하고 확실한 방법이라고 확신한다.

## 1. 적립식 목적자금 만들기

① 1년 이내 초단기 자금 : CMA

② 1~3년 단기자금 : 정기적금, CMA, 국공채펀드

③ 3~7년 중기자금 : 우량회사채펀드(보수적 투자자), 배당주펀드(공격적 투자자)

④ 7~10년 장기자금 : 배당주펀드, 가치주식형펀드(파레토의 법칙, 가치투자, 복리효과)

⑤ 10년 이상 종자돈 : 변액유니버셜보험(상품 내 배당주 및 가치주펀드, 전략적 · 전술적자산배분 실행)

⑥ 은퇴자금 : 변액연금(보수적 투자자, 스텝업보증), 변액유니버셜보험(공격적 투자자)

⑦ 3년 이상 주식형펀드에 투자하는 경우 투자기간 70% 환매전략 필요

⑧ ③~④번의 경우 투자기간 70% 환매전략과 환위법을 적용한 손절매 전략이 필요

## 2. 여유자금 투자 재테크

① 보수적 투자자 : 투자성향에 따른 전략적자산배분 실행(손절매 전략 필요)

② 공격적 투자자 : ETF를 활용한 전술적자산배분 실행(2년 이상)

## 3. 전술적자산배분 실행시

① 골든크로스&데드크로스(여유자금, 거치식 투자)

| 구분 | 매수신호(골든크로스) | 매도신호(데드크로스) |
|---|---|---|
| | 5일선이 20일선을 상향돌파 | 5일선이 20일선을 하향돌파 |
| 공격적인 투자자 | KODEX200 매수 | 매도 후 CMA로 운용 |
| 매우 공격적인 투자자 | KODEX레버리지 매수 | KODEX인버스 매수 |

② 밴드설정투자법

| 구분 | 매수신호 | 매도신호 |
|---|---|---|
| | 전월 종가 대비 2% 상승 | 전월 종가 대비 1% 하락 |
| 거치식(ETF), 2년 이상 | KODEX레버리지 매수 | 매도 후 KODEX인버스 매수 |
| 적립식(변액유니버셜보험), 10년 이상 | 국내 주식형펀드 (배당주, 가치주식형) | 국내 채권형펀드 |

## 1. 금융상품한눈에(http://finlife.fss.or.kr)

은행, 저축은행, 보험사 등 금융사에서 판매중인 예적금, 대출, 연금저축, 보험, 펀드 등의 금리, 수익률, 보험료 등을 비교할 수 있는 서비스이다. 홈페이지에 접속해 알아보고자 하는 상품의 메뉴를 선택한 뒤 원하는 조건을 입력하면 된다. 예를 들어 주택담보대출의 경우 주택가격, 주택종류, 금리방식, 상환방식 등을 입력하면 대출상품의 최고·최저금리, 월평균 상환액 등의 정보를 한눈에 확인할 수 있다. 조회가능상품은 정기예금, 정기적금, 펀드, 주택담보대출, 개인신용대출, 주택금융공사대출, 연금저축, 퇴직연금, 실손의료보험, 자동차보험 등이다.

## 2. 펀드슈퍼마켓(www.fundsupermarket.co.kr)

펀드투자시 투자자가 꼭 알아야 할 세세한 정보들이 공시되어 있어 어떤 펀드에 투자해야 할지 판단할 때 매우 유용한 사이트이다. 원하는 펀드유형(주식형, 혼합형, 채권형, 실물자산형 / 국내, 해외 / 대형주, 중소형주 / 가치주, 배당주, 성장주 / 국공채, 회사채 등)을 선택한 후 펀드설정일, 펀드자산규모, 펀드성과 등을 비교분석하면 된다. 투자할 펀드를 선택했다면 은행이나 증권사에 내방하여 펀드에 가입하거나 펀드슈퍼마켓 계좌 개설 후 펀드슈퍼마켓 홈페이지에서 직접 가입할 수 있다. 펀드슈퍼마켓 계좌개설 가능 금융사는 우리은행, 우체국, SC은행, 새마을금고, 부산은행이다.

## 3. 보험다모아(www.e-insmarket.or.kr)

보험다모아는 생명손해보험사들이 판매하고 있는 보장성 및 저축성 보험상품들을 비교할 수 있는 사이트이다. 조회가능상품은 단독실손의료비보험, 자동차보험, 여행자보험, 연금보험(연금저축보험, 연금보험), 보장성보험(질병보험, 암보험, 상해보험, 운전자보험, 어린이보험, 종신보험, 정기보험, 화재/재물보험, 골프보험), 저축성보험(금리연동 저축보험, 금리확정 저축보험, 변액유니버셜보험, 변액연금보험)이다. 주의할 점은 공시되어 있지 않은 다양한 조건과 하루가 다르게 변화하는 금융환경에 따라 적립금액이나 보장금액이 달라진다는 것이다. 그러므로 조회시점 공시되어 있는 비용이나 공시이율 또는 'OO펀드 100% 투자 가정시 환급률' 등으로 단순 비교해서는 잘못된 선택을 할 수 있다. 그러므로 이 사이트의 활용은 단독실손의료비보험, 자동차보험, 종신보험, 정기보험, 금리확정 저축보험 정도로 한정시킬 필요가 있다. 변액보험이나 실적배당형 퇴직연금 등의 투자형 상품은 생명보험협회(www.klia.or.kr)의 공시실에서 펀드수익률을 비교하는 방식이나 신뢰할만한 전문가와 상담을 통해 선택하는 방식이 좀 더 합리적이다.

## 4. 통합연금포털서비스(http://100lifeplan.fss.or.kr)

국민연금, 사학연금, 퇴직연금, 개인연금의 수령시점과 연령별 예상 연금액 등 연금계약 정보를 한 번에 조회할 수 있는 서비스이다. 은행, 증권사, 보험사, 수협중앙회, 신협중앙회, 새마을금고중앙회, 우체국 등이 판매하는 상품을 포함한다. 홈페이지에서 공인인증서로 회원가입을 하고 3영업일 후 '내 연금조회' 메뉴에서 연금정보를 확인할 수 있다.

## 5. 서민금융1332(http://s1332.fss.or.kr)

금융감독원에서 서민금융 이용자에게 다양한 서비스를 제공하는 서민 전용 금융포털 사이트이다. 맞춤대출, 서민우대금융상품, 고금리채무전환, 청년 대학생 지원제도 등을 안내해준다.

## 6. 휴면계좌 통합조회 시스템(www.sleepmoney.or.kr)

5년 이상 거래 기록이 없는 휴면예금 및 보험계약 만료된 후 2년 이상 찾아가지 않은 보험금 현황을 한 번에 조회할 수 있는 서비스이다. 홈페이지에서 공인인증서로 본인인증 후 조회할 수 있다.

## 7. 휴면성 신탁 및 증권계좌 조회(www.kofia.or.kr)

휴면성 신탁과 증권계좌 현황은 금융투자협회 홈페이지(www.kofia.or.kr)에서 증권사별 휴면성 증권계좌 조회사이트 링크(투자자지원센터 → 휴면성증권계좌조회)를 통해 각 증권사의 조회화면으로 접속 가능하다. 미수령 주식현황은 유가증권 관리업무 대행기관 홈페이지에서 해당 기관의 보유내역을 확인하면 된다. 미수령 실물 주식이나 배당금은 한국예탁결제원, KB국민은행, KEB하나은행에서 찾을 수 있다.

## 8. 자동이체통합관리서비스(www.payinfo.or.kr)

보험료나 통신료 등 각 금융회사에 분산된 자동이체계좌를 일괄조회 및 변경할 수 있는 서비스이다. 홈페이지 또는 이동할 은행의 영업점 및 인터넷뱅킹에서 자동이체 출금계좌를 변경할 수 있다. 자동이체를 일정 건수 이상 한 은행에 모아서 주거래 은행으로 등록하면 금리우대나 수수료 면제 등의 혜택을 받을 수 있다.

## 9. 상속인 금융거래 통합조회 시스템(cmpl.fss.or.kr)

상속인이 사망자의 금융자산, 채무 등을 원스톱으로 확인할 수 있는 서비스이다. 이 시스템에 접속해서 '민원상담조회서비스 → 상속인조회' 메뉴로 확인할 수 있다.

## 10. 카드 포인트 통합조회 시스템(www.cardpoint.or.kr)

여신금융협회가 제공하는 서비스로서 신용카드 및 체크카드의 적립 포인트, 소멸예정 포인트, 그리고 소멸시기 등을 이름과 주민번호 입력만으로 간단히 조회할 수 있다.

## 11. 신용정보조회서비스(www.credit.co.kr)

개인 신용정보 인터넷 조회 서비스로 무료로 조회가 가능하다. KCB(www.allcredit. co.kr)나 크레딧뱅크(www.creditbank.co.kr)를 통해서도 같은 서비스를 받을 수 있다.

## 12. 생명보험협회 보험가입조회 서비스(www.klia.or.kr)

조회 대상자가 계약자 또는 피보험자로 되어 있는 유효한 계약이나 해지계약의 보험가 입내역을 조회할 수 있는 서비스이다. 생명보험협회 홈페이지(www.klia.or.kr)에서 '보 험가입자조회안내' 메뉴로 조회할 수 있다.

## 13. 금융 주소 한 번에

거래하는 금융회사 한 곳에서 주소변경을 신청하면 다른 금융회사에 등록된 주소도 한 번에 변경해주는 서비스이다. 금융사 영업점을 방문해 신청서에 변경대상 금융회사를 기재하거나 홈페이지에서 온라인으로 신청할 수 있다. 은행, 증권사, 보험사, 카드사, 저 축은행, 우체국, 주택금융공사에서 할 수 있다.

## 14. 금융정보 한곳에(www.fss.or.kr)

앞에서 나온 13개의 금융 관련 정보 제공 서비스 중 8개는 금융감독원 홈페이지(www. fss.or.kr)의 '금융정보 한곳에' 메뉴에서 확인할 수 있다. 해당 서비스들의 링크가 한 화면에 모여 활성화되어 있다. 제공하는 서비스는 ① 금융상품 한눈에 ② 통합연금포털 ③ 계좌이동서비스(페이인포) ④ 휴면계좌통합조회 ⑤ 보험 다모아 ⑥ 카드포인트 통합 조회 시스템 ⑦ 보험가입조회 ⑧ 상속인금융거래 통합조회 서비스이다.